Die STILLE spricht
oder
Hättest Du mal was gesagt, Du Idiot

D1725292

Die STILLE spricht
oder
Hättest Du mal was gesagt, Du Idiot

Harald Roos

Besuchen Sie Harald Roos im Internet:
https://harald-roos.de

Bibliografische Information der Deutschen Nationalbibliothek:
Die Deutsche Nationalbibliothek verzeichnet diese Publikation in der Deutschen Nationalbibliografie; detaillierte bibliografische Daten sind im Internet über http://dnb.dnb.de abrufbar.

Umschlaggestaltung: Gerhard Feuerbach & Marcel Hess
Layout und Satz: Marcel Hess
Titelfoto: Stefan Ehlers
Autorenfoto: Melanie Manns

Verlag:
BoD • Books on Demand GmbH, In de Tarpen 42, 22848 Norderstedt
Druck:
Libri Plureos GmbH, Friedensallee 273, 22763 Hamburg

ISBN: 978-3-7597-5223-9

Meinen Großeltern
Meinen Eltern
Meinem Bruder
Meiner Tochter

*„Das Leben kann nur im Blick nach rückwärts verstanden,
muss aber mit Blick nach vorwärts gelebt werden.“*

(Søren Kierkegaard, 1814 – 1855, Dänemark)

Inhaltsverzeichnis

Das zweite Leben

Das dritte Leben

Warum?

„Nur ein Idiot muss aus eigenen Erfahrungen lernen.
Ich ziehe es vor, aus den Erfahrungen anderer zu lernen,
um eigene Fehler von vorneherein zu vermeiden."
(Otto von Bismarck, 1815 – 1898, Deutschland)

Ich war ein Idiot. Ein Buch wie dieses hätte ich mir schon lange gewünscht. Es hätte meinen Blick auf mich und das Leben verändert. Damit hätte ich mir und anderen vieles ersparen können. Dabei weiß ich doch schon seit Langem, was Sterbende am Ende ihrer Tage am meisten bereuen. Ich kenne schließlich den Weltbestseller „Top Five Regrets of the Dying" von Bronnie Ware (*1967, Australien), wonach Menschen sich kurz vor ihrem Tod in aller Regel wünschen,

1. den Mut gehabt zu haben,
   ihr eigenes Leben zu leben
   statt das einer/s anderen.

2. mehr Zeit mit den Menschen verbracht zu haben,
   die ihnen wichtig sind.

3. zu ihren Gefühlen gestanden und
   sie ausgedrückt zu haben.

4. Anderen vergeben zu haben.

5. sich erlaubt zu haben, glücklicher zu sein.

Seit Jahren kenne ich auch die regelmäßig veröffentlichten Ergebnisse einer Langzeitstudie der Medizinischen Fakultät der Harvard University, USA. Seit 1938 wird dort im Rahmen der „Grant Study of Adult Development" der Frage nachgegangen, was Menschen wirklich glücklich macht. Die Angaben von inzwischen rund 2000 Studienteilnehmern über drei Generationen ergeben ein klares Bild: Es sind nicht Geld, Ruhm, Macht oder Status, die uns das Gefühl eines erfüllten und glücklichen Lebens geben. Der Schlüssel zu mehr Wohlbefinden, Gesundheit und letztlich auch einem langen Leben liegt in guten Beziehungen. Den wahren Unterschied machen also glückliche Partnerschaften, stabile Bindungen innerhalb der Familie sowie ein gutes Verhältnis zu Freunden, Kollegen und Nachbarn aus.

Was auf den ersten Blick einleuchtet und einfach aussieht, erweist sich auf dem Prüfstand der Realität jedoch leider eher als Ausnahme. Warum sonst beobachte ich um mich herum fortwährend Trennungen und Scheidungen, toxische Beziehungen, narzisstische Verhaltensweisen und Zeitgeist-Phänomene wie Mobbing, Stalking, Ghosting oder Quiet Quitting? Warum stellen Ärzte immer häufiger Diagnosen wie Burnout und Depression - inzwischen sogar schon bei Kindern und Jugendlichen? Warum sehe ich zeitlebens unentwegt Menschen, die weder privat noch beruflich das Leben führen, das sie gerne führen möchten? Warum fühlen sich so viele von uns immer öfter einsam oder sind nicht die Frauen oder Männer, nicht die Partnerinnen oder Partner, nicht die Mütter oder Väter, die sie gerne wären? Warum sind wir unentwegt voller Ängste und Sorgen? Warum sind wir allenthalben hin- und hergerissen zwischen Herz und Hirn oder Wollen und Sollen? Warum begegnet uns ständig der pure Leistungsgedanke und die Vorstellung, dass Mehr immer auch Besser sei? Warum geht es in unserer Welt so oft um Haben oder Können und so selten um Sein? Haben die Wenigen, die scheinbar mühelos durch ihr Leben segeln, einfach nur mehr Glück als andere, die trotz aller Anstrengungen ein ums andere Mal Schiffbruch erleiden? Ist das alles eine Frage des Zufalls? Oder hat es auch etwas mit Können zu tun? Inwieweit können wir Einfluss auf unser Schicksal nehmen? Können wir „Glücklich sein" lernen oder es uns gar erarbeiten?

Als Rechtsanwalt, Strafverteidiger und Coach habe ich mich aus unterschiedlichsten Perspektiven mit tausenden Schicksalen beschäftigt. Im Ergebnis bin ich heute sicher, dass eine der größten Herausforderungen unserer Zeit darin besteht, wirklich gute Beziehungen zu führen – nicht nur zu anderen, sondern auch zu uns selbst. Solange wir mit uns selbst nicht im Reinen sind, werden wir uns auch mit unseren Mitmenschen schwertun. In einer Welt, die sich immer schneller verändert, stehen wir uns leider viel zu oft selbst im Weg oder rennen immer wieder neu in die gleichen, langen Sackgassen des Unglücks. Das Schlimme daran ist: Unbewusst sind wir immer auch noch Vorbild für andere, insbesondere für unsere Kinder. So wird der Staffelstab von Problemen nicht selten von Generation zu Generation weitergegeben.

Mir ging es nicht anders. Daher habe ich mich entschlossen, von sehr persönlichen und beruflichen Erfahrungen in meinen „Drei Leben" zu erzählen. Überraschenderweise war es nicht die lebensbedrohliche Erkrankung in meinen Dreißigern, sondern eine schwere psychische Krise Anfang fünfzig, an der ich fast zerbrochen wäre. Körperlich wieder gesund drohte ich - jenseits jeglicher Vorstellungskraft und vollkommen unerwartet - schlagartig unterzugehen, in einer gigantischen Welle der Trauer über ungesagte Worte, verpasste Chancen und zu selten erlebtes Glück.

Ich spreche in diesem Buch nicht nur über Schicksalsschläge und unvermeidbare Prägungen, sondern immer wieder auch über vermeidbare Fehler. Während ich anderen oft helfen konnte, war mir selbst bei aller Paragraphenkenntnis lange Zeit nicht bewusst, dass wir Menschen alle nach bestimmten Prinzipien funktionieren. Im Kern sind unsere Grundbedürfnisse und Handlungsmotive einfach und überall auf der Welt gleich. Obwohl es so unendlich hilfreich wäre, lernen wir darüber aber leider nichts in der Schule, nichts an der Universität und schon gar nichts im Gerichtssaal.

Für mich war es ein langer und anstrengender Weg, die wirklich wichtigen Dinge im Leben nicht nur zu begreifen, sondern auch umsetzen zu können. Wenig überraschend sind diese „Dinge" keine „Dinge".

Am Ende meiner unfreiwilligen Odyssee bin ich überzeugt davon, dass es ein paar Abkürzungen auf dem Weg zu innerer Balance und einer gewissen Leichtigkeit und Lebensfreude gibt, die jeder kennen sollte. Diese möchte ich meinen Lesern zeigen.

Ich lade ein, mit mir auf eine Reise der Selbst-Erkenntnis zu gehen. Dieses Buch ist eine Liebeserklärung an das Leben und ein Weckruf an alle, die ihre Träume nicht nur träumen, sondern leben wollen. Es ist ein Plädoyer dafür, die Geschenke des Lebens zu erkennen, sie dankbar anzunehmen, in ihrer ganzen Fülle zu nutzen und dabei eigene Wege zu gehen.

„Deine Zeit ist begrenzt.
Also verschwende sie nicht damit,
das Leben eines anderen zu leben.“
(Steve Jobs, 1955 – 2011, USA)

Wozu?

„Kindern erzählt man Geschichten zum Einschlafen.
Erwachsenen, damit sie aufwachen.“
(Jorge Bucay, *1949, Argentinien)

„Sie haben das Recht zu schweigen!“ Unzählige Male habe ich ihn gehört. Diesen Satz, mit dem Beschuldigte oder Angeklagte über ein fundamentales Recht belehrt werden, das für das Funktionieren eines Rechtsstaates so unverzichtbar ist. Ich bin Strafverteidiger. Ich kenne also meine Rechte. Aber ich weiß auch, dass sich die wenigsten Gefängnistüren durch Schweigen öffnen. Reden ist manchmal die bessere Verteidigungsstrategie. Deshalb berichte ich in diesem Buch über Prozesse. Es sind Prozesse der besonderen Art. Es geht um Erkenntnis-Prozesse. Um Bewusstwerdungs-Prozesse. Und um Entwicklungs-Prozesse. Nichts von dem, womit ich mich hier befasse, ist neu. Die Fragen, die ich aufgreife, sind so bekannt und vielfältig wie die Antworten, die sich jeder von uns nur selbst geben kann. Ich setze lediglich uralt Hergebrachtes in den Kontext meines Lebens, meiner Erfahrungen als Strafverteidiger und unserer Zeit. Ich lade ein, ein wenig tiefer und anders über uns selbst und andere nachzudenken. Beides liegt in unserem urei-

genen Interesse. Ohne individuelle Entwicklungs-Prozesse werden wir auch unser gesellschaftliches Miteinander nie wirklich verbessern können. Nur wenn wir alle bei uns selbst anfangen und uns in der Tiefe mit uns selbst beschäftigen, werden wir nicht nur uns persönlich, sondern im Ergebnis uns allen das Leben leichter machen können. Ich bin sicher: Erst wenn wir es schaffen, uns - auf der Grundlage eines gesunden Selbst-Bewusstseins - gegenseitig als wirklich gleichberechtigte Teile einer Gemeinschaft zu begreifen und uns endlich auf unsere Gemeinsamkeiten zu konzentrieren, können wir auf Dauer nicht nur unsere individuellen, sondern auch unsere kollektiven Herausforderungen bewältigen.

Seit jeher sind nicht nur die Güter der Welt, sondern auch menschliche Begabungen und Fähigkeiten ungleich verteilt. Nach wie vor kann sich niemand aussuchen, in welches Umfeld ihn das Leben wirft oder vor welche Probleme es ihn stellt. Sei es in familiärer, sozialer, religiöser, kultureller oder politischer Hinsicht. Und dennoch: Bei allem, was uns unterscheidet und trennt – uns alle verbindet mehr, als wir meist sehen oder wahrhaben wollen.

Wenn wir Veränderungen angehen wollen, fehlt uns bisweilen nur ein kleiner Impuls und etwas Orientierungshilfe zur rechten Zeit. Auch wenn wir nicht warten sollten, bis andere etwas für uns tun, hilft es manchmal, wenn jemand vorangeht und uns zeigt, welche Wege er genommen hat. Deshalb erzähle ich meine Geschichte(n) und teile meine Gedanken dazu.

Soweit ich hier nicht über mich persönlich, sondern über Dritte spreche, gab und gibt es keine dieser Personen exakt so wirklich. Viele der von mir beschriebenen Ereignisse haben sich etwas anders zugetragen, als ich sie schildere. Dennoch ist alles wahr. Zum Schutz der Persönlichkeitsrechte habe ich allerdings vielfach entfremdet, verdichtet oder in neue Zusammenhänge gesetzt.

Im Strafverfahren hat jeder Angeklagte am Ende einer Verhandlung das sogenannte „Letzte Wort". Gäbe es den Tatvorwurf „Fahrlässige Verschwendung von Lebenszeit" säße ich ganz sicher nicht allein auf einer imaginären Anklagebank des Lebens. Zum Schluss meines eigenen Prozesses würde ich sagen:

„Ich wünschte, ich könnte noch einmal mit ihnen sprechen. Mit dem Jungen und dem Mann, der ich einmal war. Auch mit so vielen anderen, die einmal in meinem Leben waren. So vieles würde ich gerne noch fragen, sagen, zuflüstern, manches zurufen. Das Bedürfnis, gelegentlich auch Ohrfeigen zu verteilen, ist der bitteren Erkenntnis gewichen, dass alle ihr Bestes gegeben haben. Was für einen Sinn sollten Schläge noch haben? Kein einziger davon könnte ungeschehen machen, aufwecken oder etwas ersparen. Und so möchte ich nur noch in den Arm nehmen, halten, streicheln, in Dankbarkeit küssen und vergeben, während ich an Gräbern stehe oder in anderer Weise trauere über das, was nicht mehr ist oder nicht hat sein sollen.

Ich würde so gerne auch noch einmal zuhören. Meine Themen wären immer die gleichen. Sie greifen alle ineinander. Es geht um Hoffnungen und Träume, um Verantwortung und Chancen, um Gefangenschaft und Freiheit. Und vor allem: um das Leben und die Liebe.

Wir bezahlen alle einen Preis für unser Unwissen. Für unsere Unfähigkeit zu reden und für unser Schweigen. Fehlender Mut, falsch verstandene Rücksichtnahme und mangelndes Vertrauen können uns teuer zu stehen kommen. Bezahlt wird in den härtesten Währungen von al-

len: mit verpasstem Leben, nicht gelebten Lieben, verlorenem innerem Frieden, ungenutzter Zeit.

Dabei ist der Blick in die Vergangenheit nur sinnvoll, wenn er etwas bewirkt in der Zukunft. Ich bin sicher: wenn unsere Zukunft besser werden soll, müssen wir anfangen, unsere Geschichte(n) zu erzählen."

„Es gibt keine größere Qual,
als eine unerzählte Geschichte
in Dir herumzutragen."
(Maya Angelou, 1928 – 2014, USA)

DAS ERSTE LEBEN

Erleben

Der erste Satz muss sitzen

Die für mich wichtigste Lektion im Umgang mit Worten
erhalte ich in der 5. oder 6. Klasse, gewissermaßen im
Privatunterricht. Meinem „Lehrer" wird sie kaum in Erinnerung, geschweige denn in ihrer Bedeutung für mich
bewusst sein. Wie auch? Die Worte stammen von meinem
Bruder. Er ist zweieinhalb Jahre älter als ich, drei Klassen über mir. Der Satz fällt – eher nebenbei – in einem
Gespräch darüber, was er gerade im Deutschunterricht
über das Schreiben von Aufsätzen lernt. Ohne ihn würde
ich heute nicht mehr leben. Ich meine den Bruder, nicht
den Satz. Mehr dazu an späterer Stelle.
Was andere Menschen sagen und tun kann große Auswirkungen auf unser Leben haben. Genauso wie das, was
wir selbst sagen und tun weitreichende Folgen für andere Menschen haben kann. Meistens sind wir uns dessen
nicht bewusst. Manchmal dürfte das gut sein, oftmals
nicht. Wir sind also unentwegt gleichzeitig Lernende und
Lehrer. Daher sollten wir darauf achten, wie andere mit
uns und wie wir mit anderen sprechen.
„Der erste Satz muss sitzen" – die Formulierung ist in
meinem inneren Wörterbuch gewissermaßen mit Text-
marker unterlegt. Sie entspricht der eigenwilligen Art, in
der mein Gehirn funktioniert. Es geht fast immer nur
um einzelne Sätze, aus denen sich alles Weitere recht as-
soziativ entwickelt. Ein ganzes Gedicht? Keine Chance.
Ein einzelner Satz? Immer und immer wieder. Das zieht

sich durch mein Leben wie ein roter Faden. Es wird sich auch durch dieses Buch ziehen. Nicht alle Sätze sind im Original von mir. Aber manche sind schlicht zu gut, zu kostbar, als dass ich sie dem Vergessen anheimfallen lassen möchte. Worte können unendlich wertvoll sein, auch wenn die Menschen von denen sie stammen, sie nicht, oder nicht mehr, selbst sagen können oder wollen. Vor rund 20 Jahren haben mich mein Bruder und in gewisser Weise auch das Schreiben im Leben gehalten. Schon damals wurde die Idee an ein Buch an mich herangetragen. Sie hatte keinerlei Chance auf Verwirklichung. Zu fett hatte ich seinerzeit noch die Bewertung eines „richtigen" Lehrers aus längst vergangenen Schulzeiten vor meinem inneren Auge: *„Zwei Minus."*

Nicht immer hatte ich das Glück, auf gute Lehrer zu treffen. Lehrer im Sinne von Menschen, die mich dazu gebracht haben, mir selbst zu vertrauen und meinen eigenen Weg zu gehen. Menschen, die sich nicht dadurch groß gefühlt haben, dass sie andere klein machen. Menschen, die nicht unterrichtet und bewertet, sondern inspiriert und motiviert haben. Das ist es, was gute Lehrer tun. Egal wann und wie sie sich uns zeigen. Leider verstehen wir oft erst sehr viel später, was uns von ihnen geschenkt wurde.

Auch wenn mich andere Worte tiefer geprägt haben, waren die meines Bruders die lehrreichsten für mich.

„Ein Lehrer arbeitet für die Ewigkeit.
Niemand kann sagen, wo sein Einfluss endet."
(Henry Adams, 1838 – 1918, USA)

Zwei Minus

Lehrer und Pfarrer gelten in meiner Kindheit und Jugend noch als Respektspersonen. Ihr Wort hat in den 70er/80er-Jahren Gewicht, auch wenn die Befugnis zum Unterrichten oder Predigen noch lange nicht zu einem guten Menschen oder gar Vorbild macht. Er unterrichtet Deutsch und Religion. Nahezu allsonntäglich ist seine markant tiefe, etwas knorrige Stimme im Rahmen der Lesung in der katholischen Abendmesse zu hören. Sie trägt Sätze aus der Bibel vor, wie *„Am Anfang war das Wort."* (Johannes 1,1). Oft ist die Rede von Nächstenliebe. Die Art, in der er sie lebt, trägt bisweilen seltsame Züge. Wort und Tat fallen manchmal auseinander.

Gut 40 Jahre später klingt mir seine Stimme immer noch im Ohr, insbesondere in zwei konkreten Sätzen: *„Bilden Sie sich nichts darauf ein"* bekomme ich regelmäßig bei der Rückgabe der Klassenarbeiten von ihm zu hören, meistens ergänzt noch um *„Sie wissen ja: unter den Blinden ist der Einäugige König."*

„Gut" (2), in aller Regel versehen mit einem Minus (–), lese ich dann regelmäßig unter dem, was ich zu Papier gebracht habe. Es mag in anderen Klassen Schüler/Innen gegeben haben, deren Aufsätze von ihm besser bewertet wurden. Ich kenne keine/n. Ich weiß auch nicht, was er zu denen gesagt hat, die keine Zwei Minus bekamen. Aber ich weiß, dass ich nicht der Einzige war, dem er die Freude

an den von ihm unterrichteten Fächern genommen hat.
Wenn ich nicht in der Schule bin, spiele ich meistens Fußball. Im Training erzählt ein Mitspieler einmal, dass sein
Deutschlehrer immer so ein seltsames, ziemlich dickes,
orangefarbenes Schulheft bei sich habe. Darin blättere er
ständig herum. Vereinzelt lese er auch daraus vor. Aha
... Mein ambitionierter Kick-Kollege ist ein Jahr jünger
als ich, eine Klasse unter mir, an der gleichen Schule.
Seinen Lehrer hatte ich im Jahr zuvor auch. Ihm waren
meine Aufsätze in aller Regel ein „sehr gut" wert. Am
Ende des Schuljahres hatte er mich gefragt, ob er mein
Heft haben könne. Er wolle etwas nachschauen. Ich gab
es ihm, natürlich. Es war ziemlich dick, orange. Ich bekam es nie wieder zurück.

Auch wenn meine in Schriftform niedergelegten Gedanken von anderer Seite sowohl vor als auch nach dem so
religiös verwurzelten Vorleser meist bessere Bewertungen
als „Zwei Minus" gefunden haben, komme ich in meiner
eigenen, inneren Notenskala bis heute nicht wirklich darüber hinaus. Ich sehe mich halt als eine „Zwei Minus".
Nichts Besonderes. Knapp über „befriedigend", allenfalls
gerade mal ein knappes „Gut".

Und so muss viel, sehr viel passieren, bevor ich mich
darauf einlassen kann, meine Erfahrungen und Gedanken tatsächlich aufzuschreiben und mit anderen zu teilen. Worte in eigener Sache zu finden ist mir nicht in die
Wiege gelegt.

> *„Ein Wort ist rasch gesagt,*
> *bleibt aber lange im Gedächtnis."*
> *(chinesisches Sprichwort)*

Stiller Schrei

Ich bin wohl so etwa vier oder fünf Jahre alt, als ich ihn zum ersten Mal habe. Diesen Traum, der mich über so viele Jahre immer wieder heimsuchen, meine Nächte jäh unterbrechen und mich aus dem Schlaf reißen wird. Er ereilt mich in meinem Bett. Von außen dürfte es nach einem friedlichen Schlaf aussehen. Urplötzlich steht ein riesiger Elefant in dem Kinderzimmer, das mein älterer Bruder und ich zu dieser Zeit noch teilen. Das gewaltige Tier kommt auf mich zu. Es umschlingt mich mit einem sanften, weichen Rüssel ganz fest, hebt mich aus meinem Bett und trägt mich von allen unbemerkt davon. Schließlich hebt es mich uneeeendlich hoch in die Luft, bevor es mich irgendwo im Nirgendwo einfach fallen lässt.

Während der ganzen Zeit versuche ich verzweifelt, auf mich aufmerksam zu machen. Aber niemand bemerkt mich. Niemand schaut nach mir, sieht mein Winken, sieht mein Strampeln. Mich kann auch niemand hören. Mir versagt die Stimme. Mir stockt der Atem. Ich versuche verzweifelt Luft zu holen, um zu schreien, aber ohne Luft in den Lungen kommt einfach kein Ton.

Und so falle ich. Hilflos. Machtlos. Tiefer. Immer tiefer. Mir ist klar: wenn ich auf dem Boden aufschlage, bin ich tot. Einen Fall aus dieser Höhe kann niemand überleben. Der Fall ist schier endlos. Ich habe furchtbare Angst vor dem Aufprall. Ich wache auf. Mein Herz schlägt wie wild. Es dauert einen Moment, bevor ich realisiere, dass es wieder nur dieser Traum war und ich sicher in meinem Bett liege, mein großer Bruder im gleichen Raum, meine Eltern noch im Wohnzimmer, nicht mehr als einen Meter entfernt von mir, aber durch eine Wand getrennt. „*Alles ist gut.*" sage ich mir. Und weiß doch, dass es nicht so ist. Nicht viel ist wirklich gut in dieser Welt, in der ich mich befinde. Es ist aber so gut, wie es sein kann. Alle bemühen sich vor allem um eines: um Sicherheit. Natürlich. Was sonst? Zu sehr stehen sie auch drei Jahrzehnte danach noch unter dem Eindruck eines Krieges, der die unmenschlichen Seiten des Menschseins vor Augen geführt und gezeigt hat, wie schnell nur noch Erinnerungen bleiben. Erinnerungen an die, die einmal waren und das, was nicht mehr ist. Tod, Verlust, Trennung, Vertreibung und Flucht sind allgegenwärtig in den Erzählungen derer, die noch Worte finden.

Andere Worte, Worte, die Nähe herstellen, Geborgenheit geben, finden die, die mir am nächsten stehen, oft nicht. Wie auch? Sie sind ohne Worte groß geworden. Die, von denen sie sie hätten lernen können, sind gefallen oder verstummt, jedenfalls, soweit es um mehr als Alltägliches geht. Was Gefühle betrifft, herrscht Schweigen. Um mich herum und in mir. Wer in einer stummen Gesellschaft und Familie groß wird, tut sich schwer mit Reden.

Ich wachse in einem gut-, aber kleinbürgerlichen Umfeld auf. Die Kleinstadt hat mit Umlandgemeinden rund 20.000 Einwohner, drei Gymnasien. Meine Mutter ist seit der Geburt meines Bruders und mir nicht mehr berufstätig, sondern kümmert sich um uns Kinder, während mein Vater als technischer Angestellter in einem Automobilzuliefererbetrieb arbeitet. Er tut nicht, was er liebt, sondern das, was nötig ist, um das Geld für den Lebensunterhalt seiner Familie zu verdienen, um Haus, Auto und die

Campingurlaube zu ermöglichen. Um die drei Wochen im Sommer, meist an irgendeinem Wasser, wechselweise in Frankreich, Italien, Österreich und Deutschland, später ganz exotisch sogar am Plattensee in Ungarn, dreht sich in gewisser Weise alles. Wir können in den Urlaub fahren. Uns geht es gut.

Es ist ein Leben von Wochenende zu Wochenende, von Ferien zu Ferien. Dazwischen klar strukturiert über den schulischen, in der Freizeit sportlichen Rhythmus und all das, was eben so getan werden muss oder ansteht, wie die obligatorischen Besuche bei der Verwandtschaft. Besuche, bei denen die Kinder versuchen miteinander zu spielen, während sich die Erwachsenen über Belangloses von heute unterhalten, oder von früher erzählen, ohne zu sprechen über das, was wirklich war, über all das, was zu viel war, nicht nur für ihre Augen, sondern vor allem für ihre Seelen und sich dementsprechend auch vor ihren Worten versteckt.

Zu Hause ist das Wohnzimmer das Zentrum der kleinen Welt. Die wuchtige Möbelserie mit Sessel, Zwei- und Dreisitzer-Sofa ist ausgerichtet auf das scheinbar wichtigste Haushaltsgerät dieser Zeit schlechthin: den Fernseher. Der Tag, an dem der alte schwarz-weiß-Empfänger abgeholt und stattdessen ein Farbfernseher mit Fernbedienung (Marke Grundig – nach Auskunft des Verkäufers halten die am längsten und ausländische, gar asiatische Hersteller gibt es noch nicht) geliefert wird, ist einer der gefühlten Höhepunkte der Familiengeschichte. Vorbei die Zeiten, in denen es beim Umschalten heißt: *„Harald, steh mal auf und drück auf den Knopf"*.

Dabei kommt diese Bitte nur selten. Es gibt schließlich mit ARD, ZDF und dem Dritten (Regionalfernsehen) nur drei Sender. Das Programm beginnt jeweils erst um

Das erste Leben

17:00 Uhr, im ZDF meistens mit einer Kinderserie, die ich gerne schauen würde. Genau zu dieser Zeit kommt aber Papa von der Arbeit. Also sitzen wir dann alle in der Küche beim gemeinsamen Abendessen am von Mama bereits gedeckten Tisch. Gesprochen wird über das, was vorgefallen ist, nicht über das, was uns bewegt hat. Danach verlagert sich der Lebensmittelpunkt allabendlich ins Wohnzimmer vor dieses Gerät, diesen Flimmerkasten. Dienstags gibt's um 19.30 Uhr einen Film. Donnerstags dann wechselweise „Dalli Dalli" oder „Der große Preis", freitags „Der Alte", „Derrick" oder „Aktenzeichen xy", samstags „Am laufenden Band". Mit Hans Rosenthal, Wim Thoelke, Rudi Carrell und Hans-Joachim Kulenkampff bemühen sich die Protagonisten der Bildschirme um Unterhaltung. Sie verstellen bei astronomischen Einschaltquoten in vielen Familien den Blick auf das, was deren Mitglieder wirklich bräuchten. Gelegentlich übernachte ich bei meinem besten Freund. Ich weiß, dass es dort nicht viel anders aussieht. Und so lernt eine ganze Generation zuzusehen und zu schweigen, statt zuzuhören und zu sprechen.

Das scheint so normal in meiner Welt wie alles andere. Ich spiele Fußball, wie fast alle Jungs um mich herum, dienstags und donnerstags wird trainiert, samstags nachmittags ein Spiel, abends wird gebadet, sonntags gibt es Kuchen. Diesen backt Mama selbstverständlich selbst und befindet sich dabei fortdauernd in einem – natürlich unausgesprochenen – imaginären Wettbewerb mit anderen Frauen um die Position der besten Hausfrau und Köchin. Als Preis könnte eine selbst gestickte Kittelschürze (Motiv: goldener Käseigel) überreicht werden. Und mit ein wenig mehr Amaretto-Likör käme vielleicht auch der Mut für etwas mehr als das altbekannte *„Das wäre doch* *nicht nötig gewesen"*.

Lob annehmen und vor anderen etwas zu sagen, fällt schwer in Zeiten, die vielfach noch vom althergebrachten Bild der Hausfrauen-Ehe geprägt sind und in denen Frauen fernab der Großstadt meinen, ihre Erfüllung in „Heim und Herd" suchen zu müssen.

„Sind wir hier in einen Hotel?". Mit großen Augen wendet sich einmal ein Fünfjähriger, der den Unterschied zwischen Dativ und Akkusativ noch nicht kennt, an seine Mutter, als meine von ihm wissen möchte, ob er zum Essen „Pom Fritz" haben möchte. Er ist mit seinem Bruder und seinen Eltern bei uns zu Besuch.

„Ja, wir sind im Hotel. Familie Roos. Die Inhaberin ist meine Mama." möchte ich ihm zurufen. Dabei weiß ich, dass er mit seiner Frage der Gastgeberin das Leben gerade ein wenig schöner und den Besuch etwas leichter gemacht hat. Für mich ist es normal, dass meine Mama gut kochen und backen kann. Rinderbraten, Rahmschnitzel und eingelegte Schweinefilets mit Pommes sind für mich genauso selbstverständlich auf dem Teller zu Hause, wie alle möglichen Varianten von Obsttorten und -kuchen oder sonstigen Leckereien, die andere eher aus Restaurant oder Konditorei kennen.

Ich bin ein paar Jahre älter als der unbewusst so charmante Dreikäsehoch. Gleichwohl sind solche Besuche für mich immer mit etwas zwiespältigen Gefühlen verbunden. Seine Eltern sind – anders als meine – beide Akademiker; sein Vater hat sogar promoviert. Seine gesamte Familie bewegt sich wie selbstverständlich in Welten, die mir ziemlich fremd sind. Und so prallen an unserem Esstisch in der kleinstädtischen, fast dörflichen Provinz zwei Welten aufeinander. Hier trifft Opel auf BMW, Wohnwagen auf Hotel, Fußball und Fernseher auf Tennis und

Tanz. Und am schlimmsten: hier trifft Dialekt auf Hochdeutsch, Schweigen auf Sprechen. Letzteres scheint einen großen Unterschied zu machen. Wer sich permanent mit anderen Menschen umgibt, sich mit ihnen austauscht, scheint auch anders zu denken. Möglicherweise ist das der Grund, weshalb die einen starr in Klein-Klein-Kategorien von

> *„Das tut man nicht!"*
> *„Das geht doch nicht!"*
> *„Was sollen die Leute denken?"*

verharren, während andere mit deutlich offeneren Ansätzen des

> *„Wie kann es gehen?"*
> *„Wen kann ich fragen?"*
> *„Wer kann mir helfen?"*

in ständiger Bewegung sind?

Meine Eltern sind liebe Menschen. Sie tun alles, was sie können. Nicht nur für meinen Bruder und mich, sondern auch für viele andere, die ihre Unterstützung immer wieder gerne annehmen. Es entspricht der Tragik großer Teile ihrer Generation, dass sie unbewusst und unerkannt schwer traumatisiert sind. Traumatisiert nicht nur durch die Verluste der Vergangenheit, sondern auch die Schuld, die die Generation ihrer Eltern und Großeltern vielfach unfreiwillig auf sich geladen hat. Traumatisiert durch den Kampf um das pure Überleben im Außen ohne jeglichen Blick für die Verletzungen im Innen.

Von meinen Träumen habe ich meinen Eltern nie etwas erzählt. Weder von dem mit dem Elefanten noch von anderen, die ich einmal hatte. Ich hatte sie in mir verschlossen. Gelebt habe ich nichts Anderes als das, was ich erlebt habe. Vielleicht war es tatsächlich ein wenig wie in einem Hotel? Der Betrieb lief, aber die Gäste wussten nichts von den Betreibern. Und die Betreiber nahmen sich fortwährend selbst zurück, um sich um Haus und Gäste kümmern zu können. Vielleicht war das gut so? Wer weiß, was passiert wäre, wenn meine Eltern Fragen gestellt und Antworten bekommen hätten? Vielleicht hätte das der Familie, die ich kannte, nicht gutgetan? Möglicherweise war es auch gut für mich, dass vieles nicht zur Sprache kam? Bot mir dieser Mantel des Schweigens in Wahrheit Schutz und Sicherheit?

Heimat

Über das, was er im Krieg erlebt oder getan hat, hat er nie gesprochen. Er hat immer nur gesagt, dass er nie geschossen habe. Berichtet hat er nur von der Zeit in der Gefangenschaft nach Kriegsende, irgendwo bei Wien. Für mich war er das Herz unserer Familie. Mein Opa. Wenn er seine Familie und uns Enkelkinder um sich hatte, war er glücklich. Dann hatte er immer sein „seliges Lächeln" im Gesicht, wie sein Sohn, mein Vater dann meist bemerkte. Opa hat das nie gestört. Im Gegenteil: er sagte dann regelmäßig: *„Ich brauche keine Schlösser und keine Perser. Ich habe vier Enkelkinder."* Mit „Perser" meinte er teure Teppiche. Er sprach in einer eigenwilligen Mixtur aus den Dialekten seiner Banater-Heimat („schwowisch") und dem seiner Umgebung der Nachkriegsjahre („saarländisch"). Seine Sprechweise hatte eine Besonderheit. Die meisten „K" klangen bei ihm wie ein „G". Ihm war wahrscheinlich überhaupt nicht bewusst, dass ich mich immer als „Engelkind" gefühlt habe. Der Opa, den ich erleben durfte, war ein Mann, der auf dem Boden der Tatsachen stand. Ich habe ihn immer beneidet um den klaren inneren Kompass, den er hatte. Er wusste, was ihm wichtig war im Leben. Es hatte ihm Lektionen erteilt. Er hatte sie gelernt.

Meine Großeltern sind beide kurz nach Ende des Ersten Weltkrieges als Nachfahren der „Banater Schwaben" im heutigen Rumänien geboren. Als Erben fleißiger Vorfahren sind sie längst keine einfachen Bauern mehr. Der Begriff „Großgrundbesitzer" dürfte eher zutreffend sein. Seit 1927 befindet sich neben 20 Pferden schon ein Auto im Besitz der Familie, deren mehr als 82 ha Fläche (etwa 117 Fußballfelder) von einer ganzen Reihe von „Knechten" bewirtschaftet werden. In den Begrifflichkeiten der modernen Welt würde man die zahlreichen Hilfskräfte wohl eher als „Angestellte" bezeichnen, auch wenn sie allesamt mit ihren Familien auf dem Anwesen meiner Großeltern leben. Sie heiraten, als sie beide gerade einmal 19 Jahre alt sind. 10 Monate danach – der Russland-Feldzug im Zweiten Weltkrieg hat gerade begonnen – kommt mein Vater zur Welt. Opa berichtet, dass seine Schwiegermutter ihn ein paar Wochen nach der Geburt energisch dazu anhalten muss, wieder zu arbeiten und nicht nur mit seinem Kind zu spielen. Nach der Heirat hat er als einziger Sohn die Verantwortung für den elterlichen Betrieb übernommen. Es entspricht den Gepflogenheiten der Zeit, dass er damit auch die Ländereien seiner Frau und seiner Schwiegermutter übernimmt. Die Rollen zwischen Männern und Frauen sind klar verteilt. Und der Lebensentwurf von beiden ist einfach: Arbeiten, Kinder bekommen, sie großziehen und sich mit Mitte 40 auf das Altenteil zurückziehen, um hier und da ein wenig nach dem Rechten zu sehen und ansonsten mit den Enkelkindern zu spielen. So läuft es seit Generationen. So könnte es weiterlaufen. Der Zweite Weltkrieg verändert alles.

1943 lässt sich trotz allen Geldes und weiterer Bestechungsversuche nicht mehr verhindern, dass auch Opa an die Front muss. Nach einem Abkommen zwischen der deutschen und der rumänischen Regierung werden alle im Banat lebenden „Volksdeutschen" aufseiten der Wehrmacht zum Kriegsdienst eingezogen, ohne Ausnahme bei der Waffen-SS. Es ist der zweite heftige Einschlag im Leben des jungen Paares. Im selben Jahr haben sie bereits ein Kind zu Grabe getragen. Nach nur ein paar wenigen Tagen war ihr zweites Baby, ein Mädchen, an den Folgen einer Geburtskomplikation gestorben. Oma ist wieder schwanger, als die gesamte Gemeinde ihren geliebten Ehemann zusammen mit den anderen Männern des Dorfes am Bahnhof in den Krieg verabschiedet. Im März 1944 kommt Opa im Rahmen eines zweiwöchigen Heimaturlaubes anlässlich der Geburt seines zweiten Sohnes noch einmal in das Land seiner Kindheit und Jugend zurück. Beim tränenreichen Abschied ahnt noch niemand, dass er nie wieder in die Heimat zurückkehren wird. Seine Frau und seine beiden Söhne wird er nach Kriegsgefangenschaft und immer wieder verweigerten Reisegenehmigungen erst siebeneinhalb Jahre später wiedersehen, an einem Heiligabend am Bahnhof in Freiburg, vor einem Landesaufnahmelager für Heimatvertriebene. Er ist zu dieser Zeit 30, sein ältester Sohn, mein Vater, 10 Jahre alt.

Der Anfang in dem Land der Urahnen fällt schwer. Aufgrund ihrer Sprachfärbung fallen sie überall als Flüchtlinge auf. In der Zeit des Wiederaufbaus ist nicht nur Wohnraum knapp. Die Familie ist froh, überhaupt eine Unterkunft zu haben, ein einziges Zimmer nur, aber immerhin ein Dach über dem Kopf. Trotz oder vielleicht auch wegen der beengten Verhältnisse haben die männlichen Mitglieder der Familie Schwierigkeiten, emotionale Nähe aufzubauen. In die Rolle des Vaters ist Opa nicht hineingewachsen. Es fällt ihm schwer, sie auszufüllen. Eine Arbeitsstelle in einer Metallschleiferei sichert das tägliche Brot. Was seine Kinder so vermissen, kann er ihnen nicht geben. Seine Söhne sind weder Armut noch die Rolle der sozialen Außenseiter gewohnt. Jeder kämpft auf seine Weise dagegen an, während alle versuchen, sich mit der Situation zu arrangieren. Das Spannungsfeld wird die weiteren Lebenswege bestimmen. Sie bleiben eng verbunden, gestalten sich jedoch sehr unterschiedlich. Für mich sind diese Großeltern ein Geschenk. Sie sind auch die Einzigen, die ich habe. Als ich geboren werde, leben die Eltern meiner Mutter schon lange nicht mehr. Es mag das Privileg des Generationensprungs und die weitgehende Freiheit von jeglichem Erziehungsauftrag sein, die es Oma und Opa ermöglichen, mich das Gefühl bedingungsloser Liebe erleben zu lassen.

Gerade Opa ist nichts zu viel. Er hat eine Glatze. Dennoch lässt er sich von uns an der Badewanne die wildesten Kombinationen von Wasch- und Putzmitteln auf den Kopf schütten, während wir Kinder versuchen, ein Haarwuchsmittel zu erfinden. *„Wenn Ihr etwas findet, werden wir alle reich."* motiviert er uns lachend.

Anlässlich einer Fußball-WM steht er mit seinen Enkeln im Garten stramm, während er die Nationalhymne singt, bevor mit ernsten Mienen die Wimpel beider Mannschaften ausgetauscht werden. Dafür wurden vorher eigens die größten Blätter vom Baum daneben gerissen. Beide Mannschaften spielen auf ein Tor. Als Torpfosten dienen zwei prachtvolle Rosensträucher. Nach dem Spiel sind es nur noch Sträucher. Wenn wir zu Besuch sind, gehen wir immer reiten. Unser Pferd ist die Rückenlehne eines Ledersessels. Die ist recht schnell durchgeritten. Also bekommt der Sessel seinen Platz am anderen Ende des Wohnzimmers. Dort, wo unser Pferd nun steht, fällt der Schaden Besuchern nicht mehr ins Auge. Oma findet das manchmal nicht ganz so lustig, weiß aber, wie sehr Opa dieses Toben mit seinen Buben genießt und lässt ihm seinen Spaß. Die Blumen wachsen nach und der Sessel ... Na ja, den sieht doch keiner ...

Oft erzählen sie uns Enkeln von früher, aus der Heimat. Ich bin etwa Mitte 20 als deutlich wird, wie wenig ich so viele dieser Geschichten einordnen kann. Mir fehlt jeglicher Rahmen dafür. Ich war noch nie in diesem Land, von dem sie erzählen, habe keine Vorstellung von den örtlichen Gegebenheiten, kenne die Verwandten nicht, von denen die Rede ist. Einen wesentlichen Teil meiner Familiengeschichte verstehe ich einfach nicht. Und so taucht eines Tages der Gedanke auf: *„Könnt Ihr das vielleicht einmal aufschreiben?"* Während Oma die Idee aufnimmt, tut Opa sich schwer. Schreiben können beide. Sie haben einander Briefe geschrieben. Fast täglich, in den langen Jahren der Trennung während des Krieges und danach. So haben sie die Verbindung zueinander gehalten. Sie hat ihm in der Zeit der Gefangenschaft und des Hungers die Motivation geschickt, durchzuhalten. Er ihr danach die Kraft, mit den beiden Buben die Heimat zu verlassen und einen Neuanfang in Deutschland zu wagen.

Was ich mit meiner Frage auslöse, ist mir nicht bewusst. Es ist eine Sache, Geschichten zu erzählen, eine ganz andere, sie aufzuschreiben. Wer schreibt, setzt sich ungleich intensiver mit einem Thema auseinander, als wenn er nur davon erzählt. Ihm ist auch bewusst, dass er sich in gewisser Weise auch in die Hand seines Lesers begibt und dessen Urteil aussetzt.

„Verba volant, scripta manent"
„Gesprochene Wörter verfliegen, geschriebene bleiben."
(Asterix bei den Pikten, Caius Titus, röm. Senator)

Das erste Leben

Meine Oma ist es, die sich darauf einlässt. Nach und nach erfahre ich, dass es ein schmerzhafter Prozess ist, sich diesen Erinnerungen an längst vergangene Zeiten zu stellen und sie niederzulegen. Sie hat die Kraft dazu. Opa nicht. Es kommen wohl zu viele Bilder in ihm hoch, die ihm nicht guttun. In dieser Zeit berichtet Oma ein paar Mal, dass er „sehr früh schlafen gegangen" sei. Er habe „geschwankt", als er aus dem Keller gekommen sei, nur noch undeutlich „Gute Nacht" gesagt und im Bett dann sofort laut geschnarcht. Er sei sehr unruhig im Schlaf gewesen, fast als ob er mit jemandem kämpfe.

Im Keller steht unter anderem ein schöner alter Küchenschrank, Echtholz natürlich. Darin sind ein paar Flaschen mit Selbstgebranntem, ordentlich aufgereiht, Mirabelle, Birne, Zwetschgen. Ich weiß, dass Opa nach dem Essen manchmal einen „Obstler" trinkt, zur Verdauung, wie er sagt. Ich erlebe auch oft mit, wie er bei Familienfeiern gemeinsam mit anderen Männern für eine Weile im Keller verschwindet, bevor alle sehr heiter wieder hochkommen. Das sind die Abende, an denen viele der Ehefrauen kopfschüttelnd in den zweifelhaften Genuss kommen, bei der Heimfahrt ausnahmsweise am Steuer sitzen zu dürfen, während der Ehegatte auf dem Beifahrersitz schon kurz nach dem Losfahren schnarcht.

Dass Opa tagsüber alleine in den Keller geht und Schnaps trinkt, gab es meines Wissens weder vorher noch nachher. Irgendetwas in den Erinnerungen an die Vergangenheit muss zu viel gewesen sein für ihn. An Heiligabend in diesem Jahr hat Oma ein besonderes Geschenk für mich. Ich weiß schon, was es ist, kenne den Inhalt. Bis heute hüte ich es wie einen Schatz.

„Von früher un dehemm"

steht unter anderem in der sehr persönlichen Widmung, die meine Oma in ihrer so gepflegten, geschwungenen Schrift auf die Innenseite des Deckblattes geschrieben hat. Darin finden sich 68 handbeschriebene Blätter karierten Papiers, auf denen ich die Geschichte meiner Vorfahren und Familie nacherleben kann. Noch heute schaffe ich es kaum, sie am Stück zu lesen. Zu sehr gehen sie mir ans Gemüt. Dabei vermitteln mir die Erzählungen nur eine Ahnung davon, was es bedeutet haben muss, diese Erlebnisse in sich zu tragen. Es dürfte seinen Grund haben, weshalb Opa nicht über den Krieg gesprochen hat. Ich will glauben, dass er uns mit seinem Schweigen auch schützen wollte, vor der Last, die er mit sich trug, worin auch immer sie konkret bestanden haben mag.

Meine Großeltern sind beide längst tot. Aber in mir wirken sie immer noch. Recht versteckt haben mich beide sehr geprägt. Neben der emotionalen Heimat, die sie mir gegeben haben, sind es ganz viele kleine Momente und Sätze, die ich tief in mir behalten habe.

Die beiden sind Anfang 70, als ein letzter Umzug ansteht. Nach ein paar gesundheitlichen Rückschlägen sind das Haus und vor allem der riesige Garten inzwischen zu viel für sie. Es ergibt sich die Möglichkeit eines Umzuges. Das neue Heim ist nur noch eine kleine Wohnung, gerade mal 100 Meter entfernt vom Haus meiner Eltern, auf der anderen Straßenseite. Die Vorteile, die ein solcher Ortswechsel bringt, liegen auf der Hand. Trotzdem sind beide skeptisch.

„Einen alten Baum verpflanzt man nicht.", ist Opas Auffassung dazu, bevor sie doch der Vernunft folgen, mehr aus Rücksicht auf alle anderen als aus eigenem Antrieb. Wahrscheinlich war Oma die treibende Kraft bei der Entscheidung. Sie wollen nicht zur Last fallen. Schon lange

haben beide aufgeräumt. In Haus, Garten und Schuppen findet sich nur noch wenig, das nicht mehr gebraucht wird. Opa wollte nie, dass seine Erben ihm *„die Knochen verfluchen, weil sie unser ganzes Gerümpel aufräumen und entsorgen müssen."* Beim Umzug nimmt er mit mir gemeinsam ein Bild von einer Wand. Sicher kein Meisterwerk der Ölmalerei. Es zeigt einen Waldweg, der auf einen Baum zuführt und sich an diesem in zwei schmale Pfade teilt.

„An dieser Kreuzung habe ich oft gestanden."

sagt er halblaut, mehr zu sich selbst. Mit meinem *„Wo is'n das?"* zeige ich ihm allzu deutlich, wie wenig ich von Kunst verstehe. Er lacht: *„Ach was. Das ist doch nur ein Bild. Schau, was es Dir sagt. Manchmal musst Du halt Entscheidungen treffen in Deinem Leben. Du weißt nur vorher nie, wo sie Dich hinführen werden."* Er erklärt mir, dass jeder seinen eigenen Weg im Leben gehen müsse. Nach seinem Eindruck drehten sich leider allzu viele dabei immer nur im Kreis. Wer es aus dem Kreisverkehr herausschaffe, für den gehe es selten einfach nur gerade aus. Oft seien Wege sehr verschlungen, einige steinig und steil, andere samtig und flach.

„Ab und zu brauchst Du auch das Glück,
zur rechten Zeit den rechten Menschen zu begegnen.
Die Kunst liegt darin, sie zu erkennen.
Das allein reicht aber nicht aus.
Dann musst Du diesen Menschen auch folgen oder
den Weg mit ihnen gemeinsam weitergehen.
Das ist nicht immer leicht."

Er habe das Glück gehabt, mit Oma schon früh die rich-

tige Gefährtin an seiner Seite gehabt zu haben. Ich weiß,
dass es eine Zeit gab, in denen sie nicht sicher sein konnten, auf den gemeinsamen Weg zurückzufinden. Nach der
Entlassung aus der Gefangenschaft waren einige der Verwandten und Kriegskameraden nach „Amerika" ausgewandert. Opa hatte das kurz in Betracht gezogen, sich
aber dagegen entschieden. Dass seine Frau mit seinen
Buben in einem anderen Land leben musste, war schon
schlimm genug. Möglicherweise hätte die Familie nie wieder zueinander gefunden, wenn er sein Glück sogar auf
einem anderen Kontinent gesucht hätte. Opa hat felsen-
fest darauf vertraut, dass sich ein Weg ergibt, wieder zusammen sein zu können.

„Beziehungen sind eine halbe Existenz."

sagt er immer mal wieder. Was er oft schlicht auf das
Prinzip des „Vitamin B" bezieht, lebt er an anderer Stelle in großartiger Weise vor. Mit der Frau an seiner Seite
bildet er ein unglaublich gutes Paar. Er ist ganz Mann,
sie ganz Frau. Sie sind schon zusammen aufgewachsen,
haben als Kinder im gleichen Dorf gelebt. Vielleicht ist
es die gemeinsame Sozialisation, die dazu führt, dass sie
auf viele Themen den gleichen Blick haben. In gemeinsamen Wurzeln scheint viel Kraft zu liegen. Ihre Beziehung
zueinander ist geprägt durch große gegenseitige Achtung.
Jeder erfährt in seinem Bereich in gleicher Weise tiefe
Wertschätzung für das, was er tut. Über Gleichberechti-
gung müssen sie nicht diskutieren. Sie leben sie und unterstützen einander. Ganz einfach, ganz natürlich, ganz
selbstverständlich. Das mag die innige Verbundenheit erklären, die ich bei ihnen immer wieder erlebe.
Der 2. Weltkrieg, Gefangenschaft, Flucht und Vertrei-

bung haben ihnen in der Blütezeit ihrer Zwanziger siebeneinhalb Jahre der Gemeinsamkeit gestohlen. Danach war die Zeit der Trennung und einsamen Nächte vorüber. Mit Ausnahme einiger Krankenhausaufenthalte wachen sie fortan jeden Morgen nebeneinander auf. Bei Festen und Feiern aller Art sind sie oft und lange gemeinsam auf der Tanzfläche zu sehen. Sie tanzen gerne und gut. Am liebsten Wiener Walzer. Abgesehen davon hat Opa einen eher eigenwilligen Musikgeschmack. Ab und zu singt er auch. Volkslieder. Im Klang seiner Stimme gefällt mir dieses schnulzige Zeug trotzdem irgendwie. Die beiden lachen auch viel, nehmen sich selbst oft nicht ernst. Und sie haben sich und mir immer etwas zu erzählen. Ich werde erst viele Jahre später begreifen, dass eine aufrichtige, gute Kommunikation die Grundlage nicht nur für das Gelingen von Partnerschaften, sondern eines jeden Kontaktes ist. Wer Stille eintreten lässt, legt – mitunter unbewusst und unbeabsichtigt – die Axt an jede Form von Verbindung. Wer nicht (mehr) miteinander spricht, wer sich nichts (mehr) zu sagen hat, legt keine weiteren Holzscheite mehr auf das Feuer einer Beziehung. Eines Tages ist der Ofen dann aus.

Die Nachricht trifft mich hart und aus heiterem Himmel. Ich sitze kurz nach Gründung meiner Kanzlei am Schreibtisch, als ich den Anruf erhalte. Eine Frau ist am Telefon. Sie sei Ärztin und rufe aus dem Krankenhaus an. Meine Oma sei bei ihr, könne aber gerade nicht sprechen. Daher wolle sie mich informieren, dass mein Opa einen Schlaganfall erlitten habe. Ich frage, wie es ihm geht und nach der Prognose. Sie zögert, meint, man müsse abwarten, fügt aber an: *„Es war ein sehr schwerer Hirninfarkt.“* Es ist Urlaubszeit. Alle anderen aus der Familie sind nicht erreichbar. Also setze ich mich ins Auto und fahre

die 150 km zu ihm ins Krankenhaus. Als ich an seinem
Bett stehe und den hilflosen Blick in seinen Augen sehe,
ist mir klar. Es wird nie wieder, wie es war. Und ich bin
mir ziemlich sicher. Die Zeit unserer Gespräche ist vorüber. Aus meinem Mund kommen trotzdem spontan ein
paar Sätze. Ich glaube nicht, dass er sie im herkömmlichen Sinne verstanden hat. Es ist auch ohne Belang. Aber
mir ist es wichtig, sie zu sagen. Es sind Gedanken, die ich
so noch nie geäußert habe. Es geht um Dankbarkeit. Und
um Liebe.

Den Tag ihrer Diamantenen Hochzeit erleben sie nicht
mehr gemeinsam. Fast sechzig Jahre sind sie verheiratet,
als Opa einige Monate vorher in einem Pflegeheim stirbt.
Sein Sprachvermögen hatte er nie wiedererlangt. Ein paar
Tage nach seinem Tod sagt Oma traurig zu mir: „Ein paar
schöne Jahre hätten wir doch noch haben dürfen."
Einen Satz betrachte ich als ihr unausgesprochenes Ver-
mächtnis. Gesagt haben sie ihn nie:

„Wenn etwas gut ist, ist es nie genug."

Meine Großeltern hatten ihre Heimat verloren. Mir haben sie immer das Gefühl von Heimat gegeben. Sicher hat
Opa mit seinen vier Enkeln auch den Teil der Kindheit
genossen, den er mit seinen beiden Söhnen kriegsbedingt
nicht erleben durfte.
In Gedanken sitze ich noch oft zusammen mit ihnen. In
ihrem riesigen Garten mit den Obstbäumen hat Opa mit
uns am Grillplatz mal wieder „ein Feuerchen" gemacht,
nicht weit von dem selbst gebohrten Brunnen des Nachbarn, in dem die Getränke gekühlt werden. Ein paar Meter weiter steht der Apfelbaum, an dem Opa mir als Bub
beigebracht hat, wie man auf Bäume klettert. Er hat

mich hochgehoben, festgehalten und mir dann geduldig Schritt für Schritt erklärt, was ich machen muss, um gefahrlos höher und auch wieder herunterzukommen. Anfangs stand er immer noch dabei. Erst als er sicher war, dass ich es alleine kann, hat er mich auch alleine machen lassen. Er hat mir Vertrauen geschenkt.

Sein Sohn, mein Vater, konnte das nicht.

Dasselbe wie mein Papa

„Was willst Du denn mal werden?" Welches Kind bekam sie nicht gestellt in den 1970/80er-Jahren? Diese Frage, mit der sich Erwachsene gelegentlich unbeholfen bemüht zeigten, ein Gespräch mit einem Kind zu führen. Der Unterschied zwischen „das Gleiche" und „dasselbe" ist mir damals noch nicht bewusst. Es mag das trotzige Kind im Mann von heute sein, das mich hier ganz bewusst schreiben lässt, dass meine Antwort lange Zeit die Gleiche war: *„Dasselbe wie mein Papa."*
Ich hatte keine wirkliche Vorstellung von dem, was er beruflich machte, aber er war mein Papa, war von morgens bis abends auf der Arbeit in einem Büro und mit dem Geld, das er dort verdiente, ermöglichte er unser Leben. Ich dachte, dann muss das etwas Gutes sein. Das möchte ich auch.
Ich habe das lange nicht hinterfragt. Es war nun einmal so. Als mir das Bild von seiner Arbeit (Fertigungsplanung bei einem größeren Mittelständler in der Automobilindustrie) Jahre später etwas klarer wurde, war mir auch klar, dass ich das Gleiche wie er ganz sicher nicht würde machen wollen oder können. Jedenfalls nicht beruflich.
Mein Vater war ein Mann der Tat. Er war kein Mann der vielen Worte. Dabei hatte ihm die Natur eine außergewöhnliche Stimme geschenkt. Zu Schulzeiten erhielt ich zeitweilig recht häufig Anrufe von Mitschülerinnen. Erst später habe ich erfahren, dass diese Anrufe gar nicht mir

galten und es auch nicht um irgendwelche Hausaufgaben ging. Die jungen Damen haben nur darauf gehofft, meinen Vater am Telefon zu haben: *„Dein Papa hat soo eine schöne Stimme ...“* Für die Schönheit des Klangs dieser Stimme hatte ich keine Ohren. Sie war für mich genauso alltäglich und normal wie der Umstand, dass er nicht viel sprach. Wenn er zu Hause war, erlebte ich ihn in erster Linie bei irgendwelchen handwerklichen Tätigkeiten. Im Laufe der Jahre hatte er sich ein sehr solides Gerüst von Fähigkeiten angeeignet. Um Geld zu sparen, machte er schlicht alles am, im und um Haus und Auto herum selbst. Es ist das Haus der Familie meiner Mutter. Die ursprüngliche Bausubstanz stammt aus den Anfängen des 19. Jahrhunderts. Um Platz für zwei Mietwohnungen zu schaffen, hatte mein Vater es in den 1960er-Jahren von zwei auf drei Geschosse aufgestockt. Es gab immer etwas zu tun. Vieles davon ging zu zweit oder zu dritt besser. Mein Bruder und ich haben ihm oft „assistiert“. Mir selbst ist dabei jegliche Begeisterung fürs Heimwerken abhandengekommen.

Seine ruhige, wohltönende, tiefe Stimme hat er in erster Linie zum Informationsaustausch genutzt. Er hat sie erhoben, wenn etwas zu regeln war. Vorher hat er nachgedacht. *„Erst Klick, dann Klack“* – diese Formulierung von ihm selbst beschreibt ihn vielleicht am besten. Übersetzt heißt das in etwa *„Erst denken, dann handeln.“* Er hat meist sehr lange nachgedacht. Auch beim Heimwerken. Bevor die Bohrmaschine angesetzt wurde, wurde nicht selten dreimal nachgemessen, ob der Ansatz auch an der richtigen Stelle lag. *„Wenn ich es selbst mache, weiß ich, wie es gemacht ist.“* hat sein Denken und Handeln geprägt.

Das war auf die Dauer anstrengend. Als er im Alter von 72 Jahren stirbt, hat er nicht nur seine körperliche Kraft und seine handwerklichen Fähigkeiten, sondern auch seine Stimme fast gänzlich verloren. Ich weigere mich, von einer Demenz zu sprechen. Aber er hatte sich in sich zurückgezogen. Er war seltsam leer geworden. Auf einer der Trauerkarten, die wir nach seinem Tod mit unserer Mutter ordnen, lese ich neben den üblichen, nichtssagend hilflosen Floskeln des „herzlichen Beileids" zu meiner Überraschung auch: *„Ihr Mann war gelebte Nächstenliebe."* während mir augenblicklich ein *„Und hat dabei sein eigenes Leben verpasst"* in den Kopf schießt. Die Karte stammt von einer Nachbarin, deutlich älter als mein Vater. Lange Jahre war das Verhältnis zu ihr eher angespannt. Das hatte historische Gründe, die weder bei ihr noch bei ihm lagen. Nach dem Tod ihres Mannes tat mein Vater, was er immer getan hat. Er half. Männerarbeit. Mal hier, mal da. Am Haus und im Garten. Wenn er etwas für andere tun konnte, war er in seinem Element. Auf seine Unterstützung wurde gerne und oft zurückgegriffen. Manche Menschen sind besser im Geben als im Nehmen. So war mein Vater. Er gab sogar, wenn es gar nicht gefragt, manchmal auch unerwünscht war. Das war die Schattenseite. Ungewollt und trotz bester Absichten stand er mit seiner Hilfsbereitschaft so mancher Entwicklung auch im Weg.

„Der Kümmerer sorgt dafür, dass andere verkümmern."

Etymologisch ist „kümmern" mit dem mittelhochdeutschen Wort „kumbern" verwandt. Das bedeutete sowohl „traurig machen" als auch „verhaften." Das erscheint mir tatsächlich stimmig. Mein Vater war verhaftet in sich selbst, Gefangener seiner eigenen Erfahrungen. Sie haben ihn traurig und still werden lassen. Die Freiheit, die schönen Seiten des Lebens zu sehen oder gar zu genießen, hat er sich nie wirklich erlaubt. Damit hat er es auch anderen ungewollt schwer gemacht. Mit Ende 40 sagt er einmal tatsächlich: *„Dann muss Jonas jetzt Verantwortung übernehmen.“* Jonas ist gerade mal drei Jahre alt. Kurz vorher ist sein Vater verstorben. Jonas ist das ältere der beiden Kinder, deren pures Dasein seiner noch jungen Mutter in dieser Zeit der Dunkelheit die Kraft zum Weitermachen gibt. Babyfüttern, Windelwechseln und Spielen mit einem Kleinkind kann manchmal mehr Trost spenden und Sinn vermitteln als alle gut gemeinten Worte.

So irrsinnig mir diese Äußerung damals erschien, so nachvollziehbar wird sie für mich Jahre später. Mein Vater war im gleichen Alter, um die drei also, als er durch den Krieg seinen eigenen Vater verlor, wenn auch nur auf Zeit. Siebeneinhalb Jahre ohne Vater aufzuwachsen, hinterlässt Spuren in ihm. All die tapferen Frauen, die um ihn herum „ihren Mann“ standen, konnten nicht ausgleichen, was ihm über Jahre an männlichem Vorbild fehlt. Was wir über Mann- oder Frausein lernen, bestimmt sich über das, was wir als Kind tagtäglich sehen und erleben. Als Erwachsene entsprechen wir später meist vollkommen unbewusst entweder genau diesen Vorbildern oder dem Gegenteil davon. Dies gilt für Grundsatzfragen in der Partnerwahl genauso wie für unser gesamtes Verhalten gegenüber anderen, in jeglichen Beziehungen. Nur wer das erkennt und bewusst wahrnimmt, kann entscheiden ob er diesen Mustern weiter folgen oder sie verändern will. Wenn aber Vorbilder in den prägendsten Jahren fehlen, kann innere Halt- und Orientierungslosigkeit

zu einem ziemlich verqueren Rollenverständnis führen.
Wer in Zeiten von Angst und Ungewissheit aufgewachsen ist, wird alles tun, um Kontrolle zu gewinnen. Innere
Leichtigkeit und Lebensfreude können dabei leicht auf
der Strecke bleiben. Wenig überraschend war Sicherheit
meinem Vater wichtig. Bereits lange vor der Einführung
der Anschnallpflicht auf Rücksitzen in Deutschlands Autos hatte er schon Sicherheitsgurte für meinen Bruder
und mich eingebaut, die Befestigungen dazu natürlich
selbst in der Bodenplatte des alten VWs verschweißt. Ihm
war klar, dass wir noch zu klein für die Gurte waren. Also
schneiderte unsere Mutter eigens besondere Kissen, auf
denen wir dann thronten.

Wenn mein Bruder oder ich gelegentlich ausnahmsweise
bei Opa im Auto mitfahren durften, sagte Papa jedes
Mal vor Fahrtantritt:

„Fahr vorsichtig. Du hast eine teure Fracht im Auto.“

Das war seine Art auszudrücken, dass er uns liebte. Er
behielt sie zeitlebens bei. Warum sonst hätte er noch
viele Jahre später, als ich längst selbst ein Auto hatte,
ungefragt und ungebeten regelmäßig Öl und Reifen ge-
wechselt, bevor ich mich selbst darum kümmern konnte.
Wenn es um Gefühle ging, war mein Vater stumm. Dann
brachte er überhaupt keine Worte über seine Lippen.
Auch über sich selbst hat er nicht gesprochen. Er sprach
allenfalls über das, was er tat und über das, womit er
sich beschäftigte, aber nie über das, was ihn bewegte.
Ich wusste, dass er das Gymnasium vorzeitig verlassen,
eine Ausbildung gemacht und sich später über berufsspe-
zifische Abendkurse so weitergebildet hatte, dass er nicht
mehr in der Werkstatt, sondern in einem Büro arbeite-

te. Auch wenn er selbst kaum ein Wort darüber verlor, wusste ich auch, dass er ein ausgesprochen guter Handballspieler gewesen sein muss. Nur ganz selten, wenn er zufällig jemanden aus den alten Sportzeiten traf, blitzte kurzzeitig etwas in ihm auf, das im Alltag nie zu sehen war. Dann offenbarte sich mir schlaglichtartig, dass dieser Mann nicht immer nur der Familienvater, treu sorgende Ehemann, technische Angestellte und Heimwerker war, den ich zeitlebens mitansehen musste. Es war sein Vater, mein Opa, der ab und zu ein wenig über seinen Ältesten erzählte. Von ihm weiß ich, wie sehr er seinerzeit versucht hatte, seinen starrsinnigen Filius davon zu überzeugen, dass er Abitur machen solle. Er dürfe sich das nicht zerstören lassen von einem einzigen Lehrer, der bekanntermaßen Flüchtlingskinder unterdrücke. Sein Klassenlehrer sei der gleichen Meinung gewesen. Der habe zu ihm gesagt: *„Ihr Sohn ist einer der intelligentesten Schüler, den ich je hatte – aber er steht sich selbst im Weg."* Opa war traurig, dass er seinen Junior von diesem Entschluss nicht abbringen konnte, die schulische Laufbahn zu beenden. Gleichzeitig berichtete er gerne stolz, dass sein Sprössling seine Berufsausbildung als Jahrgangsbester im Land abgeschlossen habe. Genauso stolz war er, wenn er von den Handballspielen erzählte. Dabei habe er lange Zeit nicht verstanden, weshalb alle so von den Fähigkeiten seines Sohnes schwärmten. Wenn er selbst gelegentlich zugeschaut habe, habe er nichts Besonderes sehen können. Bis zu dem einen Tag, an dem er erst nach Spielbeginn zum Sportplatz gekommen sei. (Zu dieser Zeit wurde noch Feldhandball gespielt, also auf einem Fußballplatz mit elf Spielern je Mannschaft.). *„Euer Vater hat mich nicht bemerkt und ganz anders gespielt, als*

wenn ich dabei war. Offensichtlich hat ihn meine Anwe-
senheit gebremst." Opa lächelte, als er sagte: *„Ab da bin*
ich immer erst nach Anpfiff hingefahren. Ich habe mich
dann so hingestellt, dass er mich nicht sehen konnte und
bin immer kurz vor Schluss wieder gegangen. Es hat Spaß
gemacht, Eurem Vater zuzusehen. Wenn er nicht wusste,
dass ich da bin, war er großartig."
Mein Vater stand nie gerne im Mittelpunkt. Bei aller
Präsenz, die ihm ganz natürlich innewohnte, zeigte er
sich nicht gerne. Irgendetwas hat ihn zeitlebens blockiert.
Vielleicht lag es an seinem seltsamen Verständnis von
Verantwortung, dass er sich für das Leben einer Taube
entschieden hat, obwohl er das eines Albatros hätte führen können. Voller Wehmut fliegen meine Gedanken zu
ihm, als ich irgendwann einmal einen weltbekannten Musiker sagen höre:

> *„I always wanted to know,*
> *how far my wings would carry."*

> *„Ich wollte immer wissen,*
> *wie weit mich meine Flügel tragen."*

53

Das erste Mal

An meinem 7. Geburtstag begegne ich ihm zum ersten Mal: dem Tod. Ohne jede Vorankündigung reißt er meinen geliebten Onkel Walter aus meiner kleinen Welt. Onkel Walter ist nicht mein leiblicher Onkel. Aber in den Siebzigerjahren ist es in der Bundesrepublik für Kinder noch üblich, Erwachsene auch ohne jeden verwandtschaftlichen Bezug „Onkel" oder „Tante" zu nennen.

Onkel Walter ist der Ehemann von Tante Anna. Beide sind ein paar Jahre älter als meine Großeltern und wohnen als Mieter seit vielen Jahren in einer kleinen Wohnung in der Etage über uns. Das ungewollt kinderlos gebliebene Paar springt gerne ein, wenn jemand gebraucht wird, der sich um meinen Bruder und mich kümmert. Dann genießen wir ein paar Stunden bei ihnen in der Küche, löffeln „Salat-Soße" (pure Sahne mit Zucker) und bewundern die funkelnden Augen eines Wackeldackels, wobei wir unsere eigenen davor verschließen, dass im Innern des Dackels nur ein Teelicht flackert. Inneres Feuer bringt Augen immer zum Leuchten, egal, wie es entzündet wird.

Während mein Bruder bei Tante Anna sitzt, habe ich meinen Platz bei Onkel Walter. Seine Augen verschwinden hinter einer dicken Hornbrille mit getönten Scheiben. Seine nahezu kindliche Freude blitzt gleichwohl hindurch, wenn er erzählt, dass er Zigaretten für uns vom Einkaufen mitgebracht hat. Und so rauchen wir dann alle gemeinsam. Mein Bruder und ich ziehen an unseren Kaugummi-Zigaretten, während er sich mit seinen völlig vergilbten Fingern eine Camel nach der anderen ansteckt.

Seit mein Bruder zur Schule geht, gratulieren unsere Eltern schon am Abend vor dem Geburtstag. So bleibt am eigentlichen Jubeltag mehr Zeit für das gemeinsame Frühstück. Und die Freude über das Geschenkeauspacken kann sich auf zwei Tage verteilen, zumal mit Kindergeburtstag und Besuch von Oma und Opa ohnehin noch genügend Aufregung wartet.

In diesem Jahr kommen Onkel Walter und Tante Anna auch schon am Vorabend zur Geschenkübergabe. Onkel Walter fühlt sich nicht wohl, hat Schmerzen im linken Arm, meint, er wolle am nächsten Morgen zum Arzt gehen. Das tut er. Und fällt beim Blutdruckmessen tot vom Stuhl. Herzinfarkt. Alle Wiederbelebungsversuche des Arztes bleiben erfolglos. Tante Anna wird bis zu ihrem eigenen Tod den Infarkt nicht vor dem Hintergrund seiner vierzig Zigaretten am Tag sehen, sondern in tiefer Überzeugung einem ärztlichen Versagen in der konkreten Situation zuschreiben. Bisweilen scheinen Schuldzuweisungen über den Schmerz des Verlusts und der Einsamkeit hinwegzuhelfen. Es ist nun einmal leichter, sich als Opfer der Umstände zu begreifen, als manch unerwünschtes Ereignis auch als Folge des eigenen Verhaltens zu akzeptieren. Auch wenn wir vielleicht weniger im Leben unter Kontrolle haben, als wir denken, sollten wir uns mögliche Konsequenzen unseres Handelns immer bewusst machen. Egal in welcher Situation wir sind: Opferdenken fällt leicht, hilft aber niemandem weiter. Nur wer die Opferrolle ablegt, hat wirklich eine Chance auf nachhaltige Veränderung zum Guten.

Von dem Geburtstag selbst weiß ich nichts mehr. Ich weiß

nicht mehr, wer dabei war, außer Dietmar, meinem damals besten Freund. Seit der Kindergartenzeit konnten wir unglaublich gut miteinander. Bis in die Pubertät waren wir uns sehr nah. Unsere Mütter waren bereits gleichzeitig zur Entbindung im Krankenhaus. Ich hatte es mir dann aber noch mal anders überlegt und mir und meiner Mama noch drei weitere Wochen Zeit gelassen. Dietmar hat seinen siebten Geburtstag nicht gefeiert. Sein Opa ist an diesem Tag gestorben. Das Kind in mir erkennt noch nicht, welch eine Anziehungskraft in ähnlichen Lebenserfahrungen liegen kann. Es erkennt noch nicht, dass alles im Leben zwei Seiten hat. Genauso wie ähnliche Erfahrungen verbinden können, können sie auch trennen. Wer weiß schon, ob er sein Glück in *„Gleich und gleich gesellt sich gern"* oder in *„Gegensätze ziehen sich an"* suchen soll oder – noch wichtiger – finden wird?

Ich weiß auch nicht mehr, welche Geschenke ich an diesem Geburtstag auspacken durfte. Es ist auch ohne Bedeutung. Mit Ausnahme des Lebens selbst bekommen wir die größten Geschenke ohnehin nicht zum Geburtstag oder zu Weihnachten. Sie kommen mitunter zudem sehr hässlich verpackt, zur falschen Zeit oder von der falschen Seite. Einige davon erkennen wir nicht als solche oder meinen, sie nicht annehmen zu dürfen, weil sie uns zu groß und unverdient erscheinen oder nicht in unser Leben passen. Gelegentlich sind es auch die unscheinbaren Kleinigkeiten, deren wahren Wert wir erst spät erkennen oder nie zu schätzen lernen. Bisweilen fehlt uns lange die Bedienungsanleitung und wir benötigen Zeit, um mit einem Präsent umgehen können.

Im Englischen hat der Begriff „present" eine ganze Reihe von Bedeutungen, unter anderem Geschenk, Gegenwart oder auch anwesend. Vielleicht bestehen die wertvollsten

Geschenke auch darin, Menschen zu begegnen, die es gut mit uns meinen und sie im Leben zu behalten? Der Preis, den wir alle für diese Begegnungen zahlen, besteht darin, dass wir eines Tages Abschied nehmen müssen. Wir wissen nie, wann dies sein wird. Nicht jedem ist es geschenkt, den Preis einer Trennung in Raten zu zahlen, einen Abschied vorbereiten und gestalten zu können. Nicht immer sind wir vorbereitet. Mancher Abschied tötet Träume.

Am Abend meines siebten Geburtstages schlafe ich mit der kindlich naiven und verzweifelten Hoffnung ein, dass mein Onkel Walter am folgenden Tag wieder da sein wird und alles nur ein böser Traum gewesen ist. Diese Hoffnung habe ich sehr lange. Ich weiß, dass sie irrational ist. Genauso wie ich weiß, dass es kein Christkind gibt. Trotzdem sehe ich es aber an Heiligabend aus dem Wohnzimmerfenster fliegen, während meine Augen kämpfen mit dem strahlenden Glanz des hell erleuchteten, über und über mit silbernem Lametta behängten Weihnachtsbaumes. In gewisser Weise ist es ähnlich. Der Glaube daran, dass mein geliebter Onkel Walter zurückkommt, hilft mir umzugehen, mit dem, was mein Kinderherz so verdunkelt. Nur sehr langsam tropft die Erkenntnis in mein Bewusstsein, dass dieser Abschied am Vorabend meines Geburtstages ein endgültiger war.

Meine nächsten Begegnungen mit dem Tod sind deutlich weniger dramatisch. In Kindertagen und früher Jugend sterben meine beiden Uromas, mit über 80, keine von beiden plötzlich und unerwartet. Der Tod einer der beiden bleibt mir gleichwohl in Erinnerung. Als er erfährt, dass sie gestorben ist, setzt sich mein Vater zu Hause an den Küchentisch, leert eine Flasche Bier nach der anderen. Er trinkt schweigend, bis die Augen glasig sind und er deutlich früher als sonst wortlos zu Bett geht. Mein Vater trinkt fast nie Alkohol. Betrunken erlebe ich ihn nie. Nur einmal im Sommerurlaub wird es bei einer gemütlichen Grillrunde mit ungarischem Rotwein für die Erwachsenen spät. Am Tag danach liegt er im Wohnwagen und bittet uns Kinder unzählige Male vergeblich, doch bitte nicht so zu springen, wenn wir hineinkommen. Das Wackeln des Wohnwagens bereitet seinem Magen Schwierigkeiten. Diese Schwierigkeiten sind nichts im Vergleich mit der tiefgreifenden Erschütterung, die die Begegnung mit dem Tod in uns auslösen kann. Eines Tages zeigt er sich jedem, wenn auch in sehr unterschiedlichen Gesichtern. Einige davon sind schwer zu ertragen.

Als Erwachsener erlebe ich später gleich zweimal hautnah mit, wie Lebenslinien unvollendet bleiben und zwei wunderbare Menschen viel zu früh aus unserer Mitte gerissen werden. Es ist schwer zu ertragen, wenn es ausgerechnet den zarten Seelen, denen, die diese Welt zu einer besseren gemacht haben, versagt bleibt, ihre Lebenskreise groß werden zu lassen oder sie wenigstens bewusst, in Ruhe, Dankbarkeit und Frieden zu schließen. Es gibt keine Garantie dafür, dass die natürliche Reihenfolge eingehalten wird und sich der vermeintliche Vertrag zwischen den Generationen erfüllt. Aber in den Augen der Mütter, die am Grab ihres Kindes stehen, ist zu sehen, dass der Tod manchmal auch das Leben derer nimmt, die noch nicht gestorben sind.

So schwer es für jeden Einzelnen auch sein mag. Der Umgang mit der Endlichkeit fällt leichter, wenn ein Kreis sich langsam, still und leise schließen darf. Im Angesicht des Todes relativiert sich alles. Wem er zur Unzeit oder gar mit Gewalt begegnet, weiß, wie viel Trost und welch großes Geschenk in einem bewussten und friedlichen Ab-

Das erste Leben

schied liegen kann.

> *„Wenn Du lernst, wie man stirbt,*
> *lernst Du, wie man lebt."*
> *(Morrie Schwartz, 1916 – 1995, USA)*

Das schleift sich ein

In der Welt, in der ich aufwachse, herrscht Ordnung. Ich werde morgens geweckt, bekomme Frühstück, natürlich ein Pausenbrot und wenn ich nach der Schule nach Hause komme, steht ein warmes, von Mama selbst gekochtes Mittagessen auf dem Tisch. Ich bekomme Anleitung und Unterstützung bei den Hausaufgaben und allem, was ich sonst noch so benötige.

Auf Ordnung legt er Wert. Seine Fächer sind Englisch und Französisch, hauptsächlich Englisch. Gelernt hat er es als junger Kriegsgefangener in einem britischen Lager, 1944 – 1948. Die äußere Erscheinung ist ähnlich steif wie seine Art zu unterrichten. Er trägt stets einen dunkelgrauen Anzug, weißes Hemd und Krawatte, schwarze Schuhe. Die noch vollen, dichten, grauen Haare werden vor jeder Stunde ordentlich gekämmt.

Englisch steht bei mir erst ab der 9. Klasse auf dem Lehrplan. Vorher hatte ich nur Französisch und Latein. In den ersten beiden Jahren orientiert sich der streng gescheitelte Anzugträger stur am Unterrichtsbuch. Es ist unendlich langweilig. Wir sind 32 Schüler in der Klasse. Sämtliche Übungen im Buch haben 8 Einheiten. Diese Einheiten lässt er der Reihe nach wiederholen, immer wieder. Bei 32 Schülern und 8 Einheiten kann sich (fast) jeder ausrechnen, welchen Satz er von sich geben muss, bevor er bis zur nächsten Runde in inneren Tiefschlaf verfallen kann. Der alte Griesgram lehnt ab, als wir ihn fragen, ob er seinen Unterricht nicht ein wenig freier gestalten und ab und zu doch auch etwas Englisch mit uns sprechen wolle. Das sei bei anderen Lehrern ja durchaus üblich. Ich bin Klassensprecher. Meine Noten erlauben mir, etwas heftiger zu protestieren, wenn auch noch vorwiegend emotional: *„Das ist doch total langweilig, das bringt doch überhaupt nichts".* Er lässt weder mit sich diskutieren noch sich aus der Ruhe bringen:

„Wartet es ab – das schleift sich alles ein."

Im dritten Jahr betritt er den Raum mit einem fröhlichen *„Good morning boys and girls"* und spricht ab diesem Moment mit ganz wenigen Ausnahmen nur noch englisch mit uns. Ich bin überrascht, als ich feststelle, dass sein eigenwilliges Unterrichtskonzept funktioniert hat, zugegebenermaßen nicht bei allen von uns gleich gut. Offensichtlich hat sich sehr viel tatsächlich einfach durch diese elenden Wiederholungen eingeschleift (oder heißt es eingeschliffen?).

Bis zum Abitur wird mir immer mehr klar, wie gut seine Art zu unterrichten für mich funktioniert hat. Die Noten sind auch nach ihm meistens *„sehr gut".* Heute ist von meinem damaligen Sprachvermögen nicht mehr viel vorhanden. Wir lernen und entwickeln durch Wiederholung und fortwährenden Gebrauch, durch Übung. Wir eignen uns an, was wir immer wieder sehen, tun, oder hören. So lernen Kinder laufen, essen oder sprechen. Und was im Alltag nicht (mehr) gebraucht wird, verkümmert eben.

„Use it or loose it" gilt nicht nur für Muskeln.

Ich hatte mir vorgenommen, im Rahmen der Abiturfeier mit ihm zu sprechen, ihn um Entschuldigung zu bitten und mich bei ihm zu bedanken. Er hat an der Feier nicht teilgenommen. Mein Vorsatz, ihn bei Gelegenheit anzusprechen, fiel dem Ausbleiben der Gelegenheit zum Opfer. Das von mir irgendwie erhoffte, zufällige Treffen gab es nie. Inzwischen ist er lange tot. Manchmal denke ich an ihn und bereue, dass ich nicht auf ihn zugegangen bin, als es noch möglich war. Ich habe nicht nur englisch bei ihm gelernt. Er hat mir vorgelebt und dadurch beigebracht, trotz Widerstandes an einer Überzeugung festzuhalten, wenn sie denn fundiert ist und einem kritischen Hinterfragen standhält. Gleichzeitig habe ich die Erfahrung gemacht, dass wir verinnerlichen, was wir immer wieder hören. Leider gilt das nicht nur für Dienliches.

Hast Du dafür den Muat gebraucht?

Bis zur achten Klasse lebe ich in der naiven Überzeugung, dass die schulische Notenskala für mich persönlich nach unten bei einer 3 (*„befriedigend"*) endet. Das erweist sich an einem nasskalten Herbstmorgen schlagartig als Irrtum. Wir bekommen zwei Klassenarbeiten zurück. Das Ergebnis der Mathearbeit ist schon schwer zu verkraften. Ich finde eine 4 ——— (das Minus war sehr lang). Gerade noch „ausreichend". Heute bin ich überzeugt davon, dass Herr Vogt ein Gespür dafür hatte, was eine 5 (*„mangelhaft"*) mit mir gemacht hätte. Lehrer haben immer Spielräume. Es liegt in ihrer Verantwortung, ob und in welche Richtung sie sie nutzen.

In Latein gab es keinen Spielraum mehr. Ich habe sie heute noch vor Augen. Diese Zahl und die beiden Worte, die sich quer hinziehen über zwei Seiten des Klassenarbeitsheftes: *„6. Katastrophale Leistung!!!"*

Und so sind sie von jetzt auf gleich dahin, diese innere Gewissheit und dieses Selbstvertrauen, das mich bis dahin durch meinen schulischen Alltag getragen hat. Mein Vater hat seine eigene Art, sie mir zurückzugeben. Er fängt an, meine Hausaufgaben zu kontrollieren. Jeden Abend darf ich antreten und vorzeigen, was ich geleistet habe. Mir erschließt sich nicht, weshalb er Latein sehen will. Er kann kein Latein. Ehrlicherweise liegen wir zu dieser Zeit damit nicht weit auseinander. In Mathematik sieht das anders aus. Während ihm diese Art zu denken leichtfällt, bin ich bis heute ohne tieferes Verständnis dessen, was das soll. Sinus, Cosinus und Tangens haben in meinem Alltag genauso wenig Bedeutung wie Wurzelziehen, Vektorrechnung oder Kurvendiskussionen. Außer den Grundrechenarten, Prozentrechnung und ein bisschen Dreisatz bleibt bei mir nichts hängen aus 13 Jahren innerem Kampf mit diesem Fach. Ich tue mich einfach schwer damit.

Ich bin eher ein Kind der Worte als der Zahlen. Einmal erzähle ich, was ein Mitschüler morgens an der Tafel vorgerechnet hat. Er heißt Muat. Ich weiß nicht, aus welchem Land er mit seinen Eltern in unsere Provinz gefunden hat. Er ist ein Exot zu einer Zeit, in der meine Mitschüler allesamt Vornamen wie Ralf, Michael und Stephan oder Tanja, Marion und Martina tragen. Mein Vater nimmt meine Steilvorlage auf und lässt mich nachexerzieren, was mir der Junge mit Migrationshintergrund morgens vorgemacht hat. Am Ende komme zu meiner großen Überraschung auch ich an das gleiche mathematische Ziel, begleitet von der Frage meines Vaters: *„Hast Du dafür den Muat gebraucht?"*. Ich verstehe nur:

„Du musst alles alleine schaffen!"

Der Satz, der sich in diesem Moment in mir festsetzt, wird mich viele Jahre unbewusst bestimmen. Ich werde sehr lange brauchen, um zu erkennen, dass es ein ziemlich destruktives Muster ist, das ich da etabliert habe. „Glaubenssatz" wird so etwas heute genannt und führt als Thematik längst kein Schattendasein mehr. Inhaltlich geht es um allgemeine Überzeugungen und Annahmen, die wir über uns selbst, andere Menschen und die Welt um uns herum haben. Sie entstehen aus frühen Lebenserfahrungen, in erster Linie den Meinungen und Überzeugungen von wichtigen Bezugspersonen. Sie haben sich also eingeschleift (oder eingeschliffen?), diese Programme auf unserer inneren Festplatte. Jeder von uns hat sie und – jedenfalls in Teilen – haben wir sie alle nur übernommen. In ihren Grundzügen sind sie bei jedem von uns recht alt. Auch sie gehen in unsere Kindheit zurück und sind vielfach über Generationen entwickelt. Es gibt sie in vielfältigen Formen, diese Sätze, die wir alle in uns tragen. Leider dürften sie in der hemmenden Form

„Ich bin nicht gut genug.",
„Ohne Fleiß, kein Preis."
„Geld verdirbt den Charakter."
„Was denken die Anderen?"

deutlich weiterverbreitet sein, als in Gestalt unterstützender Überzeugungen wie etwa

„Ich bin schön, stark und mutig",
„Wo ein Wille ist, ist auch ein Weg."
„Geld offenbart den Charakter."
„Es darf leicht sein."

Mein Zugang zu der Welt der Technik und Computer war immer schon recht beschränkt. Den in der Oberstufe neu angebotenen Kurs „Informatik" habe ich zwar besucht, aber nicht viel davon wirklich verstanden. Ich hätte wahrscheinlich schneller Chinesisch gelernt, als die seinerzeit dort unterrichtete „symbolische Allzweck-Programmiersprache für Anfänger" BASIC („Beginners All-Purpose Symbolic Instruction Code"). Noch heute brauche ich die Hilfe Dritter, wenn ein neues Smartphone ansteht oder ich am Computer mehr als ein Textverarbeitungsprogramm benötige. Als ich noch die „große Kanzlei" hatte, habe ich unserem EDV-Systembetreuer eines Tages einen klaren Auftrag erteilt: *„Schränke meine Benutzerrechte ein, soweit es geht!"* Von der Aufregung, die die Meldung *„Schwerer Anwendungsfehler"* bei mir immer wieder auslöste, hatte ich definitiv mehr als genug. Sein *„Denn sie wissen nicht, was sie tun."* war in Bezug auf mich vollkommen korrekt.

Ich habe mich immer lieber mit Menschen umgeben als mich mit den Ergebnissen von Bits und Bytes zu beschäftigen. Dabei habe ich erst spät verstanden, wie viel Ähnlichkeit wir doch tatsächlich haben mit diesen Wunderwerken der Technik.

EDV-Freaks mögen mir die Schlichtheit und Unschärfe der Beschreibung verzeihen, aber ohne Platine, Prozessor, Speicher und Grafikkarte kann kein Computer funktionieren. Die Einzelteile sind in einem wie auch immer gearteten Gehäuse verbaut. Auf der Festplatte finden sich die gespeicherten Informationen. Mit unterschiedlichen Programmen ergeben sich verschiedene Nutzungsmöglichkeiten. Sämtliche Komponenten gibt es in einer Vielzahl von Varianten, klein oder groß, langsam oder schnell, schwarz-weiß oder bunt. Für jeden Anwendungsbereich gibt es das passende Modell. Keines davon läuft ohne Strom. Und dass jedes System gelegentlich oder häufiger ein Update benötigt, nehmen wir genauso selbstverständlich hin, wie die Tatsache, dass Programme gelöscht werden, die den Anforderungen der Zeit nicht mehr entsprechen.

Hast Du dafür den Muat gebraucht?

Nun mögen mir wiederum die Mediziner und Biologen
verzeihen, wenn ich sage, dass das Prinzip eines Com-
puters der Grundkonfiguration von uns Menschen entspricht. Mit dem großen Unterschied, dass wir nicht als
Massenware, sondern als Unikate auf den Markt kommen. Jeder von uns bekommt grundsätzlich seine eigene
Hardware. Von Natur aus bestimmt niemand seine Körpergröße, sein Geschlecht, seine Haut- oder Augenfarbe
selbst. Die Bauteile sind im Kern aber immer die gleichen. Kein Mensch funktioniert ohne Herz, Hirn, Lunge,
Magen, Leber und Nieren. Die Medizin mag uns inzwischen zwar erlauben, gewisse Teile auszutauschen, aber
nur mit einem stabilen Blutkreislauf, der sie mit Sauer-
stoff und Energie versorgt, kann die Maschine Mensch im
richtigen Drehzahlbereich laufen.
Unserer Hardware tun Bewegung und frische Luft gut.
Eine vernünftige Ernährung trägt zu unserem Wohlbefinden bei. Wenn unser Körper dennoch Probleme bereitet, gehen wir mit Herz-Kreislauf- oder Atemwegserkran-
kungen, Infekten aller Art, Knie- oder Rückenbeschwer-
den wie selbstverständlich zum Arzt und erhoffen Hilfe.
Schon die alten Römer wussten aber um die Wechselwir-
kung von Körper und Geist oder Seele.

„Mens/Anima sana in corpore sano"

„Ein gesunder Geist/
eine gesunde Seele in
einem gesunden Körper"

(Juvenal, 1./2. Jahrhundert, Rom)

In unserer Zeit ist es um unsere geistige oder seelische
Gesundheit leider allzu oft nicht so gut bestellt. Nach

statistischen Erhebungen zählen *„psychische Erkrankungen nach Herz-Kreislauf-Erkrankungen, bösartigen Neubildungen und muskuloskelettalen Erkrankungen zu den vier wichtigsten Ursachen für den Verlust gesunder Lebensjahre"* (DGPPN. Basisdaten Psychische Erkrankungen, November 2023). In Deutschland ist jedes Jahr etwa ein Viertel aller Erwachsenen, also mehr als 15 Millionen Menschen, von einer psychischen Erkrankung betroffen. Mehr als 80 Prozent davon versuchen, diese ohne fachliche Unterstützung in den Griff zu bekommen. Unser Gehirn ist im Grunde doch nichts anderes als eine innere Festplatte. Wissenschaftliche Untersuchungen zeigen, dass wir etwa 11 Millionen Informationen pro Sekunde aufnehmen können. Bedauerlicherweise können wir nur etwa 40 davon bewusst verarbeiten. Neuroforscher schätzen, dass unsere Speicherkapazität bei etwa einem Petabyte liegt. Uns stehen also rund 1.000 Terabyte zur Verfügung, auf denen sich die Erfahrungen einbrennen, die wir im Laufe unseres Lebens machen. Naturgemäß greifen wir auf die ältesten und häufigsten am schnellsten zurück. Auf diesen Grundinformationen baut letztlich alles auf. Wenn wir uns um unser psychisches Wohlbefinden kümmern wollen, sollten wir uns also zunächst einmal mit uns selbst beschäftigen und uns fragen:

„Wie ticke ich eigentlich?"
„Welche inneren Programme bestimmen mein Denken und Handeln?"

Bei einer gewissenhaften Untersuchung werden wir häufig feststellen, dass unsere inneren Programme veraltet und nicht mehr dienlich sind. Was lange Zeit gut und richtig für uns war, ist es heute vielleicht nicht mehr. Als Kinder sind wir darauf angewiesen, die Programme unseres Umfeldes zu übernehmen und nach ihnen zu funktionieren. Das erleichtert uns in dieser Zeit das Sein.

Auch wenn diese Programme viele Jahre stabil und störungsfrei gelaufen sind, kommen wir mit zunehmendem Alter mehr und mehr in die Lage, unsere eigenen Programme zu entwickeln. Wir leben in einer anderen Zeit, also benötigen wir auch andere Programme. Leider schaffen wir das oft nicht ohne Weiteres und versuchen häufig, mit einer gänzlich veralteten Software den Anforderungen unserer Tage zu entsprechen.

Es hat seinen Grund, weshalb psychiatrische Sachverständigengutachten immer mit einer Darstellung der Biografie eines Menschen beginnen. Aus ihr kann sich vieles ableiten und erklären. Je schneller wir das verstehen, desto schneller können wir mit Veränderung beginnen.

„Wer sich seiner Vergangenheit nicht erinnert,
ist dazu verdammt, sie zu wiederholen."
(George Santayana, 1863 – 1952, USA)

Vier Schuss
und ein Skatspiel

Mit diesen Worten betreten wir jeden Mittwoch die irgendwie heimelige, kleine Kneipe nah am Herzen unserer Kleinstadt. Wir sind 17/18 Jahre alt und besuchen die Oberstufe desselben Gymnasiums, als wir anfangen, uns einmal in der Woche zum Kartenspielen zu treffen. Als angehende Abiturienten und auf halbem Weg in das Erwachsenwerden bestellen wir noch „Schuss". So heißt bei uns das Gemisch aus Bier und Cola, in dem das Getränk vermeintlicher Männer doch deutlich leichter, weil süßer durch unsere Kehlen fließt.

Einer von uns hat bereits eine bittere Pille des Lebens schlucken müssen. Sein Vater ist vor Kurzem gestorben. Ein Autounfall. Sebastian ist aber der Einzige von uns, der schon einen klaren Plan für sein Leben hat. Dabei könnte ausgerechnet ihm die Berufswahl doch schwerfallen. Mit Ausnahme von Sport erhält er in nahezu allen Schulfächern Bestnoten. Er ist kein Streber. Lernen fällt ihm leicht, egal in welchem Bereich. Er weiß bereits, dass gute Schulnoten nicht automatisch zu einem glücklichen Leben führen.

Ich kenne ihn seit Kindergartenzeiten und bin überzeugt von seiner großen, naturwissenschaftlichen Karriere. Er hat schließlich schon während der Grundschule lieber irgendwelche Pflanzen gezüchtet und Kröten beobachtet, als mit uns Winnetou zu spielen. In den Siebzigerjahren gehören Cowboy- und Indianerspiele oder -filme zu unserem Alltag. Vielleicht liegt es daran, dass ich in dem durch die Helden meiner Kindheit vorgelebten, mit Plastik-Silberbüchse, Spielzeugpfeil und –bogen ausgetragenen Kampf um Frieden und Gerechtigkeit bis heute keine kritikwürdige „kulturelle Aneignung" sehen kann. Erst auf der Grundlage so erstrittener und gesicherter Werte kann sich doch ein Mehr an Kultur überhaupt erst tragfähig entwickeln. Im Übrigen erscheint es mir ausgesprochen klug, genau zu schauen, wofür Andere in Wahrheit einstehen und das Gute von ihnen zu übernehmen. Kultur ist Sebastian inzwischen auch wichtiger als Natur. Als er uns verkündet, dass er Musiker wird, sind wir dennoch überrascht und ertappen uns bei dem Gedanken: *„Das ist doch brotlose Kunst."* Erst als er uns in seine Welt mitnimmt, erschließt sich uns auch seine Entscheidung. Der Tod seines Vaters sei so schrecklich passend gewesen für die Art, in der er gelebt habe. Egal, was er getan habe, er sei immer irgendwie ein Getriebener gewesen, habe gearbeitet wie ein Irrer. Es habe immer noch mehr sein müssen. Seine Familie und das schicke Haus hätten ihm nie gereicht. Es sei immer um noch mehr Arbeit, noch mehr Aufträge, noch mehr Geld und noch mehr und schickere Autos gegangen. Mit Vollgas und Tempo 180 auf einer kurvigen Landstraße und dem Weg zum nächsten Geschäftstermin seien dann eben nicht nur das rechte Hinterrad des Cabrios, sondern auch eine ganze Reihe von Träumen geplatzt. Den wahren Preis für das Leben seines Vaters auf der Überholspur hätten immer schon andere bezahlt. Auch wenn seine Mutter Großartiges leiste, während sie ihm und seiner kleinen Schwester Sicherheit, Halt und Orientierung in dem immer schon viel zu großen Zuhause gebe, wolle er sie möglichst schnell entlasten und seinen eigenen Weg gehen. Außerdem wolle er raus aus der Provinz. Hamburg sei die Stadt seiner Träume. *„So schlimm der Tod meines Vaters auch war. Er hat mir klargemacht, dass ich nicht so leben will wie er. Dieses Gehetze von Termin zu Termin und von Urlaub zu Urlaub ist doch kein Leben. Er war doch nie da für mich oder meine Brüder. Falls ich einmal Kinder habe, werde ich so viel Zeit mit ihnen verbringen wie möglich. Ich werde sie abends ins Bett bringen, ihnen vorlesen und ihnen jeden Tag sagen, dass ich sie liebe.“* So leicht Sebastian das Lernen in der Schule fällt, so schnell begreift er also auch, worum es ihm in seinem Leben geht. Durch den überraschenden Tod seines Vaters habe er auch erkannt, wie wichtig ihm die Musik sei. *„Naturwissenschaften interessieren mich, aber für die Musik brenne ich.“*

Er freue sich auf jede Probe und jedes Konzert seines Musikvereins. Sein Klarinettenlehrer sei in jeder Unterrichtsstunde begeistert und überzeugt von ihm und seinem Talent. Außerdem könne er selbst jetzt schon Unterricht geben und habe ein Angebot, in einer größeren Band mitzuspielen. Er könne mit dem, was er liebe, jetzt schon Geld verdienen und sein Leben finanzieren. Im Grunde brauche er kein Abitur mehr. Seine Entscheidung stehe fest.

Während wir beim Kartenspielen sitzen, bin ich nicht der Einzige, der Zweifel hat, ob das funktionieren kann. Gleichzeitig beneide ich ihn um seine Klarheit in der Entscheidung und die Begeisterung, auf der sie beruht. Ich kann noch nicht wissen, dass sie ihn tatsächlich durch sein ganzes Leben tragen wird. Wann immer ich ihn über die Jahre treffe, ist es stets, als sei die Zeit innerlich spurlos an ihm vorbeigegangen. Die Energie, mit der er seine immer wieder neuen musikalischen Projekte angeht und darüber berichtet, scheint schier unerschöpflich. Sein

> *„Ich habe noch nie in meinem Leben*
> *gearbeitet – ich liebe einfach, was ich tue."*

ist gleichermaßen glaubhaft wie überzeugend. Dieses Gefühl hat er in meinem weiten Umfeld über sehr viele Jahre exklusiv. Und wenn ich ihn mit seinen Kindern erlebe, frage ich mich jedes Mal, wo er diese Engelsgeduld und Leichtigkeit im Umgang mit ihnen hernimmt. Der Gedanke fühlt sich seltsam an. Dennoch: vielleicht war der frühe Verlust seines Vaters für ihn und seine eigenen Kinder irgendwie sogar ein Gewinn?

Worauf es beim Skat unter anderem wirklich ankommt, lerne ich nicht im Zusammenspiel mit meinen Freunden, sondern von meinem Vater. Es ist ein lauer Sommerabend, an dem sich im Campingurlaub in Südfrankreich wie zufällig eine familiäre Männerrunde mit ihm und meinem Bruder ergibt. Der Senior hat nicht immer die besten Karten, aber am Ende gewinnt er. Haushoch. Im Gegensatz zu meinem Bruder und mir kennt er nicht nur die Regeln, sondern beherrscht das Spiel. Das macht den Unterschied, nicht nur beim Skatspiel.

Beim Kartenspielen können wir uns aussuchen, wann, mit wem und wie lange wir spielen wollen. Beim Spiel des Lebens sieht das anders aus. Jedenfalls zu Beginn hat keiner die Wahl, an welchen Spieltisch ihn das Schicksal setzt. Wir können nicht bestimmen, bei welchen Mitspielern wir Platz nehmen müssen. Wann, wo und in welches Umfeld wir hineingeboren werden, haben wir ebenso wenig selbst in der Hand, wie unsere Haut-, Haar- oder Augenfarbe, Körpergröße, sexuelle Orientierung oder die religiöse/kulturelle Prägung, die wir erleben.

Abgerechnet wird allerdings immer erst am Schluss. Mit schlechten Karten kann man ein Spiel auch gewinnen. Vielleicht nicht die ersten Runden, aber am Ende ist ein Sieg selten nur Glückssache. Er ist oft eher das Ergebnis der Lehren, die ein aufmerksamer Spieler aus den bisherigen Stichen zieht und der Entscheidungen, die er daraufhin trifft.

Dem ein oder anderen wird dabei bewusst werden, dass keiner von uns dieses Spiel wirklich gewinnen kann. Es wird nur darum gehen, wie wir das Spiel des Lebens spielen und ob wir Freude daran haben.

„Am Jüngsten Tag interessiert den lieben Gott nicht, ob Du gewonnen oder verloren –
sondern WIE Du das Spiel des Lebens gespielt hast."
(Grantland Rice, 1880 – 1954, USA)

Verteidigung ist Kampf

Am liebsten spiele ich Fußball. Seit Kindergartenzeiten ist Dietmar mein bester Freund. Wir sind beide gerade acht geworden, als er erzählt, dass er schon beim FC angemeldet ist. Was er will, will ich meistens auch. Also folge ich seinem Beispiel und gehe einmal mit zum Training. Es macht mir Spaß und so tritt auf meine Bitte gleich die ganze Familie dem Verein bei. Mein Vater schaut ab und zu gerne die Spiele der Ersten Mannschaft, die zu dieser Zeit irgendwo zwischen Bezirks- und Oberliga herumkickt. Und als Vereinsmitglied wird der Eintritt zu den Heimspielen eine Mark billiger.

Nach einiger Zeit Training steht der große Tag an, mein erstes Spiel. Auch in der F-Jugend wird schon nach einem festen Spielplan gegen andere Mannschaften um Punkte gespielt, wechselweise als Heim- oder Auswärtsspiel, wie bei den Großen. Wir sind recht viele Kinder in diesem Verein. Quer durch alle Jahrgänge gibt es eine erste und eine zweite Mannschaft. Vor dem ersten Spiel werden meine Freunde der zweiten Mannschaft zugeteilt, ich als einziger der ersten. Eigentlich soll das eine Auszeichnung sein, aber ich empfinde es nicht so. Während meine Freunde im Spiel vorher alle von Anfang an auf dem Platz stehen, bin ich in der ersten Mannschaft nur Ersatzspieler. Es ist klar, dass ich von den 2 × 20 Minuten Spielzeit eine Weile zuschauen und erst später eingewechselt werde. Als es dann endlich so weit ist, werde ich mit den Worten „*Spiel rechter Verteidiger*" auf den Platz geschickt. Dumm nur, dass ich damit so überhaupt nichts anfangen kann. Als Begriffe kenne ich nur „Tormann", „Abwehr" und „Sturm".

„*Was bitte schön ist ein Verteidiger?*"

Ich laufe zum erstbesten Mitspieler, frage ihn und erhalte die Antwort „*hinten rechts*". Das verstehe ich, spüre aber deutlich, dass ich ziemlich hilf- und orientierungslos auf dem Platz herumrenne, so schnell ich kann, natürlich. Wir gewinnen durch ein spektakuläres Tor. „*Der ist drin*", ruft unser Trainer, als ein Ball hoch in die Luft fliegt, zweimal aufspringt und über dem viel zu kleinen Torwart ins Netz tropft.

Ich bin froh, dass ich in der Woche darauf mit meinen Freunden in der zweiten Mannschaft spielen darf. Später sind wir dann alle in der ersten Mannschaft. Und ich soll eine andere Position spielen. Im Sturm. Als Rechtsaußen weiß ich, was meine Aufgabe ist. Angreifen und Tore schießen. Letzteres gelingt mir eher selten. Mir sagt aber auch niemand, dass nicht jeder Schuss ein Treffer sein muss. Also schieße ich tatsächlich nur, wenn ich mir sicher bin, dass es auch ein Tor wird.

Ich bin körperlich nicht der größte, aber recht schnell auf den Beinen. Manchmal schaut mein Vater zu bei unseren Spielen, selten meine Mutter, einmal auch mein Bruder und mein Opa. Es ist mein Bruder, der mir später von Opas Bemerkung „*er ist aber ganz schön schnell*" und der väterlichen Reaktion „*ja – er ist schnell müde*" berichtet. Lob ausdrücken oder annehmen fällt nicht jedem leicht. Das ist leider nicht nur auf Fußballplätzen und bei Kindern so. Auch heute noch kenne ich niemanden, der sich nicht über ein ernst gemeintes Wort der Anerkennung freut, aber viele, die es nicht annehmen können. Schade. Es könnte so einfach sein und vieles leichter machen.

Ein paar Jahre später bekommen wir einen neuen Trainer. Er bringt seinen Sohn mit. Dessen Lieblingsposition ist Rechtsaußen und so finde ich mich als Ersatzspieler wieder. Ich bin nicht der Einzige, der bezweifelt, ob noch nach dem Leistungsprinzip aufgestellt wird. Recht schnell spielt das für mich keine Rolle. Ich will nun mal spielen. Auf einen Kampf, den ich nicht gewinnen kann, will ich mich nicht einlassen. Außerdem zieht es mich inzwischen ohnehin eher auf eine andere Position. Ich möchte das Spielfeld vor mir haben, das Spiel lenken können, meine Laufstärke ausnutzen und anderen das Toreschießen überlassen. Mir ist klar: In der zweiten Mannschaft kann ich mir aussuchen, wo ich spielen will. Also fällt die Entscheidung leicht. Ich spiele ab jetzt in der Zweiten. Daran, dass die Zweite weiterhin fast jedes Spiel verliert, ändert sich durch mein Hinzukommen freilich nicht viel. Auch wenn wir nun etwas weniger Tore kassieren und ein paar mehr schießen, fallen im Ergebnis nur die Niederlagen nicht mehr ganz so hoch und nicht mehr ganz so oft zweistellig aus. Aber das ist für mich nicht wichtig. Ich spiele auf der Position, die ich liebe, und habe Spaß am Spiel wie lange nicht mehr. Vielleicht geht es ja bei allem im Leben mehr um die Freude am Tun als um das Ergebnis?

Als der Trainer beim Übergang zur A-Jugend (mit 17 Jahren) erneut wechselt, werde ich gefragt, ob ich nicht lieber wieder in der ersten Mannschaft spielen will. Der neue Trainer erzählt mir etwas von seiner „Spielidee". Auf einer Tafel erläutert er sie mit vielen Kreisen, Kreuzen und Pfeilen. Er plant, mich in Zukunft als rechten Verteidiger einzusetzen. Er weiß nichts davon, dass ich an diese Position keine guten Erinnerungen habe. Skeptisch betrete ich eine neue Welt: zum ersten Mal sagt ein Erwachsener nicht nur, was er von mir will, sondern erklärt mir auch warum. Es leuchtet mir ein. Er will nur noch mit zwei statt – wie damals üblich – drei Stürmern spielen. Heute würde man sagen, er will statt eines 4-3-3 ein 5-3-2 spielen lassen. In dieser Formation sind die Außenverteidiger besonders wichtig, da sie sowohl Verteidigungs- als auch Angriffsaufgaben übernehmen müssen. Das gefällt mir.

Leider spiele ich nicht mehr oft. Es reiht sich Verletzung an Verletzung. Immer wieder knicke ich um und reiße mir die Außenbänder an den Fußknöcheln ein ums andere Mal, bevor ich schließlich frustriert aufhöre mit diesem Spiel, das ich so liebe. Die Gründe dafür sind ganz rational. Das Abitur steht bald an. In Sport kann ich ohne große Anstrengung und mit purem Spaß einige von 300 in den Grundkursen möglichen Punkten holen, wenn ich nicht verletzt bin. Am Ende geht die Rechnung auf: in Sport werden es 43 von 45 möglichen. Dafür hätte ich in anderen Fächern deutlich mehr arbeiten müssen. Alles im Leben hat zwei Seiten.

Vollkommen undenkbar ist für mich zu dieser Zeit, dass ich Jahre später dann sogar Profi werde und Geld verdiene als Verteidiger – wenn auch als Strafverteidiger und nicht rechts, sondern im steten Bemühen um die Mitte. Leider verliere ich im Laufe der Jahre mehr und mehr die Freude daran. Auch wenn ich es gut kann, dieses Analysieren, dieses Aufspüren von Zusammenhängen, das Stellen der richtigen Fragen, das Eintreten für andere. Eines Tages ist Strafverteidigung für mich fast nur noch Kampf (in Anlehnung an Hans Dahs, „Handbuch des Strafverteidigers"). Ein Kampf, der mich dünnhäutig werden lässt, bei dem für meinen Geschmack zu oft Foul gespielt wird, von allen Seiten. Zu oft geht es nur noch um das Gewinnen, um das Ergebnis und um Geld. Dieses Spiel habe ich lange genug gespielt. Bis an mein „Karriereende" möchte ich so nicht jeden Tag weiterspielen müssen. Die Gefahr, dass ich mich dabei immer wieder verletze, ist mir zu groß. Etwas gut zu können, bedeutet nicht, dass es einem auch guttut.

„Quidquid agis,
prudenter agas
et respice finem."

„Was auch immer Du tust,
handle vorausschauend
und denke an die Folgen"
(Gesta Romanorum, 14. Jh.)

We are the champions

Zum Abschluss des Abends steht der komplette Abiturjahrgang auf der Bühne der Aula, feiert und lässt sich feiern. Aus den Lautsprechern der Musikanlage dröhnt „We are the champions", die weltbekannte Hymne der Sieger. Einige tanzen eher zurückhaltend, andere wild und ausgelassen, fast ekstatisch.

Es ist eine denkwürdige Feier, mit der sich ein erster Lebenskreis schließt. Auch die, die berufsbedingt schon viele Schüler begleitet haben, werden sagen, dass manche Jahrgänge eben tiefer in Erinnerung bleiben als andere. Wie üblich gibt es zuerst den „offiziellen Teil" mit festlichen Reden, Zeugnisübergaben, Preisverleihungen und klassischer Musik. Martina hält sie. Die Rede, mit der wir Abiturienten unseren Beitrag leisten zu all dem, was diesem Anlass entspricht. Sie beginnt mit einem gedanklichen Rückblick auf unseren ersten Tag an dieser Schule. Ich kenne den Text, den wir gemeinsam erstellt haben, und höre nur halb zu, während sie tapfer mit ihrer Aufregung kämpft. Mein Blick fällt auf die beeindruckende Walcker-Orgel hinter ihr. Sie steht immer noch da. Natürlich. Genauso wie die Tafel mit dieser Inschrift, an der meine Augen schon einmal hängen geblieben waren, neun Jahre zuvor. „Unseren Gefallenen" steht da tatsächlich. Immer noch. Auf dieser Tafel mit den vielen Namen. Namen von Lehrern und Schülern, die Opfer der beiden Weltkriege wurden. Als ob die Erinnerung ver-

blassen könnte, solange Väter und Brüder fehlen.
Meine Gedanken wandern zurück. Im Rahmen der Ein-
schulungsfeier saß ich damals noch neben meiner Mutter
im gleichen Raum, in aufgeregter Erwartung all dessen,
was wohl auf mich zukommen wird, in diesem imposanten Gebäude, das sich auf einem der höchsten Punkte der
Stadt befindet und mit seiner leuchtend gelb-orange ge-
strichenen Fassade weithin sichtbar ist. Auch wenn hier
längst auch Mädchen unterrichtet werden, ist es im allgemeinen Sprachgebrauch immer noch das „Jungengymnasium". Das „Mädchengymnasium", das selbstverständlich
auch Jungen besuchen können, liegt nur wenige hundert
Meter entfernt. Während dort spätestens in der 9. Klasse
„Englisch" auf dem Lehrplan steht, kann am „altsprachli-
chen" Jungengymnasium das Abitur auch abgelegt werden, ohne jemals schulisch in Kontakt mit der Hauptspra-
che der westlichen Welt gekommen zu sein. Aus heutiger
Sicht unvorstellbar. Das Mädchengymnasium ist seiner
Zeit insoweit in gewisser Weise voraus. Mehr als 30 Jahre
später scheint mir, dass sich Frauen nicht nur körperlich
manchmal schneller entwickeln als Männer. Vielleicht ist
es auch kein Zufall, dass das Mädchengymnasium – in
Höhenmetern gemessen – deutlich tiefer als das Jungengymnasium liegt. Schließlich wächst auch in der Natur
alles von unten nach oben.
In der Zeit bis zum Abitur hat sich im Lehrkörper ein Ge-
nerationenwechsel vollzogen. Die Alten haben den Jungen Platz gemacht, teilweise eher widerwillig. Menschen,
die noch selbst im Kugelhagel des Zweiten Weltkrieges
zwischen den Fronten nicht nur körperliche Verletzungen und Narben davongetragen haben, sind den Vertretern der 68er gewichen. Bei grundverschiedenen Welt-
und Rollenbildern wird nun mit anderen Waffen an neu-

en Fronten gekämpft. Der einstigen Forderung der Alten, dass wenigstens der Sportunterricht nach Geschlechtern getrennt durchzuführen sei und die Knaben dabei blaue Stoffhosen und weiße, ärmellose Shirts mit dem Bundesadler auf der Brust zu tragen haben, steht nun das Angebot der Jungen gegenüber, sich außerhalb der Schule zu duzen.

Mich beschleicht der Gedanke, dass dieses *„Unseren Gefallenen"* auch den Träumen und Seelen all jener gewidmet sein könnte, die nie im Krieg waren und dennoch Opfer derer wurden, die Menschen mit Verhalten und Worten innerlich brechen, manchmal töten, lange bevor sie tatsächlich sterben.

Mir wird klar, dass ich Glück gehabt habe. Wäre ich nur fünfzig Jahre früher geboren, hätte ich möglicherweise nie ein Gymnasium besucht. Wahrscheinlich hätte ich dann meine Familie oder mein Leben in einem Krieg gegen Länder verloren, die ich selbst im Rahmen von Schüleraustauschen besuchen und kennenlernen durfte. Der Gedanke entbehrt natürlich jeglicher Logik. Ohne den Krieg wären sich meine Eltern nie begegnet. Also gäbe es mich ja überhaupt nicht und der Gedankengang endet im Nirgendwo.

Die Möglichkeiten, die nun vor mir liegen, sind das Ergebnis der Zeit, in die mich das Leben geworfen hat. Auch sie hat ihre Herausforderungen. Es sind andere, als die der Generationen vorher und es werden andere sein, als die der Generationen danach.

Aber eines scheint mir unzweifelhaft. Es ist an der Zeit, dass wir nicht nur Fremdsprachen lernen, sondern einander auch wirklich zuhören. Je besser wir einander verstehen, desto friedlicher werden wir leben können.

In Mathematik habe ich gelernt: Was im Kleinen gilt, gilt

auch im Großen. Warum sollte das bei Menschen, Ländern und Kulturen anders sein? Der alte Adenauer und sein französischer Kollege de Gaulle haben sich schon etwas dabei gedacht, als sie 1963 diesen Freundschaftsvertrag zwischen Deutschland und Frankreich unterzeichnet haben. Seither ist Ruhe zwischen diesen beiden Ländern, die sich über Jahrhunderte eine ganze Reihe von erbitterten Kriegen geliefert hatten. Vielleicht wäre es an der Zeit für eine Neuauflage und Erweiterung solcher Modelle auch auf andere Kulturkreise? Martina ist fertig mit ihrer, mit unserer Rede. Ich finde zurück ins Jetzt und freue mich auf das, was nun kommt. Der „inoffizielle Teil" des Abends. Diesen gestalten wir Abiturienten mit einem bunt gefächerten Programm. Ich bin bei einer lustigen Trampolinnummer, einem Männerballett „Schwanensee" und zum Abschluss beim „Negertanz" dabei. In den späten 80ern können wir diesen Begriff noch ohne jegliches Störgefühl oder gar rassistisches Gedankengut verwenden. Es ist traditionell afrikanische Musik, zu der wir tatsächlich eine Choreografie haben ausarbeiten lassen. Sie ist bestimmt durch den mitreißenden Rhythmus dröhnender Trommeln und die Energie klarer, fröhlicher, nach weiter Ferne klingender Stimmen. Irgendwie passend. Schließlich beginnen wir nun zum ersten Mal wirklich selbst die Weichen des Lebens zu stellen. Die Zeit, in der wir (fast) keine Wahl hatten, ist zu Ende. In Zukunft werden wir selbst entscheiden, welche Fächer wir in der Schule des Lebens belegen werden. Wir können entscheiden, womit wir uns beschäftigen, mit wem wir uns umgeben und welchen Weg wir einschlagen wollen. Springen wir dabei auf den Zug „Karriere" oder schauen wir eher nach dem Hafen „Ehe und Familie"? Letztlich wollen wir wahrscheinlich alle beides. Aber können wir es verbinden? Und was bedeutet eigentlich was? Was wollen wir wirklich? Glücklich werden, na klar. Aber wie geht das? Passiert uns das einfach so oder haben wir Einfluss darauf? Sitzen wir im Zug des Lebens nur in einem Abteil ohne zu wissen, wo die Reise hingeht oder können wir die Tickets tauschen und unsere eigenen Reiseziele wählen? Mit dem Abiturzeugnis haben wir nun die Eintrittskarte für die nächste Etappe in den Händen. Nicht mehr, aber auch nicht weniger.

Bevor ich dieses Ticket löse, liegt jedoch noch ein holpriger Streckenabschnitt vor mir, den ich genauso wenig selbst gewählt habe, wie die meisten um mich herum. Für die kommenden fünfzehn Monate steht nun die Erfüllung der Wehrpflicht an. Als ich zehn Tage nach dem berauschenden Abi-Ball befehlsgemäß mit meinen „Kameraden" am Bahnhof meines Dienstortes ankomme, werden wir dort schon erwartet. Mit Lkws werden wir in die Kaserne gebracht. Während ich noch dicht gedrängt mit den anderen auf der Ladefläche des 7,5 Tonners sitze, bekomme ich eine erste Ahnung davon, was es bedeuten wird, mich machtlos und unfreiwillig ganz unten in einer Struktur von „Befehl und Gehorsam" einordnen zu müssen. Vom Gefühl des „We are the champions" ist nichts mehr übrig.

Was, bitte schön, ist denn ein Multipli-Joint-Test?

„You´re in the army now"

schallt es aus dem teuren Pioneer-Lautsprecher-Boxensatz, den er in liebevoller Feinarbeit eingebaut hat, in die Heckklappe seines tiefergelegten Golf GTI. Die optische Krönung des schwarzen Meisterwerks der Autobaukunst sind die natürlich auf Alufelgen gezogenen Breitreifen, deren Typenbezeichnung er allsamstäglich neu mit Reifenlackstift in strahlendem Weiß nachzieht. Es ist der 04.07.1988, etwa 22:05 Uhr. Fünf Minuten vorher hallt der Befehl *„Licht aus!"* über den Flur im zweiten Stock des Kasernengebäudes des Feldartillerie-Lehrbataillons, in dem ich laut Einberufungsbescheid meinen Grundwehrdienst abzuleisten habe. Die Ordnung eines militärischen Systems soll also offensichtlich auch dadurch hergestellt werden, dass den rangniedrigsten Mitgliedern wie mir befohlen wird, wann sie ins Bett zu gehen und zu schlafen haben. Was für ein absurder Gedanke.

Zum ersten Mal liege ich in einem dieser quietschenden, wackeligen Stahlrohr-Etagenbetten, in denen wir Rekruten irgendwie Nachtruhe finden sollen. Vier dieser Ungetüme stehen in der „Stube", in der sich gerade acht junge

Das erste Leben

Männer fragen, wie sie denn nun einschlafen sollen, zu dieser Zeit, in dieser Umgebung, bei diesem Lärm. Der Hit eines niederländischen Brüderpaars aus den frühen 80ern, der nun von dem Parkplatz vor dem Gebäude in unsere Ohren dringt, erleichtert die Antwort nicht. Als ob wir nicht wüssten, wo wir jetzt sind und noch mehr als ein Jahr verbringen müssen. Der Besitzer der spoilerverzierten, rollenden Musikbox ist noch nicht lange Unteroffizier. Aber auf das neue Abzeichen auf seinen Schulterklappen ist er ähnlich stolz wie auf seine Proletenkarre. In den nächsten Wochen wird er noch zahlreiche Gelegenheiten finden, uns spüren zu lassen, dass er seinen Dienstgrad und Rang für seine ureigene, abseitige Bedürfnisbefriedigung zu nutzen weiß. Niemand lässt uns freitags zum Wochenendappell so oft antreten wie er. Niemand schreit so oft „Marsch, Marsch" (das heißt „Laufschritt") wie er. Niemand findet so viel Gefallen an simulierten „ABC-Alarmen". Niemand sucht beim Stubenappell an den unsinnigsten Stellen im Schlüsselloch nach Staubkörnern, um sie dann von der Fingerspitze zu pusten, mit der albernen Frage: „Können Sie mich noch sehen?"
Der Einzige, dem wirklich der Durchblick fehlt, ist er selbst. Um mich herum finde ich fast ausschließlich Abiturienten. Wir bemühen uns alle, unseren Job so gut zu machen wie möglich. Allwöchentlich sehnt jeder von uns den Freitagnachmittag herbei und hofft auf pünktlichen Dienstschluss, um sodann trotz Uniform und Kampfstiefeln an den Füßen im Vollsprint gerade noch so den frühestmöglichen Zug nach Hause zu erwischen.
Während die meisten meiner „Kameraden" im Einsatz an einer Feldhaubitze (so etwas Ähnliches wie eine „große Kanone") ausgebildet werden, bin ich einer kleinen Grup-

pe von „Fernmeldern" zugeteilt. Hier lerne ich nicht nur die Bedienung von Funkgeräten, sondern auch alles, was zum Betreiben abhörsicherer „Feldtelefone" gehört. Und so krabbele ich dann als „Kabelbongo" immerfort getarnt durch das Unterholz irgendwelcher Wälder, während ich eine 800 Meter lange Telefonleitung nach der anderen von einer Kabeltrommel auf meinem Rücken abwickele und mit der nächsten verbinde. Schlussendlich werden an beiden Enden der Leitung Telefongeräte angeschlossen, bevor die Funktionstüchtigkeit der Konstruktion per „Blasprobe" getestet wird. Das nennt man wirklich so. Der Begriff ist immer wieder Anlass zu armseligen Männerwitzchen, sorgt gleichwohl für ein bisschen Heiterkeit in dieser ansonsten so spaßbefreiten Umgebung.

Am Ende meiner genau sechswöchigen Fachausbildung zum „Fernmelder" steht eine Abschlussprüfung an. Der Uffz (umgangssprachlich für „Unteroffizier") erklärt uns, dass diese in Form eines *„Multipli-Joint-Tests"* gemacht wird. Ich habe eine Ahnung, was er meint, kann mich trotzdem nicht beherrschen und bin so dämlich nachzufragen. *„Zum Ankreuzen"* kommt es wie aus der Pistole geschossen. Auf meine Antwort *„Ah, Sie meinen einen 'Multiple-Choice-Test'"* hätte ich besser verzichtet. Tags darauf erfahre ich nämlich, dass die Wachdienstpläne geändert wurden. An den folgenden beiden Wochenenden passt nun also – für mich wenig überraschend – Kanonier Roos auf, dass kein Unbefugter das Kasernengelände betritt. Damit entfällt für mich leider die Rennerei zum Bahnhof nach dem Wochenendappell.

In militärischer Hinsicht habe ich fast alles vergessen, was ich im Rahmen meiner Zeit in olivgrün gelernt habe. Nur drei Erkenntnisse sind geblieben. Sie scheinen mir Allgemeingültigkeit zu haben für alle Strukturen, in denen sich Menschen bewegen, egal ob es eine Armee, ein Kindergarten, eine Schule, eine Behörde oder ein Staat ist.

Jedes System braucht eine Ordnung.

Dumme oder charakterschwache Menschen mit Macht auszustatten, tut keinem System gut.

Wir sollten immer überlegen,
wann es klug ist, einfach mal die Klappe zu halten
und wann es geboten ist, den Mund aufzumachen.

Wes Brot ich ess',
des Lied ich sing'

Der Personalchef hat mich zu sich bestellt. Er müsse unbedingt mit mir sprechen. Inzwischen bin ich Auszubildender im ersten Lehrjahr bei der Kreissparkasse meines Heimatstädtchens.

Bislang war mein Weg vorgezeichnet. In Zeiten von Schule, Abitur und Bundeswehr war ich nur dem gefolgt, was alle anderen um mich herum auch taten oder tun mussten. Auch beim Thema *„Wehrpflicht"* gab es – abgesehen von der Möglichkeit eines Wehrersatzdienstes – kein Entrinnen.

Lange hatte ich mich gefragt, was ich denn nun machen will mit meinem gar nicht soo schlechten Abiturzeugnis. Ich hatte nun einmal das Glück, einen gewissen Zugang zu den klassischen Hauptfächern des Schulsystems meiner Zeit zu haben. Wäre es auf meine Talente und Fähigkeiten im Kochen, Malen, Singen, Tanzen, Geschenke einpacken, Gärtnern oder Heimwerken angekommen, wäre ich wahrscheinlich ebenso kläglich gescheitert wie beim Angeln oder Jagen. So stehen mir theoretisch recht viele Wege offen. Vor ein paar Jahren dachte ich noch, ich wolle Zahnmedizin oder Medizin studieren. Das will ich nicht mehr. Auch wenn mich die Welt der weißen Kittel nach wie vor fasziniert, verfüge ich weder über die Feinmotorik, die ein Zahnarzt benötigt, noch über das innere

Rüstzeug, mich als Arzt ständig mit kranken Menschen zu umgeben oder gar die Rustikalität, die ein Chirurg braucht, wenn er Menschen aufschneidet.

Andere sagen, ich solle etwas „*mit Sprachen*" machen. Der Gedanke liegt nahe. Immerhin hatte ich „Englisch" und „Französisch" im Leistungskurs und dort auch ganz ordentlich Punkte gesammelt. Ein passendes Berufsbild dazu fällt mir jedoch nicht ein. Journalismus würde mich interessieren. Insbesondere der Sportjournalismus. Aber dafür müsste ich doch bestimmt Hochdeutsch sprechen können. Und das kann ich Landei nun mal nicht. Schon bei der bloßen Vorstellung, dauerhaft „*ich*" statt „*isch*" und „*nicht*" statt „*ned*" zu sagen, streikt mein Sprachzentrum. Also ist das auch keine Option.

Vielleicht BWL? Nein. Zu viel Mathe ...

Jura? Vielleicht. Aber auch der Gedanke fühlt sich nicht stimmig an. In meinem ganzen Umfeld gibt es weit und breit keinen Rechtsanwalt und nur einen einzigen Richter. Der wohnt in der erweiterten Nachbarschaft und tritt regelmäßig so verkrampft auf, dass er mich als Rollenvorbild ziemlich abschreckt. So ein „Stock" will ich beim besten Willen nicht werden.

Und so habe ich mich spät während der Bundeswehrzeit entschlossen, eine Banklehre zu machen. Der Gedanke kam zu spät für eine Ausbildung bei einer der großen Geschäftsbanken. Deren Bewerbungsverfahren sind bereits beendet, als ich gerade erst anfange, mich mit der Vorstellung anzufreunden, vor einem möglichen Studium doch lieber „etwas Ordentliches" zu lernen.

Statt an einer Universität bin ich nun also vorerst noch bei einem ausgesprochen bodenständigen Kreditinstitut gelandet. Traditionsgemäß wird hier viel Wert auf ei-

ne „ordentliche Erscheinung" gelegt. Auch Auszubildende
haben Anzug und Krawatte zu tragen. Sie repräsentieren
schließlich das „gute Haus". Es versteht sich gewissermaßen von selbst, dass ein nicht unerheblicher Teil der ersten Ausbildungsvergütungen in angemessene Berufsklei-
dung investiert wird. Dem Prinzip „Uniform" folge ich
nun also schon wieder, auch wenn ich in den olivgrünen
Monaten zuvor bereits nicht gut damit zurechtgekommen
war. Der „Zahlungsverkehr" ist meine erste Ausbildungsstati-
on. Zu dieser Zeit wird noch fast alles „beleghaft" bearbeitet. Online-Banking gibt es vor dem Siegeszug des
Internets natürlich noch nicht und bezahlt wird in aller
Regel bar. Das Bargeld erhält man an einem Schalter der
Bank, genauso wie die Kontoauszüge. Letztere werden
natürlich per Hand einsortiert in die nach Kontonum-
mern geordneten Karteikärtchen diverser Hängeregister-
schränke. Ein klassisches Aufgabenfeld der Auszubilden-
den. Wer eine Überweisung ausführen möchte, füllt einen
Beleg aus. Dieser ist als Durchschreibesatz-dreifach kon-
zipiert. Das oberste Blatt behält die Bank des Kontoin-
habers, das unterste wird an die Bank des Zahlungsemp-
fängers geschickt. Das dünne Papierchen dazwischen darf
der Kontoinhaber an sich nehmen, bevor er die beiden anderen Belege in eine dafür bereitgestellte Box wirft. Die
Belege trägt in aller Regel ein Azubi in den „Zahlungsverkehr". In einem Großraumbüro sitzen dort gut zwanzig
Mitarbeiterinnen aller Altersstufen. Deren einzige Aufgabe besteht darin, die Daten der Belege, also Name und
Kontonummer von Auftraggeber und Zahlungsempfänger, Überweisungsbetrag und Verwendungszweck über eine schreibmaschinenähnliche Tastatur in eine Datenver-
arbeitungsanlage einzuhämmern. Sämtliche Damen sind

multitaskingfähig. Sie machen ihren Job, acht Stunden am Tag und unterhalten sich nebenbei. Die Geräuschkulisse ist beeindruckend. Noch mehr beeindrucken mich die Themen, über die hier detailliert ohne jegliche Schamgrenze kommuniziert wird. Mehr als einmal bekomme ich rote Ohren bei dem, was ich unfreiwillig zu hören bekomme. Es ist noch sommerlich warm. Die Klimaanlage tut sich schwer. Passend zu den Gesprächsinhalten, ist auch die Kleiderordnung in diesem Teil des Gebäudes sehr gelockert. Niemand stört es, dass auch ich meine Anzugjacke ausziehe und darunter nur ein Hemd mit kurzen Ärmeln trage. Wirklich helfen kann ich in dieser Abteilung ohnehin nicht. Ich schaue im Wesentlichen zu und trage gelegentlich Belege von hier nach da. Auf einem dieser Botengänge durchquere ich die Schalterhalle und werde vom Personalchef beobachtet. Er steht gerne vor seinem Büro auf dem Gang und schaut durch den offenen Innenhof dem Treiben zwei Etagen unter ihm zu. Als er mich sieht, bemerkt er *„Ungeheuerliches"* und bestellt mich umgehend zu sich.

Ich habe keine Vorstellung davon, was er von mir will, folge allerdings selbstverständlich schnellstmöglich seiner Anweisung. In seinem Büro angekommen erfahre ich, dass es um einen Vorgang geht, den er noch nie erlebt habe. Das könne er unter keinen Umständen dulden. Ich wisse sicher schon, worum es gehe. Nein, tue ich nicht. Ich habe keinen Schimmer. Sein Blutdruck steigt, als er feststellen muss, dass ich nichts anfangen kann mit dem, was er mir zu vermitteln versucht. Irgendwann spricht er es aus. Er habe doch tatsächlich mitansehen müssen, dass ein Auszubildender ohne Jackett, nur im Hemd, noch dazu mit kurzen Ärmeln mitten durch die Schalterhalle gegangen sei, während der Öffnungszeiten.

Nun ist mir klar, weshalb ich hier bin. Dass ich mit meinem Verhalten jedoch dem Ansehen der Bank geschadet haben soll, geht mir dann aber doch einen Schritt zu weit.

Ich wage einzuwenden, dass sich bei diesen Temperaturen doch sicher kein Kunde an meinem Aufzug gestört habe. Außerdem sei es ja wohl so, dass ich wahrscheinlich überhaupt nicht als Mitarbeiter der Bank wahrgenommen würde, wenn doch jeder Kunde davon ausgehe, dass hier alle im Anzug herumlaufen.

Meine Argumentation erscheint mir logisch. Sie löst jedoch das Gegenteil von dem aus, was ich beabsichtigt und nicht nur erhofft, sondern erwartet hatte. Ich erhalte einen längeren Vortrag, emotional sehr aufgeheizt. Es ist viel die Rede von *„das war schon immer so“*, *„wo kommen wir denn hin“* und *„was sollen denn die Leute denken?“* Seinen Höhepunkt erreicht er, als er mir den alten Satz *„solange Du die Füße unter meinen Tisch stellst ...“* in seiner ureigenen Bankversion vorstellt: *„Wes Brot ich ess´, des Lied ich sing´.“* Die Audienz endet natürlich mit dem von ihm so geliebten: *„Lehrjahre sind keine Herrenjahre.“*

Leider funktioniere ich zu dieser Zeit noch nach dem Programm *„Wer A sagt, muss auch B sagen“*. Und so ziehe ich sie durch, die Ausbildung bei diesem Geldinstitut mit diesem verknöcherten Personalchef, mit dem mich so gar nichts verbindet, außer dass wir zum gleichen Betrieb gehören.

Das Ausbildungsverhältnis endet unmittelbar mit Bestehen der Abschlussprüfung. Daher bestellt er mich knapp zwei Jahre später ein weiteres Mal zu sich. Er möchte wissen, ob er mir einen Anstellungsvertrag anbieten kann. Ich lehne dankend ab, sage ihm, dass ich mich entschlossen habe, doch noch zu studieren. Er ist nicht überrascht.

„Sie hätten ohnehin nicht zu unserem Haus gepasst."

Dennoch sagt er, ich könne während der vorlesungsfreien Zeiten gerne zurückkommen. Es gebe kaum lukrativere Studentenjobs. Die Zahlen, die er nennt, zeigen, dass er in diesem Punkt recht hat. Und so verdiene ich später dann doch immer mal wieder ganz ordentlich Geld in diesem Haus, zu dem ich überhaupt nicht passe. Dabei habe ich jeweils das Glück, nicht mehr in der Zentrale der Bank, sondern auf kleineren Geschäftsstellen auf dem Land eingesetzt zu werden. Hier darf ich mit Menschen arbeiten, die nicht in erster Linie auf Aussehen achten, sondern darauf, was ihre Kunden wirklich brauchen. Hier geht es wenig um Schein, aber viel um Sein. Hier fühle nicht nur ich mich wohl.

Wir sollten sorgsam darauf achten, mit welchen Menschen wir uns umgeben, uns insbesondere bewusst machen, nach welchen Werten sie handeln und was wir von ihnen lernen können.

„Du wirst der Durchschnitt der fünf Menschen,
mit denen Du am meisten Zeit verbringst"
(Jim Rohn, 1930 – 2009, USA)

Du sprichst aber gut Deutsch

So schnell die Entscheidung gefallen war, dass ich jedenfalls bei dieser Bank nicht bleiben werde, so lange hat es gedauert, bis der Entschluss getroffen war, dass ich doch studieren möchte. Jura. Die Rechte.
Während der Banklehre sind mir mehrere Menschen begegnet, die zwar Volljuristen sind, also beide Staatsexamina abgelegt haben, aber weder als Rechtsanwalt noch als Richter arbeiten. Durch sie habe ich erkannt, dass dieser Studiengang ein ungeahnt breites Spektrum an beruflichen Möglichkeiten eröffnet.
Schon nach wenigen Wochen an der Universität verstehe ich, warum das so ist. *„Mir scheint, Du hast sehr viel Detailwissen im Kopf, aber Du musst die Prüfungsreihenfolge einhalten. Ohne diese gedankliche Struktur bist Du auf Dauer verloren."* lese ich unter meiner ersten Übungsklausur im Zivilrecht den wichtigsten Satz meiner gesamten Studienzeit.

„Strukturiert denken!"

ist also gefragt.

„Selbst denken!",

füge ich innerlich recht schnell den Satz hinzu, den ich

Jahre später allen Referendaren einbläue, die mir zur
Ausbildung zugewiesen werden. Wie gut das doch passt
zu dem, was Papa immer gesagt hat: *„Erst Klick, dann
Klack", „Erst denken, dann handeln."*
Ich bin kein fleißiger Student. Wirkliche Leidenschaft für
juristische Themen kommt in der ganzen Zeit an der
Hochschule nie auf. Ich tue immer nur das, was ich tun
muss, um weiterzukommen. Gleichwohl liegt mir diese ein
wenig spezielle Art zu denken, aber offensichtlich doch
irgendwie. Nur diesem Umstand habe ich es zu verdanken, dass ich mit meiner Einschätzung *„Der erste Schuss
wird sitzen."* richtig liege und das erste Examen nach der
Mindeststudienzeit gleich im ersten Anlauf bestehe.
Für das Studium habe ich das Land verlassen. Nur das
Bundesland, leider. Auslandsaufenthalte sind in den 90er
Jahren noch nicht so verbreitet wie heute. Dabei fiele
mir ein Aufenthalt in einem der europäischen Nachbar-
länder wahrscheinlich nicht wesentlich schwerer. Zu sehr
kämpfe ich zu Beginn dieses Lebensabschnitts noch mit
meiner heimatlichen Sprachfärbung. In der Mensa lerne
ich eine junge Frau kennen. Sie spricht ein vorbildliches
Hochdeutsch und ist überrascht, als ich erzähle, wo ich
herkomme. Ihr

„Du sprichst aber gut Deutsch."

irritiert mich. Erst auf Nachfrage erfahre ich, dass sie
davon ausgeht, dass das Saarland zu Frankreich gehört.
Okay ... Gemessen daran beherrsche ich meine Mutter-
sprache tatsächlich recht gut. Trotzdem fällt in diesem
Moment die Entscheidung, in Zukunft das *„sch"* in meiner Aussprache weitgehend zu streichen. Und siehe da:
aus *„haschde"* und *„kannschde"* wird dann überraschend

schnell auch bei mir doch ein „*hast Du*" und „*kannst Du*". Für das Referendariat und Zweite Staatsexamen folge ich dem Vorbild eines Freundes und wechsele aus Freiburg nach Ulm. Erst viele Jahre später wird mir bewusst, dass ich mit diesen beiden Städten die zentralen Stationen der Lebenswege meiner Vorfahren gewählt habe. In Freiburg hatte mein Opa seine Frau und seine beiden Söhne erst 1951 nach der kriegsbedingten, unfreiwilligen Trennung wieder in die Arme schließen können. Aus Ulm waren meine Urahnen väterlicherseits rund zweihundert Jahre vorher ausgewandert. An die Zeit in der Stadt mit dem höchsten Kirchturm der Welt denke ich gerne zurück. Sie ist geprägt durch die Begegnung mit einer ganzen Reihe von äußerst bodenständigen, klugen, humor- und liebevollen Menschen. Die Sprachmelodie dieser Region löst noch heute ein ausgesprochen angenehmes, warmes, fast heimeliges Gefühl in mir aus. Seltsam: was man an sich selbst nicht mag, findet man bei anderen gelegentlich äußerst charmant.

Haben Sie mit meiner Mama gesprochen?

Ein seltsames Geräusch habe ihn geweckt, sagt der ältere Herr, als er kurz nach 3.00 Uhr morgens bei der Polizei anruft. Nun sehe er in der Gaststätte nebenan ein seltsames Licht. Da sei wohl jemand mit einer Taschenlampe unterwegs. Vielleicht ein Einbrecher? Es wird ein Streifenwagen vor Ort entsendet. Den Eingang der Gaststätte erreicht man über einen Innenhof. Als die Beamten ankommen, sehen sie dort ein Auto stehen. Mitten in der Nacht ist das ungewöhnlich. Hier ist eigentlich nur Lieferverkehr erlaubt. Sie entscheiden, ihr Dienstfahrzeug in der Einfahrt abzustellen, um einen möglichen Fluchtweg zu versperren. Ein Mann verlässt gerade das Gebäude. Als er die Situation erfasst, springt er in seinen Wagen, legt den Rückwärtsgang ein und gibt Vollgas. Ungläubig sehen die Beamten mit an, wie der rote Ford Fiesta gegen ihren (im letzten Jahrtausend noch bundesweit üblich) grün/weißen 3er-BMW knallt, diesen rückwärts aus der Einfahrt schiebt und ihrem Blickfeld mit heulendem Motor entschwindet.

Die Verfolgungsjagd gestaltet sich filmreif. Am Ende sind vier Polizeifahrzeuge dann doch zu viel. In einer Kurve verliert der Fahrer des kleinen Flitzers die Kontrolle über sein Fluchtmittel, durchbricht damit einen Gartenzaun, pflügt quer durch einen Vorgarten und zerstört mit lautem Knall nicht nur die Fassade eines stattlichen Einfamilienhauses, sondern auch die sonst so idyllische Nachtruhe einer Kleinstadt auf der schwäbischen Alb. Mit wie durch ein Wunder nur verstauchten Fuß- und Handgelenken sowie einer Reihe von Prellungen ist die weitere Flucht von vornherein zum Scheitern verurteilt. Bei einer später festgestellten Blutalkoholkonzentration von 1,5 Promille findet sie nach nur wenigen, unter heftigen Schmerzen gehumpelten Metern ihr Ende. Die Handschellen klicken. Eine Überprüfung „im System" ergibt, dass in anderer Sache bereits ein Haftbefehl gegen den Fahrzeugführer besteht. Sein weiterer Weg führt – nicht überraschend und der Rechtslage entsprechend – direkt in die nächstgelegene JVA (=Justizvollzugsanstalt, Gefängnis, Knast).

Zur gleichen Zeit arbeite ich seit ein paar Monaten als Referendar in einer der renommiertesten Kanzleien vor Ort. Die Stelle habe ich einem Richter zu verdanken, dem ich zur Ausbildung zugewiesen war. Er hatte mir erzählt, dass einer der Seniorpartner einen fähigen Mit- und Zuarbeiter suche. Mit einem Augenzwinkern meint er, ich solle mich dort mal melden. Er könne sich vorstellen, dass die mich nehmen. Erst später erfahre ich, dass er mich empfohlen hat und man schon auf meinen Anruf wartet. In einer Zeit, in der es noch keine Fachanwälte für Strafrecht gibt und etliche Kanzleien ihre Tätigkeitsschwerpunkte noch in den Rechtsgebieten „Feld, Wald und Wiese" setzen, hat hier schon von Beginn an jeder sein eigenes Spezialgebiet. Mein „*Chef*" und Ausbilder ist Strafverteidiger mit Leib und Seele, bereits seit weit über 30 Jahren. Als er rund zwei Jahrzehnte später stirbt, ist in der Presse die Rede von einer „*Legende im Gerichtssaal*", einer „*Instanz in Sachen Recht und Gerechtigkeit*", einer

„unnachahmlichen Persönlichkeit", die für *„ihre scharf-
sinnige und menschliche Art hochgeschätzt"* gewesen sei.
Es überrascht mich nicht, dass er den glücklosen Fiesta-
Fahrer verteidigt. Er sagt, dass er den Mandanten schon seit seiner Jugend
kenne und bittet mich, ihn zu besuchen. Ich solle ihm
ausrichten, dass er sich um alles kümmern werde. Zur
Vorbereitung gibt er mir die Kopien der Ermittlungsakte, die er bereits zur Einsichtnahme erhalten hat. In einer
Strafakte findet sich ganz vorne in aller Regel ein *„Auszug
aus dem Bundeszentralregister"*. Dort werden unter anderem strafgerichtliche Verurteilungen (§ 3 BZRG) ein-
getragen. Dem Auszug ist zu entnehmen, dass der Mandant mit seinen 45 Jahren die meiste Zeit seines Lebens
hinter Gittern verbracht hat. Zum Zeitpunkt der ersten
Verurteilung war er 17.

Es ist das erste Mal, dass ich alleine in eine JVA fahre,
einen Mandanten also ohne meinen „Vorturner" – wie ich
meinen Chef innerlich nenne – besuche. Die Haftanstalt
liegt alles andere als zentral. Sie ist ein wenig aus der Zeit
gefallen. Ein sehr altes Gebäude. Der Begriff Gefängnis
trifft es eher.

Nach der Einlasskontrolle geht es über lange, mit Leucht-
stoffröhren in neon-weißes Licht getauchte Flure zur Be-
sucherzelle. Ein passender Begriff für die Kammer, in der
ich nun auf den Mandanten warten darf. Tageslicht fällt
hier nur sehr spärlich durch das kleine, selbstverständlich
vergitterte Fenster, unter dem ich mich an einen quadra-
tischen, weißen Tisch auf einen der beiden Metallstühle
setze, die sich dort gegenüberstehen. Über mir wirft eine
nackte Glühbirne in einem Metallkäfig ihr kaltes Licht in
den Raum. Während ich darauf warte, dass der Mandant
gebracht wird, frage ich mich, wie sich ein Mensch wohl

fühlen mag, für den der Aufenthalt in dieser Atmosphäre zum Alltag geworden ist.

Als sich die schwere, tatsächlich noch aus Holz bestehende Tür öffnet, wird es durch das aus dem Flur hereinfallende, gleißende Licht kurz taghell, bevor es sich unmittelbar darauf auch sofort wieder verdunkelt. Es ist ganz offensichtlich der Mandant, der diesen gewaltigen Schatten wirft, ehe die Tür hinter ihm ins Schloss fällt. Ich erschrecke. Ein Baum von einem Kerl. Der Mann ist sicher um die zwei Meter groß, ein einziger Muskelberg. Mir wird mulmig, als meine Hand zur Begrüßung in seiner mächtigen Pranke versinkt. Ich sehe Tätowierungen. Im Gesicht, am Hals, an den Armen, auf den Fingerrücken. LOVE und FEAR kann ich dort lesen. Mir fällt sein Vorstrafenverzeichnis ein. Neben verschiedenen Varianten des Diebstahls, Raubes und diversen Straßenverkehrsdelikten finden sich dort nicht nur Verstöße gegen das Betäubungsmittelgesetz, sondern vor allem reihenweise Körperverletzungsdelikte. Es bedarf keines ausgeprägten Scharfsinns, um zu erkennen: wenn dieser Koloss zuschlägt, gehen Lichter aus.

Wir setzen uns. Ich bin nervös und will diesen Typen auf gar keinen Fall in irgendeiner Form reizen. Daher erkläre ich ihm mit hastigen Worten, wer ich bin und wer mich schickt. Ich erläutere ihm, dass ich da bin, weil mein Chef ihm ausrichten lässt, dass er sich um alles kümmern wird und ich ihn fragen soll, ob es irgendetwas draußen zu veranlassen gibt. Die kritische Distanz, die in seinen Augen liegt, verschwindet augenblicklich. Die ersten Worte, die er an mich richtet, machen mich für einen Moment sprachlos. Ich hätte mit so vielem gerechnet, aber doch nicht mit:

Haben Sie mit meiner Mama gesprochen?

„Wie geht es meiner Mama?
Haben Sie schon mit ihr gesprochen?"

Er sagt tatsächlich *„Mama"*. Wie es ihr geht, ist das Einzige, was ihn im Rahmen unserer Unterhaltung interessiert. Leider habe ich überhaupt keine Vorstellung davon, wie es seiner Mama geht, kann mithin auch nichts dazu sagen. Also verspreche ich ihm, mich darum zu kümmern und ihm eine Nachricht zukommen zu lassen. Das Gespräch dauert nicht sehr lange. Der Mandant ist beruhigt und zufrieden.

Als wir uns verabschieden, stehe ich tief unter dem Eindruck dessen, was diese beiden Sätze und der gesamte Kontakt mit diesem Riesen mit mir gemacht haben. Der Beamte, der mich über die langen Flure zum Ausgang begleitet, bemerkt das. Er erzählt mir, dass er und seine Kollegen diesen Gefangenen schon seit vielen Jahren kennen. Sie seien immer froh, wenn er da sei. Um den Zellentrakt, in dem er einsitze, müssten er und seine Kollegen sich dann kaum kümmern. Der „Lange" – wie sie ihn nennen – regele dort alles. Mit seiner Präsenz gebe es keinerlei Auseinandersetzungen zwischen den Inhaftierten mehr. Er sei ein Musterhäftling. Nur draußen komme er *„wohl nicht so gut zurecht."*

Zurück in der Kanzlei spreche ich mit meinem Chef. Er berichtet mir von dem Lebensweg unseres Mandanten. Dieser ist in den 1950er-Jahren unehelich in einer erzkatholischen Gemeinde der schwäbischen Provinz geboren. Seine Mutter sei bei der Geburt noch sehr jung gewesen. Der Vater sei eigentlich ein intelligenter Bursche und lange Zeit ein attraktiver Schürzenjäger, später Trinker und schließlich heruntergekommener Schläger gewesen. Die Mutter habe immer alles für ihren Buben getan. Er

sei ihr Ein und Alles gewesen. In ihn habe sie all ihre
Hoffnungen gesetzt. Für ihn habe sie die Gewaltexzesse
des Erzeugers immer wieder ertragen. Erst als der Sohn
angefangen habe, seine Mutter gegen den Vater zu verteidigen, habe sie die Kraft zur Trennung und Scheidung
gefunden. Der Mandant sei geprägt von dem Verhalten
seines Vaters. Leider falle der Apfel oft nicht weit vom
Stamm. Auch wenn er nie eine Frau geschlagen habe, habe er die Kontrolle über sein Leben genauso verloren wie
sein Vater.

Ich nutze die stundenlangen Fahrten zu irgendwelchen
Gerichtsterminen, um möglichst viel von der Erfahrung
meines Chefs aufzunehmen. Das, was er mir beibringt,
begegnet mir nicht in der Fachliteratur, mit der ich mich
zu dieser Zeit befasse. Ich weiß, was gesetzlich in § 46
StGB zur Strafzumessung geregelt ist. Ich weiß, dass das
Gericht „die Umstände" abzuwägen hat, „die für und gegen den Täter sprechen". Ich weiß, dass dazu unter anderem die „Beweggründe und Ziele" gehören, genauso wie
das „Vorleben" des Täters.

Was das aber in Wirklichkeit bedeutet, begreife ich erst,
als mir der alte Fahrensmann der Strafverteidigung die
Augen öffnet.

*„Kein Mensch steht morgens auf und denkt ,heute ist ein
guter Tag dafür', bevor er einen anderen bestiehlt, be-
trügt, zusammenschlägt, überfällt, vergewaltigt oder um-
bringt. Genauso wie jede Beförderung, jede Kündigung,
jede Heirat, Trennung und jedes andere menschliche Verhalten hat auch jede Straftat immer eine Vorgeschichte. Jeder Täter hat einen Vater und eine Mutter. Niemand hat sich das Umfeld ausgesucht, in dem er groß
geworden ist. Jedes Verhalten ist immer auch das Ergeb-*

nis der Erfahrungen, die ein Mensch gemacht hat. Jeder Mensch ist geprägt durch das, was er erlebt hat und erlangt durch sein Verhalten irgendeinen Vorteil. Es ist wichtig für Dich als Verteidiger zu verstehen, was der wahre Grund und das wahre Motiv für das Handeln Deines Mandanten ist."

Und er schärft mir ein:

„Um gut verteidigen zu können, musst Du etwas über die Menschen wissen. Du musst Dich mit Deinen Mandanten beschäftigen, ihre Lebenswege kennen. Und Du solltest wissen, wie Dein Gegenüber denkt."

Er kommt in Fahrt:

„Als Verteidiger brauchst Du immer drei Dinge: Menschenkenntnis, Aktenkenntnis und Rechtskenntnis. Das wichtigste davon ist Menschenkenntnis: Deine Mandanten sind Menschen, die Zeugen sind Menschen, bei Polizei und Staatsanwaltschaft arbeiten Menschen und auch unter der Robe eines Richters steckt in der Regel ein Mensch."

Später wird es zur Selbstverständlichkeit für mich, mir von nahezu jedem Mandanten einen Lebenslauf geben zu lassen.

„Nicht den einfachen, den Sie schreiben, wenn Sie sich auf eine Stelle bewerben, sondern einen, der mir sagt, wer Sie wirklich sind."

Mir wird bewusst, wie unterschiedlich und gleichzeitig prägend die Rahmenbedingungen sind, unter denen wir in dieses Leben starten, groß werden und leben. Wir haben keinen Einfluss darauf, ob wir gewünscht und geliebt oder ungewollt und abgelehnt zur Welt kommen. Niemand sucht sich aus, ob er in Armut oder Reichtum, in Zeiten von Krieg oder Frieden aufwächst. Jedes Baby sollte seinen Weg gesund, geschützt, sicher gebunden und liebevoll begleitet antreten können. Jedes Kind verdient es, wohlbehütet, mit glücklichen, entspannten Eltern aufwachsen zu können.

Die Realität sieht jedoch leider anders aus. Tatsache ist, dass sich die Welt jedem von uns auf ihre eigene Weise zeigt. Es liegt auf der Hand, dass jeder Mensch auch seine eigene Sichtweise, seine eigene Wahrnehmung hat. Ein Mann schaut anders in die Welt als eine Frau und mit zwanzig Jahren hat jeder von uns andere Wünsche an das Leben als in seinen Achtzigern. Ein US-Amerikaner nimmt die Welt anders wahr als ein Russe, Asiat oder ein Mensch aus Afrika. Und natürlich wird auch in Europa ein unscheinbarer, an der Armutsgrenze lebender Mann für ein inhaltlich identisches Problem andere Lösungsmöglichkeiten finden müssen, als eine attraktive Frau mit Geld.

Dies ist die Realität. Das gilt es zu akzeptieren. Gleichzeitig dürfen noch so schwierige Rahmenbedingungen in der Kindheit nie eine Rechtfertigung für wiederholtes Versagen als Erwachsener sein. Wer erkennt, was ihn aus der Vergangenheit gefangen hält, kann auch begreifen, wie er sich in der Zukunft befreit.

Unser Mandant verfällt bereits sein ganzes Leben immer wieder in die gleichen Verhaltensmuster. Das Thema „Sucht" begleitet ihn von Kindesbeinen an. Sucht kommt von Suchen. Auf der Suche nach seinem Platz im Leben hat er das Gleichgewicht und die Kontrolle verloren.

Ähnlich wie ihm geht es aber so vielen anderen auch. Egal, wie es sich zeigt: ob in Straftaten, Alkohol, Nikotin oder in sonstigen Drogen und Medikamenten, ob in zu viel oder zu wenig Arbeit, Essen, Sex oder Sport. Niemand gerät aus der Balance, weil es ihm und denen um ihn herum zu gut geht.

Seinen Vater kennt er nur mit einer Bierflasche in der Hand. Die Bilder von damals möchte er nicht mehr sehen. Aber sie sind in seinem Kopf. Nur unter der Wirkung von Alkohol oder anderen Substanzen verlieren sie an Schärfe. Aber mit unklarem Blick und benebelten Sinnen trifft er keine guten Entscheidungen. Und so landet er immer wieder da, wo er jetzt ist: im Knast.

Therapien lehnt er ab. Dort müsste er reden. Über sich selbst und das, was in ihm vorgeht. Das hat er nie gelernt. So stark seine Muskeln auch sind. Die Kraft zu reden und für Veränderungen hat er nicht.

Nach Abschluss des Referendariates werde ich später viele Jahre selbst als Strafverteidiger jeden Tag Menschen die Hand geben, die mit ihren Händen oft nichts Gutes getan haben. An so mancher Hand klebte noch kurz zuvor Blut. „Das Böse" ist mir dennoch nur selten begegnet. Menschliche Verfehlungen aller Art, ob strafrechtlich relevant oder nicht, sind fast immer das äußere Ergebnis von Lieb-, Sprach- und Mutlosigkeit, also Schwäche im Innen. Das gilt für schlimmste Gewalttaten genauso wie für jede Form des Betruges und all die kleinen und großen Lügen und Unwahrheiten des Alltags.

So manches „erste Mal" bleibt dauerhaft in Erinnerung. Jedes „erste Mal" kann wegweisend sein. An „mein erstes Mal", alleine mit einem Mandanten im Gefängnis habe ich oft gedacht. Seine Geschichte habe ich oft erzählt. Unsere Wege haben sich nur ein einziges Mal gekreuzt.

Das erste Leben

Heute ist mir bewusst, wie viel Glück ich im Gegensatz zu ihm hatte. Die Stabilität und Sicherheit, in der ich aufwachsen durfte, hat er nie erlebt. Sie waren die Grundlage dafür, dass ich einen so ganz anderen Weg nehmen konnte als er.

Erst viele Jahre später werde ich realisieren, dass ich ihm in meinem Verhalten an einer zentralen Stelle doch näher war, als ich das je für möglich gehalten hätte. Genau wie er hatte ich nicht gelernt, über das zu sprechen, was in mir vorgeht. Genau wie er habe ich das bislang nie wirklich getan. Während er allerdings tatsächlich hinter Gittern saß, war ich – vollkommen albern – nur in mir selbst und meinen eigenen, überholten Denk- und Verhaltensmustern gefangen.

Es ist eine erschreckende Erkenntnis: Die Mauern von Gefängnissen können ziemlich alt sein. Oft reichen sie zurück bis in unsere Kindheit, manchmal darüber hinaus. Bisweilen sitzen wir über Generationen einfach still dahinter, sehen sie nicht oder denken, es gäbe dahinter keine Welt.

Sein Blick ist vom Vorübergehn der Stäbe
so müd geworden, dass er nichts mehr hält.
Ihm ist, als ob es tausend Stäbe gäbe
und hinter tausend Stäben keine Welt.

Der weiche Gang geschmeidig starker Schritte,
der sich im allerkleinsten Kreise dreht,
ist wie ein Tanz von Kraft um eine Mitte,
in der betäubt ein großer Wille steht.

Haben Sie mit meiner Mama gesprochen?

Nur manchmal schiebt der Vorhang der Pupille
sich lautlos auf. Dann geht ein Bild hinein,
geht durch der Glieder angespannte Stille –
und hört im Herzen auf zu sein.

(Der Panther, Rainer Maria Rilke, 1902)

Halten Sie mir meinen besten Mann nicht so lange auf

Auch Johannes sitzt im Knast. Das Gericht hat Untersuchungshaft angeordnet, geht in der Begründung des Haftbefehls von Wiederholungsgefahr aus und hat mich ihm als Pflichtverteidiger beigeordnet. Mein erster Besuch in einer JVA liegt schon viele Jahre zurück. Inzwischen bin ich längst selbst Rechtsanwalt, Fachanwalt für Strafrecht.

Mein Mandant ist gerade einmal 16 Jahre alt. Sämtliche Maßnahmen der Jugendhilfe waren bei ihm erfolglos. Er hat gelernt, die Lücken des Systems für sich zu nutzen. Bis das System die Lücken schließt. In Form der Strafjustiz.

Die letzte Zeit vor seiner Inhaftierung lebt er tagsüber auf den Straßen der Stadt und verbringt die Nächte mal hier, mal dort. Manchmal hat er Glück und dämmert nicht weg mit von Drogen vernebeltem Blick in einer Ecke des Bahnhofsviertels, sondern kann bei Freunden ein Bett finden. Regelmäßiger Schulbesuch? Fehlanzeige.

Die Delikte, wegen derer er bereits seit Längerem immer wieder festgenommen wird, sind zahlreich, aber letztlich immer identisch. *„Abrippen"* nennt man das in seiner Generation. Meist droht er anderen Jugendlichen oder auch

Kindern mit Schlägen und verlangt dann je nach Situation die Herausgabe von Geld, Mobiltelefonen oder auch schlicht etwas zu essen. Wer auf der Straße lebt, kann all das gut gebrauchen. Auch als Minderjähriger.

Die Tat, wegen der er jetzt in Untersuchungshaft sitzt, ist anders gelaufen als geplant. Die Entscheidung seines Gegenübers, sein Handy lieber zu behalten und Johannes verprügeln zu wollen, war nicht gut. Weder für ihn noch für Johannes. Der hatte ein Messer dabei. „Versuchter Mord" steht im Haftbefehl.

„Wie lange muss man denn lernen, bevor man Rechtsanwalt wird?", fragt er mich unvermittelt, als ich ihn das erste Mal besuche. Meine Antwort auf seine Frage unterbricht er schon nach wenigen Worten: *„Ach, Sie haben Abitur . . . "* Bei solcher Naivität fliegt mir ein Lächeln ins Gesicht. Es passt nicht zu dem unsteten Blick, mit dem seine Augen Halt suchen, bevor er fortfährt *„Bei mir ging es ja in der Grundschule schon los."*

Er nimmt meine Nachfrage dankbar auf und erzählt freimütig. *„Meine Mama hat immer gesagt: komm, bleib doch noch ein bisschen bei mir. Wir chillen heute. Sie hat Zyschofrenie".* *„Schizophrenie heißt das"*, plärrt der Besserwisser in mir gleich los – glücklicherweise nur in Gedanken.

Als Einzelkind wird er jahrelang hin und her geworfen zwischen seiner Mutter – wenn es ihr mal gut geht, seiner Oma – solange sie denkt, es gehe nur um ein paar Tage – und immer wieder auch Aufenthalten in irgendwelchen Einrichtungen der Jugendhilfe – wenn sonst gar nichts mehr geht.

„Es geht nicht anders", sagt die Vorsitzende Richterin der für das Verfahren zuständigen Jugendkammer im Rahmen der Urteilsverkündung. Das Urteil lautet fünf Jahre

Jugendstrafe. Auch wenn das Gericht von einem „straf-
befreienden Rücktritt vom Versuch" ausgeht und daher
statt wegen versuchten Mordes nur wegen schweren Raubes in Tateinheit mit gefährlicher Körperverletzung verurteilt. Im Jugendstrafrecht geht es nicht um Bestra-
fung, sondern um Erziehung. Stark vereinfacht ausgedrückt geht es dabei um die Frage, was passieren muss,
damit ein junger Mensch wenigstens keine weiteren Straftaten mehr begeht. Das Gericht geht von einem ganz
erheblichen „Erziehungsbedarf" aus. Ein steter Schulbesuch und Schulabschluss sei sicher ebenso sinnvoll, wie
das Erlernen eines geregelten Tagesablaufes. Das brauche eben seine Zeit.

Knapp zwei Jahre später sind noch eine Reihe weiterer
Delikte aktenkundig geworden, über die aus Sicht von
Staatsanwaltschaft auch noch verhandelt werden muss.
Und so besuche ich ihn wieder. Dieses Mal nicht mehr in
Untersuchungshaft, sondern im Jugendvollzug. Ich warte
mal wieder in einer Besuchszelle. Wie anders diese Zelle
doch aussieht im Vergleich mit der damals bei meinem
ersten Besuch im Knast und dem Fiesta-Fahrer. Es ist
ein großer, hell erleuchteter Raum mit Bildern an den
Wänden. Klar – die Fenster sind vergittert, aber künstliche Beleuchtung ist nicht ansatzweise erforderlich.

Als er Johannes bringt, will ein kantiger, sportlicher, klarer und irgendwie ansteckend positiver Vollbartträger um
die 50 mit den Worten:

„Halten Sie mir meinen besten Mann nicht so lange auf!"

den Raum sofort wieder verlassen. *„Bester Mann? Das
höre ich gern. Erzählen Sie mir mehr!"*, höre ich mich
rufen. Die schon fast geschlossene Tür öffnet sich wie-

der und der Beamte kommt wieder herein. Wie sich herausstellt, ist er der Leiter des Ausbildungsbetriebes in der JVA. Man hat sich im Rahmen des Vollzuges entschlossen, Johannes gleich eine Berufsausbildung machen zu lassen. Dies sei in seinem Fall sinnvoller als zunächst einen Schulabschluss anzusteuern. Mit bestandener Ausbildung habe er den Hauptschulabschluss gleich mit in der Tasche. Und die Ausbildung bestehe er in jedem Fall. Johannes habe sich prächtig entwickelt, von Anfang an „voll mitgezogen". Er habe nur Ordnung und Struktur gebraucht. Und davon gebe es in der JVA ja genug, zwinkert der Mann im Blaumann uns zu. Bevor Johannes entlassen werde, könne er noch einen speziellen Lehrgang machen. Damit nehme ihn draußen jeder Betrieb „mit Kusshand".

Auch das Gericht ist wenige Monate später überzeugt davon, dass eine Verlängerung der Jugendstrafe nicht erforderlich sei und stellt das neue Verfahren mit Blick auf die schon bestehende Verurteilung und die ausgesprochen positive Entwicklung von Johannes ein. Alle Beteiligten hoffen sehr, dass er auf seinem Weg bleibt. Johannes sagt, dass er am liebsten das Gleiche machen würde wie sein Ausbilder. Er muss jetzt nur durchhalten.

„Das gute Beispiel ist nicht eine Möglichkeit,
andere Menschen zu beeinflussen, es ist die Einzige."
(Albert Schweitzer, 1875 – 1965, Deutschland/Gabun)

You are an Ironman!

Am Ende eines langen Tages im August, nach für mich etwas mehr als dreizehn Stunden in und um Frankfurt, bei teilweise brütender Hitze, gelten sie auch mir. Diese vier Worte, die so viele Triathleten hören möchten. Ich kann noch nicht ahnen, dass sie nur dieses eine Mal an mich gerichtet sein werden. Die Zeit war ein wenig enttäuschend. Auch wenn ich immer gesagt hatte, dass es mir nur um das Ankommen geht. „Finishen" heißt das im Jargon der Sportart. Das Ziel erreichen – das ist das oberste Gebot bei all denen, die sich auf dieses etwas verrückte sportliche Abenteuer einlassen und an einem Tag nacheinander 3,8 km Schwimmen, 180 km Rad fahren und schließlich noch einen Marathon (42 km) laufen. Auch mir geht es von Anfang an nicht um eine bestimmte Zeit oder gar den Gedanken an eine Qualifikation für die Weltmeisterschaften auf Hawaii im Oktober.

Als ich an diesem Morgen um kurz vor 7 Uhr auf den Startschuss warte, ahne ich noch nicht, welchen Verlauf dieser Tag für mich nehmen wird. Vor vielen Jahren bin ich einmal 10 km geschwommen, also 200 Bahnen hintereinander, in einem 50 m Becken. Ein Freund hatte mich ungebeten einfach angemeldet. Ich wollte nicht kneifen und dachte, *„ich schwimme halt 5 km, das werde ich schon irgendwie schaffen. Dann kann ich aufhören und habe mich nicht blamiert."* Nach 5 km ging es mir noch überraschend gut, also beschloss ich „*7,5 km gehen auch*". Nach 150 Bahnen war mir dann klar: „*Die restlichen 50 schaffe ich auch noch*". Ein Blick in die Zwischenzeiten zeigte mir später, dass ich den ersten Kilometer nicht wesentlich schneller geschwommen war als den letzten. Damals habe ich gelernt, dass nicht die Strecke, sondern das Tempo tötet. Auch das scheint für vieles im Leben zu gelten. Wer zu schnell zu viel erreichen möchte, bleibt mitunter auf der Strecke. „Nie überzocken" heißt also die Devise. Genau das ist auch für heute mein Plan. Ich weiß: Ich bin gut vorbereitet. Seit acht Monaten habe ich konsequent trainiert, viele „lange Einheiten" gemacht. Schwimmen kann ich besser und deutlich schneller als damals bei der 10 km-Aktion. Das Radfahren werde ich schon irgendwie überstehen. Die Frage ist, was dann im Marathon noch geht. Seit ein paar Wochen bereitet mein Knie wieder Probleme. Wegen dieser Schwachstelle in meinem Körper bin ich bislang auch erst einen einzigen Marathon gelaufen. Als ich am Abend die Ziellinie erreiche, ist dieser Tag so ganz anders verlaufen, als ich es in Betracht gezogen hatte. Nach etwa 110 km war bereits auf dem Rad ein Problem aufgetreten, das mich für den Rest der Reise begleiten sollte. Plötzlich hatte ich das Gefühl, einfach keine Luft mehr zu bekommen. Meine Lunge schien bestenfalls noch ein Drittel ihrer Kapazität zu haben. Diese eigenartige Kurzatmigkeit hat nicht nur die verbleibenden 70 km auf dem Rad, sondern den kompletten Rest des Tages bestimmt. Leider war auch die komplette Laufstrecke davon geprägt. Meine Versuche, ins Laufen zu kommen, musste ich jeweils nach wenigen 100 m wieder abbrechen. Und so fühlte ich mich über mehr als die Hälfte des Tages wie ein Sechszylinder, der nur auf drei Töpfen läuft. Ich wäre nie auch nur im Entferntesten auf die Idee gekommen, dass mich der Ironman vor solch ein Problem stellt. So vieles hatte ich vorher gedanklich durchgespielt und einkalkuliert: das gebrochene Nasenbein beim Schwimmen, die drei Plattfüße bei nur zwei Ersatzschläuchen auf dem Rad, die Muskelkrämpfe beim Laufen. Ich hatte auch in Betracht gezogen, dass ich möglicherweise wegen völliger Erschöpfung aufgeben muss oder am Schluss dehydriert bewusstlos im Gras liegen würde. Aber nur wegen eines Atemproblems stundenlang im Grunde ganz entspannt bloß gehen zu können – das hatte ich nun wirklich nicht auf dem Schirm. Alles in allem brauche ich für den Marathon 5 Stunden und 36 Minuten.

Was hatte ich mir nicht für Gedanken gemacht, was sich emotional wohl abspielen würde, wenn ich mich aufgenommen fühlen darf, in diesen irgendwie elitären Club der Ironman-Finisher? Als es dann tatsächlich so weit ist, fühle ich nichts außer einer gewissen Leere. Es ist mir fast peinlich, die Glückwünsche von allen Seiten anzunehmen. Eigentlich habe ich nicht wirklich das Gefühl, etwas Außergewöhnliches geleistet zu haben. In dem Tempo hätte ich wohl noch 20 km weiter wandern können. Nur schneller wäre es eben beim besten Willen nicht gegangen.

Vorher hatte ich immer gesagt, die Zeit spiele für mich keine Rolle. Nur bin ich da auch davon ausgegangen, dass ich auf dieser Strecke die Grenze meiner körperlichen oder mentalen Leistungsfähigkeit erreichen würde. Auf eine gewisse Weise ist dies unzweifelhaft auch der Fall gewesen – aber eben ganz anders als erwartet.

Was bleibt, ist die Frage, welche Zeit für mich tatsächlich möglich gewesen wäre. Gleichzeitig bleibt aber auch die Frage, ob es mich ohne die Atemschwierigkeiten nicht doch irgendwo auf der Laufstrecke mit einem Hitzschlag auf den Asphalt geworfen hätte. Im Zuge meiner Wanderung habe ich schließlich reihenweise Athleten gesehen, die irgendwo im Gras lagen, neben denen ein Sanitäter kniete, der sie bei über 30 °C mit einer Alufolie zudeckte. Beim Vergleich mit diesen Bildern erfüllt mich eine gewisse Dankbarkeit, dass ich ohne ernsthafte Probleme ins Ziel gekommen bin. Wirklich leiden musste ich an diesem Tag nie. Dazu hat sicher auch die Unterstützung beigetragen, die ich von vielen Seiten erfahren durfte, nicht nur am Wettkampftag, sondern auch in der ganzen Zeit vorher. Ohne sie hätte ich wohl weder die Start- noch die Ziellinie in Frankfurt am Main je gesehen.

Man mag sich vielleicht fragen, ob ein Poloshirt und eine Medaille die ganze Plackerei während des Trainings wert sind. Ganz sicher nicht. Was den Ironman ausmacht, ist für mich die Bandbreite an Emotionen, die er einem eröffnen kann. Auch wenn das Überqueren der Ziellinie bei mir nicht mit der Euphorie verbunden war, die ich mir erhofft hatte, möchte ich keine Sekunde dieses langen Tages missen. Vielleicht auch gerade, weil alles so ganz anders war als vorher erwartet.

Was läuft nicht alles anders als geplant?

Nicht nur im Sport. Durch ihn und die Menschen, denen ich dabei begegnet bin, habe ich viel gelernt. Wir können nicht immer vorn sein. Im Gegenteil: fast immer wird es jemanden geben, der schneller ist, klüger, schöner, reicher. Wozu wir wirklich imstande sind, wissen wir erst, wenn wir es versucht haben. Nur wer auch unter widrigen Bedingungen durchhält, hat eine Chance, sein Ziel tatsächlich zu erreichen. Dabei ist der, der es erreicht, oft noch nicht einmal glücklich, jedenfalls nicht auf Dauer.

So geht es mir damals mit dem Thema Ironman. Das Ziel des Ankommens habe ich erreicht. Aber geht es mir damit besser? Nein. Nachdem die Ursache meiner Kurzatmigkeit medizinisch geklärt ist, dauert es nicht allzu lange, bis ich mich mit dem Gedanken trage, einen neuen Versuch zu starten. Wenigstens einmal will ich auch dieses absolute Glücksgefühl erleben, das ich an der Ziellinie so oft in den strahlenden Augen anderer Finisher gesehen habe.

Heute weiß ich, dass das mein eigentliches Ziel war. Es ging mir darum, glücklich zu sein, mich gut zu fühlen. Mir war nur nicht klar, dass ich das auf dem Weg, auf dem ich es versucht habe, überhaupt nicht erreichen konnte, jedenfalls nicht dauerhaft. Ich wusste nicht, was an dem vielen Training mich überhaupt glücklich machte. Bis zu dem Tag, an dem ich die Startnummer trug, hatte ich die allermeisten Trainingseinheiten alleine absolviert. Wirklich wohlgefühlt habe ich mich in all den Monaten nur während der jämmerlichen zwei Wochen im Trainingslager. Dort war ich zusammen mit Freunden, die ich größtenteils bereits seit Studienzeiten kannte. Sie lebten allesamt in einem anderen Teil der Republik. Die meisten hatten schon mehrere von diesen exquisiten Finisher-Shirts im Schrank. In Wahrheit ging es mir nie um dieses dämliche T-Shirt oder die alberne Medaille. Ich wollte einfach nur dazugehören zu diesem Kreis von Menschen, die mich so beeindruckten, weil sie Nicht-Alltägliches geleistet hatten.

Für das Gefühl von Zugehörigkeit
gehen Menschen manchmal auch einsame
und mitunter sehr weite Wege.

Wenn ein Lebensentwurf scheitert . . .

„Wieso kommt diese Frau ausgerechnet zu mir?", denke ich, als sie zum ersten Mal vor mir sitzt, ein paar Jahre zuvor, in meiner noch sehr bescheidenen Ein-Mann-Kanzlei. Ich bin noch in den Anfängen meiner Selbständigkeit als Rechtsanwalt. Die Zahl meiner Klienten ist recht überschaubar. Mit Ausnahme von arbeits- und verwaltungsrechtlichen Fällen nehme ich also an, was an Mandaten hereinkommt. Vom Mandanten-Empfang und Kaffee servieren über die Aktenanlage und Schriftsatzerstellung mache ich bis zu Postausgang und Buchhaltung alles selbst. Eine Sekretärin könnte ich weder beschäftigen noch bezahlen.

Sie ist Ärztin, mit knapp 60 Jahren Inhaberin einer Privatklinik. Schon rein äußerlich eine ausgesprochen attraktive Frau, südländischer Typ, ein fast schon bronzener Teint, tiefbraune Augen, das kurz geschnittene, schwarze Haar an den Seiten leicht ergraut, schlank. Man sieht ihr an, dass sie „der sportliche Typ mit Geld" ist.

Sie spürt sicher meine Überraschung, als sie mir sagt, dass es um eine Familiensache geht. Ihr Mann habe sich in eine andere Frau verliebt. Die sei ein paar Jahre jünger als sie. Nun sei er vollkommen überraschend ausgezogen, habe ihr nur eine E-Mail geschrieben und reagiere auf keinerlei Kontaktaufnahme mehr. Er habe gesagt, ihre gemeinsame Zeit sei vorbei, er habe sich eben neu verliebt und wolle nun nur noch die Scheidung.

Ungefragt erklärt sie mir, warum sie sich nicht an eine der großen, etablierten Familienrechtskanzleien mit Sitz in den Altbauvillen der innerstädtischen Premiumlagen gewendet hat, sondern an mich, einen jungen Einzelanwalt mit kleinem Büro in einem deutlich günstigeren Vorort. Die Entscheidung, zu mir zu kommen, sei eine reine Bauchentscheidung gewesen. Es sei möglicherweise recht unvernünftig, sich von einem Anfänger vertreten zu lassen. Aber sie wolle jemanden, der noch nicht innerlich verhärtet und nach vielen Jahren im Beruf zum Zyniker geworden oder charakterlich versaut sei vom vielen Geld. Diese Worte klingen seltsam aus dem Mund dieser Frau, die auf den ersten Blick doch selbst so viele Klischees bedient.

„Das passt doch prima" denke ich mir. Ich habe noch kaum Erfahrung mit Familiensachen und charakterlich versaut von vielem Geld kann ich nicht sein. Ich habe ja keins. Ich habe ein wenig Sorge, dieser Mandantin und dem Mandat nicht gewachsen zu sein. Und so tue ich gar nicht erst so, als sei es anders. Es mag naiv sein, aber ich spreche ganz offen über meine Bedenken, mit dieser Frau, deren Welt so fern ist von meiner. Dass ich auf kaum Erfahrungswerte in Scheidungsverfahren und schon gar nicht in solch einer Größenordnung zurückgreifen kann, stört sie nicht. Es genügt ihr, dass ich ihr die Rechtslage erklären und Nachfragen beantworten kann. Möglicherweise hilft es auch, dass ich an einigen Stellen einräume, was ich nicht weiß, aber verspreche, das in Ruhe zu prüfen und ihr dann zu antworten.

Am Ende dieses ersten Termins erteilt sie mir das Mandat. *„Wir haben alle mal klein angefangen und ich habe* *ein gutes Gefühl bei Ihnen."* Ich bin überrascht, aber freue mich. Sehr sogar. Zu diesem Zeitpunkt liegt für mich nur auf der Hand, dass das Mandat mir sicher ein paar Monatsmieten zahlen wird. Den wahren Wert dieses Falles für mich werde ich erst sehr viel später erkennen.

Mehr als drei Jahre danach treffen wir uns vor dem Sitzungssaal des Familiengerichts wieder. Hier steht heute der Scheidungstermin an. Bei mir hat sich einiges verändert. Die Kanzlei läuft inzwischen gut. Ich habe ein größeres Unternehmen als Mandanten gewonnen. Auch wenn Zivilrecht mich nie sonderlich interessiert hat, habe ich mich in die wenigen Besonderheiten der Rechtsmaterie dieses Mandanten schnell eingearbeitet. Die Abläufe sind standardisiert und ich verdiene gut daran.

Als sie auf mich zukommt, fällt mir auf, dass ihre Schritte langsamer geworden sind, ihr Körper deutlich fülliger. Wir sind beide ein wenig zu früh und so setzen wir uns nebeneinander auf die billige Holzbank auf dem Gerichtsflur. Sie sinkt in sich zusammen, erscheint mir auf einmal viel kleiner als sonst. Als ich nachfrage, antwortet sie: *„Wissen Sie, ich wollte es in der ganzen Zeit nicht wahrhaben, aber eines ist doch klar. Mein Traum von der großen Liebe ist geplatzt. Mein Lebensentwurf ist gescheitert. Das tut unfassbar weh."* Ich weiß nicht, was ich sagen soll. Wie so oft in der vergangenen Zeit höre ich nur zu und schweige. Meine Gedanken schweifen ab, wandern zurück.

In der Anfangszeit des Mandates war sie häufig bei mir. Das Juristische war in aller Regel schnell besprochen. Das war ohnehin einfach. Ihr ging es nicht um Geld. Davon hatte sie mehr als genug. Ihr Mann auch. Die wirtschaftlichen Folgen der Trennung waren zügig geklärt. Gemeinsame Kinder gab es nicht.

Das erste Leben

Eigentlich hätte der Scheidungstermin schon längst hinter uns liegen können – wenn denn die rechtlichen Voraussetzungen einer Scheidung vorgelegen hätten. Aber solange nur einer von beiden Ehepartnern die Scheidung will, sieht der Gesetzgeber in Deutschland vor, dass eine Ehe – abgesehen von Ausnahmefällen – erst nach einer Trennungszeit von drei Jahren geschieden werden darf. Eines war rasch glasklar in diesem Mandat: Meine Mandantin wollte überhaupt nicht geschieden werden. Sie hatte mir ihre komplette Geschichte erzählt. Vielleicht war es der geschützte Rahmen der anwaltlichen Schweigepflicht, der sie so frei hat reden lassen. Vielleicht war sie auch einfach nur froh, ihre Gedanken teilen, loswerden zu können. Reden kann auch therapeutische Wirkung haben.

Mir selbst war diese außergewöhnliche Frau mit jeder Begegnung sympathischer, ja wertvoller geworden und so war ich ein dankbarer, vielfach ungläubig staunender Zuhörer ihrer beeindruckenden, lebensklugen Selbstreflexionen und Überlegungen zu dem Thema Liebe.

Irgendwann einmal sagt sie, wer jemanden wirklich liebe, wolle, dass es diesem Menschen gut gehe, dass der andere glücklich sei. Es habe ihr bitter weh getan, aber genau deswegen habe sie ihren Mann gehen lassen. Zu dieser anderen Frau, über die sie nichts wisse, außer dass sie jünger sei. Mit einer Scheidung sei sie allerdings nicht einverstanden. Er sei für sie der *„Mann ihres Lebens"*. Sie habe ihm ihr Wort gegeben. Das werde sie halten. Ihr bedeute dieses *„in guten wie in schlechten Tagen"* etwas. Das seien nicht nur leere Worte für sie. Sie werde immer für ihn da sein. Man könne sich nicht aussuchen, wann und in wen man sich verliebe. Man könne nur jeden Tag neu entscheiden, wie man mit den Menschen in seinem

Leben umgehe. Wahre Liebe trage alles.

Sie sei ihm erst mit 50 begegnet, habe sich Hals über Kopf in ihn verliebt. Das sei ihr vorher so noch nie passiert. Dass es mit einem Mann *„so"* sein könne, habe sie nicht gewusst. Sie wisse, dass sie eine attraktive Frau sei. An interessierten Männern habe es ihr nie gemangelt. Sie habe auch vor ihm schon Beziehungen zu außergewöhnlichen Menschen gehabt, aber als sie ihn getroffen habe, habe sie angefangen, an so etwas wie *„Seelenverwandtschaft"* zu glauben. Fast zu sich selbst sagt sie kopfschüttelnd: *„Dabei bin ich doch eine klassische Schulmedizinerin"*.

Noch nie habe sie mit jemandem so gut reden können. Er habe ihre Gedankenflüge immer wieder übertroffen. Eines Tages habe er gesagt, nun wisse er, was in der Bibel gemeint sei, wenn dort die Rede sei von *„sie erkannten einander"*. Das treffe es genau. Das Körperliche mit ihm habe sie sehr genossen. Es sei für sie aber nur die Fortsetzung dessen gewesen, was sie in ihrem gesamten Sein mit ihm gewusst und gefühlt habe. Sie erklärt mir Platons Idee vom Kugelmenschen. Es fühle sich an, als fehle ein Teil von ihr, seit er nicht mehr da sei. „Phantomschmerzen", nenne man so etwas in der Medizin.

Es habe sie nie gestört, dass er vorher bereits zweimal verheiratet gewesen sei und schon viele Frauen gehabt habe. Auch als er so plötzlich und unerwartet aus dem Haus ausgezogen sei und sich der Jüngeren zugewendet habe, habe sie das nicht wirklich ernst genommen. Sie glaube weiterhin an die Tragkraft ihrer Verbindung zu ihm. Sie habe gedacht, das sei nur eine vorübergehende Gefühlsverirrung, es dauere nur ein paar Monate, dann komme er zur Besinnung und zu ihr zurück. So *„etwas Großes"* wie mit ihr könne ihm unmöglich zweimal im

Leben passieren. Irgendwann werde ihm klar, dass diese jüngere Frau an einer ganz anderen Stelle in ihrem Leben stehe und diese Beziehung keine Perspektive habe. Irgendwann werde der Reiz ihres jungen Körpers sich verlieren und ihm klar, dass er nur noch aus Dankbarkeit mit ihr zusammen sei. Irgendwann werde er erkennen, dass die Andere ihn eben nur angehimmelt und irgendwie auch aufgefangen habe durch ihr Dasein in einer Zeit, als sie selbst sich zu viel um ihren kranken Vater gekümmert habe. Sie hadert mit sich selbst, macht sich Vorwürfe, dass sie zu lange nur noch ihre eigenen Probleme gesehen habe. Er habe schwer gelitten unter dem Alleinsein. Aber was habe sie denn machen sollen? Sie habe sich doch in der Zeit nach dem Schlaganfall ihres Vaters um ihre Eltern kümmern und für sie da sein müssen. Sie habe doch nicht absehen können, dass sie fast ein Jahr kaum noch zu Hause sein würde. Und damit, dass ihrem Mann in dieser Zeit eben diese andere begegnen würde, habe sie auch nicht rechnen können. Er habe auch nie etwas gesagt, allenfalls Andeutungen gemacht. Diese habe sie nicht verstanden.

„Wenn Du nicht lieb bist, kommst Du ins Heim."

Dieser Satz, den sie von ihrer Mutter als Kind gehört habe, stecke noch tief in ihr. Auch wenn er – selbstverständlich – nicht ernst gemeint gewesen sei, habe er tiefe Spuren hinterlassen in ihrer Seele. Sie habe gewusst, wo das „Heim" war, habe auch ein paar Kinder von dort gekannt. Sie habe ihr ganzes Leben gearbeitet, um auf eigenen Füßen zu stehen, sei immer lieb, immer für alle da gewesen. Nur für ihren Mann sei sie nun einmal nicht so da gewesen, wie er es gebraucht hätte. Zu ihm sei sie nicht „lieb" gewesen. Nun sei er weg. Allein zu Hause zu sein, fühle sich an wie im „Heim".

Das Mandat ist davon geprägt, dass ich dem Willen der Mandantin entspreche und in jedem Schriftsatz gegenüber der Rechtsanwältin des Ehemannes die Akzeptanz der Situation und große Wertschätzung gegenüber deren Mandanten zum Ausdruck bringe. Sämtliche Schreiben sind eng mit der Mandantin abgestimmt. Mit jedem einzelnen davon verbindet sie die Hoffnung auf ein Zeichen, eine Reaktion, ein persönliches Wort. Irgendwann fühle ich mich nicht mehr als Rechtsanwalt, sondern als Überbringer von gut versteckten, aber unzweifelhaften Liebeserklärungen. Die Gegenseite geht mit keinem Wort darauf ein.

Und so sitzen wir drei Jahre später nun vor diesem Gerichtssaal und warten. In ein paar Minuten geht es los. Im Scheidungstermin müssen beide Ehepartner anwesend sein. Meine Mandantin und auch ich stehen unter Spannung. Wie wird es sein? Wird der Termin zu einer Begegnung oder zu einem Aufeinandertreffen?

Er kommt ein paar Minuten zu spät, in Begleitung seiner Anwältin. Ein großer, eleganter, schlanker Mann, durchtrainiert. Er wirft im Vorbeigehen nur einen kurzen Blick in unsere Richtung, ein knappes Nicken. Nicht mehr. Ich weiß, dass meine Mandantin seit geraumer Zeit Medikamente nimmt, um sich psychisch zu stabilisieren. In diesem Moment bin ich froh darüber.

Der Gerichtstermin läuft sachlich ab. Die Atmosphäre ist kühl. Die Hoffnung der Mandantin auf eine Rücknahme des Scheidungsantrags durch ihren Mann bleibt unerfüllt. Die Ehe wird geschieden. Das entspricht der Sach- und Rechtslage.

Beim Verlassen des Saales wendet er sich kurz an sie, sagt

fast im Vorbeigehen: *„Ich war nie der Mann, den Du in mir gesehen hast. Du wirst sicher jemanden finden, der besser zu Dir passt, als ich. Leb wohl."*

Sie ringt kurz um Fassung, verliert sie nicht, schafft es, die Fassade aufrecht zu halten, sagt kein Wort. Ich muss heftig mit mir kämpfen, um ihm nicht gänzlich unprofessionell hinterherzurufen, dass diese Frau deutlich mehr verdient hätte, als an seiner kalten Schulter abzublitzen. Ich ertappe mich dabei, dass ich ihm wünsche, dass er von seiner Neuen irgendwann einmal genauso eiskalt abserviert wird.

Auf dem gemeinsamen Weg zum Parkplatz wendet sich meine Mandantin mir ein letztes Mal zu: *„Ich behandele tagtäglich schwer kranke Menschen, kann vielen davon helfen. Aber gegen meinen eigenen Herzschmerz habe ich immer noch kein Mittel gefunden. Die großen Dinge im Leben haben wir einfach nicht in der Hand. Sie wissen nie, wann oder ob Ihnen die große Liebe begegnet, ob sie bei Ihnen bleibt, Sie verlässt oder wieder zu Ihnen findet, vielleicht in anderer Gestalt oder anderer Person. Sie werden mich für verrückt halten, aber ich werde diesen Mann immer lieben."*

Als wir uns verabschieden, weiß ich nicht, ob ich sie bemitleiden oder bewundern soll. Ich weiß nur, dass für mich persönlich in ein paar Wochen erst einmal ein anderes Thema ansteht. Auch das werde ich nicht in der Hand, nicht unter Kontrolle, haben. Es wird nicht um Liebe gehen, sondern um Leben, genauer gesagt: um Überleben.

Es ist Unsinn, sagt die Vernunft.
Es ist, was es ist, sagt die Liebe.
Es ist Unglück, sagt die Berechnung.
Es ist nichts als Schmerz, sagt die Angst.
Es ist aussichtslos, sagt die Einsicht.
Es ist, was es ist, sagt die Liebe.
(Erich Fromm, 1900 – 1980, Deutschland/Schweiz)

DAS ZWEITE LEBEN

Erfahren

Schwer veränderte Blutwerte

Ich beneide keinen Arzt um die Aufgabe, seinem Patienten einen ernsten Befund übermitteln zu müssen. Sich in genau dieser Situation wiederzufinden, hätte auch der Inhaber eines „Instituts für Präventionsmedizin" ganz sicher nicht erwartet, als er sich ein paar Stunden vorher von mir verabschiedet.

Vor einigen Wochen habe ich mich entschieden, wieder einen Termin bei ihm zu vereinbaren. Zwei Jahre zuvor hatte ich mich im Zusammenhang mit meinem Ironman dort schon einmal einem Komplett-Check-Up unterzogen. Das Konzept hatte mich überzeugt. Bei einer vollständigen körperlichen Untersuchung mit sämtlichen Laborwerten unter Einsatz von Hightech-Geräten und unter Einschluss aller inneren Organe und Gefäße sowie des Herz-Kreislaufsystems sollte doch schnell zu finden sein, weshalb ich im Training einfach nicht vorwärtskomme. Mein Plan ist, im Herbst einen Marathon zu laufen, endlich mal auf Zeit. 3:20 – 3:30 Stunden sollten nach den Halbmarathonzeiten ohne Weiteres drin sein. Und nächstes Jahr will ich wieder an die Startlinie beim Ironman. Ich will das nun ein wenig langfristiger und ambitionierter angehen. Nur so kann ich erfahren, wo meine körperliche Leistungsgrenze wirklich liegt. Leider läuft das Training schon das ganze Jahr nicht rund. Im Frühjahr hat mich ein Infekt im Trainingslager unter südlicher Sonne ausgebremst. Eigentlich sollte es der erste größere Baustein meines Trainingsplans über eineinhalb Jahre sein. Aber richtig ins Rollen komme ich weder dort noch danach. Ich fühle mich permanent müde. Die Einheiten sind anstrengender, als ich das von früher kenne. Trotzdem gehe ich lange Zeit davon aus, dass ich nur schlicht und ergreifend nicht in Form bin und die Erkältung im Frühjahr wohl zu viel Substanz gekostet hat. Im Nachhinein werde ich mich beim Blick in meine Trainingsaufzeichnungen fragen, wieso ich nicht früher auf die Idee gekommen bin, dass da vielleicht ein größerer Hund begraben sein könnte. Erst nachdem ich einen auf dem Trainingsplan stehenden Halbmarathon abbrechen muss, entschließe ich mich, das medizinisch abklären zu lassen. Mich nach nur zehn Kilometern total erschöpft auf eine Parkbank legen zu müssen, dort in der Mittagshitze bei strahlendem Sonnenschein eine gute Stunde tief und fest zu schlafen, um danach mit Müh und Not völlig ausgelaugt nach Hause zu kommen, ist dann doch selbst mir nicht mehr geheuer. Zu Beginn der Untersuchungen zeigt sich nichts Ungewöhnliches. Erst die Sonografie der Bauchorgane präsentiert eine leicht vergrößerte Milz. Ein schneller Abgleich mit gespeicherten Werten von früher zeigt, dass diese Veränderung neu ist. *„Über die Ursache werde ich etwas Näheres sagen können, sobald wir die Blutwerte haben."* Nachdem alles andere und die Leistungsdiagnostik auf dem Fahrradergometer unauffällig sind, steht aufgrund der Symptomatik zunächst der Verdacht auf „Pfeiffersches Drüsenfieber" im Raum. Die Befunde aus dem Labor stehen noch aus, kommen heute ausnahmsweise erst am späteren Nachmittag. *„Sie müssen nicht hier warten. Das können wir auch am Telefon besprechen. Ich rufe*

Sie an, sobald ich die Werte habe", sagt er, als ich das Institut Richtung Büro verlasse.

Dort angekommen stöbere ich ein wenig im Internet. Ich informiere mich über Milzvergrößerungen und mögliche Erklärungen dafür. Auf einer der ersten Seiten springt mir dabei der Begriff

Leukämie

ins Auge. Als der Anruf des Docs kommt, ist mir – nach einigen Anlaufschwierigkeiten seinerseits und der Information, dass es kein Pfeiffersches-Drüsenfieber sein kann – sofort klar, was los ist. Auf meine entsprechende Nachfrage antwortet er zögernd, *„Sie haben schwer veränderte Blutwerte. Ich kann eine Leukämieerkrankung nicht ausschließen. Aber das muss jetzt in die Hände von qualifizierten Hämatologen."*

Ich kann es nicht erklären. Tatsache ist aber, dass ich diese weiteren Untersuchungen nicht gebraucht hätte. Irgendetwas in mir weiß schon bei diesem Telefonat, dass ich mit meinem ersten Gedanken richtig liege. Ohne tieferes Wissen verbinde ich mit *„Leukämie"* allerdings die simple Botschaft:

Ich werde bald sterben.

Ich weiß noch, wie ich nach dem Telefonat den Hörer auflege und eine Weile am Schreibtisch sitzen bleibe. Die Akten um mich herum sind auf einmal so vollkommen bedeutungslos. Eher mechanisch arbeite ich noch ein bisschen was ab. Funktionieren habe ich gelernt. Dieser Modus gibt mir Halt und Sicherheit.

Dann rufe ich meinen ältesten Freund an. Genau genommen ist er ein paar Monate jünger als ich, somit nicht mein ältester, sondern mein bester Freund, seit vielen Jahren. Er sagt sofort zu, als ich ihn ohne weitere Erklärung bitte, sich mit mir in einem Park in der Stadt zu treffen. Ich komme etwas vor ihm dort an, setze mich alleine auf eine Parkbank und versuche zu verarbeiten, was in mir vorgeht. Es ist schwierig. Entschieden zu viele Gedanken und Gefühle gleichzeitig. Dieser 09. August ist ein strahlender Sommertag, nicht heiß, aber wunderbar warm. Vor mir und um mich herum tobt das Leben. Der Anblick einer ganzen Reihe von jungen, fröhlichen Müttern und sehr vielen wild herumtollenden Kindern trifft mich ins Herz. Mit einem Schlag wird mir klar, wie weit solche Bilder von dem entfernt sind, was nun vor mir liegt. Ein wenig Trost finde ich tatsächlich in der Tatsache, dass ich alleine lebe. Wenn ich sterbe, hinterlasse ich wenigstens niemanden, der mich braucht. Auf meiner Beerdigung wird weder eine Witwe noch ein Kind um mich weinen. Vielleicht war es ja ganz gut, dass ich mein ganzes Leben lang nur sehr wenige Menschen wirklich an mich herangelassen habe?

Der Nachmittag und Abend mit Tom sind dann trotzdem von sehr viel Selbstmitleid und dem ambitionierten Versuch geprägt, die Gefühle einfach nur zu ertränken.

Als tags darauf die Wirkung des vielen Alkohols erst in den Mittagsstunden allmählich nachlässt, wird deutlich: so richtig funktioniert hat das nicht. Fassungslosigkeit macht sich in mir breit. „*Ich doch nicht. Jetzt doch nicht.*"

Ich habe mich mein ganzes Leben recht vernünftig ernährt, habe nie geraucht oder irgendwelche Substanzen zu mir genommen, deren illegaler Besitz oder Verkauf mir reichlich Mandanten und diesen meist mehr als nur rechtliche Probleme beschert hat. Nach all meinen sportlichen

Aktivitäten bin ich doch kerngesund. Und die Kanzlei fängt doch gerade an, richtig zu laufen. Jetzt fange ich doch gerade an, Geld zu verdienen. Jetzt geht das Leben doch erst richtig los. Jetzt soll sich doch all das auszahlen, was ich in den vergangenen Jahren an Energie in den Aufbau meiner Selbständigkeit gesteckt habe.

Das kann doch nicht wahr sein.

Aber die Blutwerte sagen etwas Anderes. Sie sprechen auch in der Folgezeit eine klare Sprache. Im Rahmen der weiteren Untersuchungen wird am 17.08. mein Beckenknochen punktiert und Knochenmark entnommen. Die Analyse in einem Speziallabor bestätigt und konkretisiert am 30.08. schließlich die Diagnose: CML, Chronische Myeloische Leukämie!
Und was bedeutet das nun konkret? Die ersten Wochen danach gelten allgemeiner Informationsbeschaffung. Ich lerne, dass Leukämie nicht gleich Leukämie ist. Es gibt eine Reihe verschiedener Formen dieser Blutkrebserkrankung. Während sich die Blutwerte bei einigen davon von Beginn an rapide verschlechtern und sofortige Therapiemaßnahmen erfordern, schreiten andere manchmal auch für lange Zeit nur langsam voran. Zu dieser Form gehört auch die CML. Daran erkranken Patienten im Übrigen laut Statistik üblicherweise erst mit 60–65 Jahren. Ich bin meiner Zeit also rund 30 Jahre voraus. Die Krankheit entspricht meinem Naturell und erlaubt mir, zunächst Informationen zu sammeln, in Ruhe nachzudenken und dann zu entscheiden, welche Therapie ich durchführen lassen will. *„Erst Klick, dann Klack"*. Ich habe Glück gehabt. Ich erfahre, dass es auf der einen Seite für meine Erkrankung mittlerweile recht wirkungsvolle Medikamente gibt.

Der Mechanismus der CML ist recht gut entschlüsselt. Auf dieser Grundlage konnten unlängst spezifisch wirkende Tabletten entwickelt werden. Diese behandeln allerdings nur das Symptom, nicht die Ursache der Erkrankung. Außerdem ist nicht absehbar, ob und vor allem, wie lange ein Patient auf diese Therapieform anspricht. Die Alternative zu dem dauerhaften Pillenschlucken ist eine Knochenmarktransplantation.

Unter der Voraussetzung, dass ein passender Spender gefunden wird, kann die Leukämie auf diese Weise besiegt werden. Der Preis für diese Chance auf Heilung besteht allerdings darin, dass ein scheinbar gesunder Mensch wochenlang in die Klinik und dort sein eigenes Knochenmark über eine Intensiv-Chemotherapie zunächst zerstören lassen muss, bevor ihm die Stammzellen eines Spenders zugeführt werden kann. Bis diese neue Blutzellen bilden und sich ein stabiles Immunsystem bildet, vergeht dann eine ganze Zeit. Wenn alles gut geht, liegt der reine Krankenhausaufenthalt bei zwei bis drei Monaten. Bis das neue Immunsystem auch draußen richtig funktioniert, dauert es in aller Regel etwa ein Jahr. Das Risiko einer Transplantation liegt also vorrangig darin, dass das körpereigene Abwehrsystem in der Zwischenzeit noch zu schwach ist und jeder kleine Keim, den wir normalerweise überhaupt nicht bemerken, in dieser Phase eine Gesundheits-, im Extremfall eine Lebensgefahr und den Tod bedeuten kann. Dementsprechend sind die Einschränkungen, denen der Patient unterliegt, bis das neue Immunsystem wieder vollständig ausgebildet ist, darauf zurückzuführen, dass er eben aufpassen muss, sich nichts einzufangen. Dass das mit einem zeitweise herben Verlust an Lebensqualität verbunden ist, bedarf keiner weiteren Erläuterung.

Eine Transplantation ist aber einstweilen noch die einzige Chance auf wirkliche Heilung. Die Entscheidung für diesen Therapieansatz fällt mir leicht. Ich kann mir einfach nicht vorstellen, mein Leben lang darauf vertrauen zu müssen, dass die Pharmaindustrie die Medikamente schneller weiterentwickelt, als mein Körper Resistenzen dagegen bildet.

Ich will nicht den Rest meiner Zeit jeden Tag beim Einnehmen dieser Pillen daran denken müssen, dass ich ohne dieses Zeug bald sterbe.

Ich will leben.

Neue Fragen

Dennoch kann ich die Augen nicht davor verschließen, dass in mir eine Zeitbombe tickt. Auch wenn eine realistische Chance besteht, dass sie sich mit einer Transplantation entschärfen lassen wird, bin ich nun mit der sehr realen Möglichkeit konfrontiert, die Bühne des Lebens doch deutlich früher zu verlassen als gedacht. Ausgerechnet ich, mit gerade mal Mitte 30.

Es braucht eine ganze Weile. Aber irgendwann empfinde ich diese „Alte-Leute-Leukämie" auch als Geschenk. Ich bin kein Spieler, schon gar kein Zocker. Aber mir ist klar, dass ich mit der Entscheidung für die Transplantation „All in" gehe und möglicherweise bald sterben werde.

Das verändert den Blick auf so vieles im Alltag radikal. Radikal kommt von radix (lat. die Wurzel). Das trifft es. Nun geht's an die Wurzel, an den Ursprung von allem.

Mir wird schmerzlich bewusst, dass ich gerade eine Welt betrete, zu der all die, die um mich herum sind, noch keinerlei Zugang haben. Fast alle befinden sich in der unerkannt luxuriösen Situation, sich noch mit so profanen Themen wie Heiraten und Kinderkriegen, Geldverdienen, Karrieren und schönen Autos befassen zu können oder aufregende Reisen und Immobilienerwerb planen zu dürfen.

Für mich ist all das schlagartig ohne jegliche Bedeutung. Diese so normalen und weltlich alltäglichen Themen liegen vollkommen ungelebt plötzlich schon hinter mir. Ich darf mich nun mit meiner eigenen Endlichkeit auseinandersetzen. Es ist eine überraschende Erkenntnis: aber die Erkrankung gibt mir vollkommen ungebeten und unerwartet früh im Leben auch die Chance, Gedanken Raum zu geben, denen andere erst in höherem Alter nicht mehr ausweichen können. Manchem begegnen sie vielleicht nie.

„Not lehrt beten" heißt es im Volksmund. Ich fange nicht an zu beten, jedenfalls nicht im herkömmlichen Sinn. Den Gott in der naiven Form meiner Kindertage gibt es für mich schon lange nicht mehr. Wie könnte ich noch glauben an einen *„lieben Gott"*, der die Bösen bestraft und die Guten belohnt? Wie passt das zu einer Welt, in der Pazifisten wie Mahatma Gandhi oder Friedensnobelpreisträger wie Martin Luther King jr., Anwar al Sadat und Jitzchak Rabin ihr Bemühen um friedliche Lösungen von Konflikten mit ihrem Leben bezahlen? Wie soll das gehen in einer Welt, in der nach wie vor schreckliche Kriege geführt und fürchterliche Verbrechen gegen die Menschlichkeit begangen werden? Und wie soll ich selbst noch Gottvertrauen finden, wenn schon meine eigene kleine Strafverteidigerwelt voll ist von Gewalttaten, deren Opfer oft auch unschuldige Kinder und sogar Babys sind? Wenn ich mich an der Realität orientiere, kann ich meinem Kinderglauben leider nicht mehr folgen. Gleichwohl bin ich überzeugt davon, dass es mehr gibt als das, was wir mit unseren bescheidenen intellektuellen Fähigkeiten erfassen oder verstehen können. Aber so einfach, wie wir uns das denken, funktioniert das Ganze wohl eher nicht. Meine Themen sind so alt wie die Menschheit und schon seit jeher Gegenstand des Versuchs, rational zu erfassen, was die Grenzen unseres Verstandes überschreitet. *„Glauben heißt nicht wissen"* hat Papa immer gesagt. In

mir wächst dennoch auf seltsame Weise ausgerechnet in dieser Zeit eine subjektive Gewissheit, dass „*ICH*" doch nicht „*dieser Zellhaufen hier*" bin. Mein Verstand erklärt mir, dass die Gedanken in meinem Kopf ein Elektronengewitter in meinem Gehirn sind. Aber wo bitte schön kommen die denn her?? Was löst diese Gedanken denn aus? Kann ich das steuern? Wofür bin ich hier? Was habe ich noch zu tun? Was will ich hinterlassen? Was ist der Sinn meines Lebens?

Während ich mich mit diesen Grundfragen des Seins beschäftige, wandern meine Gedanken zurück zu den Erfahrungen, die ich mit dem Thema Tod bislang gemacht habe. Ist der Tod wirklich das Ende? Oder kommt danach noch etwas? Und wenn ja – was?

Du musst das itzt machen

Eher zufällig stoße ich auf ein religiös angehauchtes Format in der ARD, sonntags abends, 17:30 Uhr. Es geht um die Frage, welche Auswirkungen der Tod eines Kindes auf die zurückbleibende Familie hat. Wie sieht das Leben von Eltern und Geschwistern danach aus? Müssen Trauer und Hoffnungslosigkeit das weitere Sein bestimmen? Oder können sich vielleicht auch Bewältigungs- und Verarbeitungswege eröffnen, die ein glückliches Weiterleben ermöglichen?

Die Worte der Mutter eines Jungen, der im Alter von 3, 4 oder 5 Jahren (ich weiß es nicht mehr genau) tödlich verunglückt ist, brennen sich in mein Gedächtnis. Sie beschreibt unter anderem eine Begebenheit kurz vor seinem Tod, über die sie immer wieder habe nachdenken müssen. Ihr Sohn habe einen heftigen Streit zwischen ihr und seiner großen Schwester mitbekommen. Er sei daraufhin zu ihr gekommen, habe sie mit seinen zarten Ärmchen ganz fest umarmt und gesagt, sie solle noch einmal zu ihrer Tochter gehen und mit ihr sprechen. Sie solle ihr unbedingt sagen, dass es ihr leidtue. Auf ihre Antwort, das werde sie später noch machen, habe er heftig den Kopf geschüttelt und ganz energisch widersprochen: *„Nein Mama, Du musst das itzt machen!"*

Er habe mit der Aussprache einiger Wörter noch Schwierigkeiten gehabt. Statt *„jetzt"* habe er eben *„itzt"* gesagt. Erst nach seinem vollkommen unerwarteten Tod sei ihr klar geworden, welche Weisheit in den Worten ihres Kindes gelegen habe. Immer wieder schlichen sich Sätze und Verhaltensweisen von ihm in Erinnerung, aus denen sie als seine Mutter unglaublich viel von ihrem Sohn habe lernen können. Sie vermisse ihn jede Sekunde mehr.

In ihrem tiefen Schmerz habe sie als gläubiger Mensch irgendwann begonnen, mit dem schrecklichen Unfall und Gott zu hadern. Sie habe ihm innerlich heftige Vorwürfe gemacht: Wie könne er nur ein so wundervolles, unschuldiges Kind sterben lassen?

Trost und Orientierung habe sie erst gefunden, als ihr der Text einer Frau zu ihrem inneren Dialog mit Gott begegnet sei. Als deren sehnlichster Wunsch nach einem Kind trotz aller Bemühungen unerfüllt geblieben sei, habe sie irgendwann angefangen, mit ihm zu verhandeln. Schließlich habe er zu ihr gesagt: „*Gut. Wenn Du es so sehr möchtest, dann schenke ich Dir ein Kind. Aber ich sage Dir nicht, wie lange Du es behalten darfst*".

Mit dieser Geschichte habe sich ihre Sichtweise verändert. Heute sei sie dankbar dafür, dass ihr dieser wunderbare Knirps in seiner viel zu kurzen Zeit so unendlich viel geschenkt habe. Wenn Gott ihr solch ein Geschenk noch einmal machen wolle, würde sie sagen: „*Jederzeit – auch wenn ich nicht weiß, wie lange ich es behalten darf.*"

Die wirklich großen Geschenke im Leben können wir uns nicht verdienen oder erarbeiten. Wir wissen nie, wie lange sie uns bleiben. Daher sollten wir die Augen offenhalten. Wenn uns Gutes begegnet, sollten wir es erkennen und dankbar annehmen. Vielleicht liegt das wirklich Große manchmal auch nur verborgen in der Begegnung mit den richtigen Menschen zur richtigen Zeit, in einem Wort oder auch nur einem kurzen Satz?

Ich habe den kleinen Jungen, von dem ich erzählt habe,

überhaupt nicht gekannt. Weder er noch seine Familie wissen, wie viel er wirklich hinterlassen hat: *„Du musst das itzt machen"*. Was für ein kluger Satz! Danke!
Einer der größten Irrtümer, denen wir unterliegen, ist zu denken, dass unsere Zeit unbegrenzt ist. Viel zu oft und viel zu lang leben wir, als seien wir unsterblich, als hätten wir alle Zeit der Welt. Dabei kann von jetzt auf gleich alles anders sein. Wenn uns etwas auf dem Herzen liegt, sollten wir es *„itzt"* angehen.

Itzt heißt jetzt

Mein Vertrauen in das Gelingen der Transplantation, dass ich überleben und danach wieder ein Leben ohne Medikamente vor mir haben werde, ist lange Zeit nicht wirklich groß. Auch wenn im Außen alle Parameter so sind, dass die Chancen „gut" stehen, sind mir ein paar Sätze aus einem Gespräch mit dem Leiter der Transplantationsabteilung vor ein paar Wochen allzu präsent.

Eine ganze Weile habe ich mich intensiv mit allen möglichen medizinischen Fragen beschäftigt. Blutwerte muss mir in dieser Zeit niemand mehr erklären und vieles andere in Bezug auf meine Erkrankung auch nicht. „Exzellent vorinformierter Patient" werde ich viele Wochen später in meiner Krankenakte lesen, die mir vor irgendeiner Untersuchung in einer anderen Abteilung in die Hand gedrückt wird.

Im Zuge der Klärung meiner Situation sind mir zahlreiche statistische Untersuchungen zu Mortalitätsraten und Überlebenswahrscheinlichkeiten begegnet. Also frage ich den Professor nach seiner Einschätzung meiner Erfolgsaussichten im Falle einer Transplantation. Er denkt eine Weile nach und sagt schließlich:

„Wissen Sie. Ich versuche immer, ehrlich zu meinen Patienten zu sein. Das ist eine schwierige Frage. All die Statistiken helfen Ihnen nicht weiter. Wir haben hier auch Patienten, die in einer körperlich schon schwierigen Ver-

fassung zu uns kommen. Fälle, bei denen wir nichts pla-
nen, nichts vorbereiten können, sondern sofort loslegen
müssen. Genau genommen sind das mitunter Konstella-
tionen, in denen dieser Mensch nichts mehr zu verlieren
hat und die Transplantation seine einzige und letzte, klei-
ne Chance ist. Manchmal geht dann wider Erwarten und
entgegen aller Wahrscheinlichkeit alles gut. Und dann ha-
ben wir Patienten wie Sie: vergleichsweise jung, körper-
lich in ausgezeichneter Verfassung, ein optimal passen-
der Spender, keinerlei Zeitdruck in der Vorbereitung der
Transplantation. Und trotzdem verlieren wir solche Pa-
tienten manchmal. Am Ende muss ich Ihnen sagen: Ich
weiß es nicht.“

Seltsamerweise sind es genau diese Worte, die mir Vertrauen geben in den Weg, den ich nun einschlage. Es sind
in erster Linie die Offenheit und Ehrlichkeit dieses besonderen Arztes, die mich Vertrauen entwickeln lassen. Mir
ist klar, dass ich nicht werde kontrollieren können, was
passiert. Aber ich bin mir sicher: bei ihm und seinem
Team bin ich in guten Händen. Es tut gut, jemandem so
vertrauen zu können. Und so höre ich auf, nebenbei noch
fast Medizin zu studieren, um meine eigene Therapie begleiten zu können. Ich weiß inzwischen genug darüber,
um zu verstehen, was ansteht und möglicherweise passieren wird. Nun muss ich die Verantwortung in andere
Hände legen und vertrauen, dass sie ihr Bestes geben.
Gleichzeitig höre ich in mir auch diese Stimme, die mir
sagt:

„Bereite Dich auf alles vor!“

Es mag seltsam erscheinen. Aber die Aussicht auf den

Tod gibt mir ungeahnte Freiheit. Was habe ich noch zu verlieren? Ich empfinde es als Luxus, mein eigenes Ableben in Ruhe planen zu können. Wenn ich die Bühne des Lebens tatsächlich schon früher als gedacht verlassen sollte, will ich wenigstens meinen Abgang vernünftig vorbereitet haben. Zu oft habe ich Menschen getroffen, die nicht nur mit dem schmerzlichen Verlust von Anderen, sondern auch mit einer ganzen Reihe unbeantworteter Fragen klarkommen mussten.

Das will ich nicht. Und so treffe ich einige Vorbereitungen. Ich schreibe ein paar Briefe. Einige davon hinterlege ich für den Fall der Fälle. In ihnen halte ich fest, wie ich mir meine Beisetzung vorstelle, was gesagt werden soll, welchen Rahmen und welche Musik ich möchte. Andere versende ich und werde los, was ich zu lange für mich behalten habe. Ich treffe mich mit Menschen, zu denen ich lange Zeit keinen Kontakt mehr hatte. Viele davon glaubte ich verloren. Bei einigen wird aus Glaube Gewissheit. Bei anderen stelle ich fest, dass die Verbindung noch da ist, teilweise auch stärker wird als zuvor. Und bei manchen tritt endlich zutage, was viel zu lange Zeit verborgen war. Ich sage Worte, die ich nicht ungesagt lassen möchte und darf die Befreiung erleben, die damit einhergeht. Auf beiden Seiten.

Und ich stelle Fragen, die ich sonst nie gestellt hätte. Eines Abends bin ich mal wieder bei meinen Eltern zu Besuch. Wir sitzen in der Küche. Am Esstisch. Irgendwie ist alles wie früher. Fast. Mein Bruder fehlt. Und ich bin nicht mehr der, der ich einmal war. Ich gebe mich nicht mehr zufrieden mit dem Austausch von Belanglosigkeiten. Ich möchte die beiden Menschen, denen ich mein Sein zu verdanken habe, so gut es geht mitnehmen auf die Reise, auf der ich nun bin. Ich versuche, sie teilhaben zu lassen an meiner inneren Abschiedstournee.

Eine Stimme in mir flüstert mir inzwischen fortwährend zu, dass ich das tun sollte. Ich kann nicht mehr überhören, dass sie immer öfter auch sagt, dass ich wahrscheinlich bald sterben werde. Auf diesen Fall möchte ich nicht nur selbst eingestellt sein, sondern auch alle und alles um mich herum vorbereitet haben. Ich möchte meinen Lebenskreis in Frieden schließen können. Falls der letzte Vorhang fällt, möchte ich alles gesagt haben und ohne Maske abtreten.

Ich erzähle meinen Eltern von mir. Von dem, was mich beschäftigt, was in mir vorgeht, was mich bewegt. Sie hören zu. Möglicherweise an der ein oder anderen Stelle ohne Verständnis. Solche Gespräche sind sie nicht gewohnt. Wahrscheinlich überfordere ich sie damit.

Dennoch möchte ich auch Antworten haben. Und so ringe ich mich durch zu dem, was in Bezug auf sie in mir arbeitet:

„Ich kenne Euch überhaupt nicht. Ich weiß nicht, wer Ihr seid, was Ihr einmal vom Leben gewollt habt, wovon Ihr geträumt habt, worum es Euch noch geht, was Euch glücklich macht."

Verlegenes Schweigen. Leere Blicke. Die Augen meiner Mutter werden feucht. Sie sucht nach Worten. Die Stimme versagt, als die Tränen beginnen zu fließen. Ihr Blick wandert zu ihrem Mann. Der versucht, seinen Gefühlswallungen Herr zu werden und bahnt einem einzigen Satz den Weg durch die bedrückende Stille:

„Wir wollten immer, dass es Euch besser geht als uns."

Wenige Jahre später wird mir dieser Gedanke in gänzlich anderem Zusammenhang noch einmal begegnen. Steht er vielleicht für das Weltbild und die Lebensvorstellung einer ganzen Generation? Versteckt sich in diesen Worten die emotionale Kapitulationserklärung all derer, die ihre eigenen Träume längst auf dem Schlachtfeld der Realität begraben haben?

Die Worte machen mich traurig und überfordern mich: Was, wenn ich wirklich vor ihnen sterbe? Bleiben dann auch ihre Leben unerfüllt? Ich fühle eine tonnenschwere Last auf meinen Schultern. Sie macht mich fast wütend. Zum ersten Mal bekomme ich ein Gespür dafür, dass Leben mehr sein sollte als durchzuhalten und sich aufzuopfern für andere.

Mütterlicherseits gibt es einen Pfarrer im erweiterten Familienkreis. Das erfahre ich seltsamerweise erst in dieser Zeit. Meine Mutter hat berichtet, dass er zu Besuch kommen wolle. Ich könne mich ja mit ihm unterhalten. Ich habe zugesagt. Eher ihr zuliebe als aus eigenem Wunsch. Der Gedanke, vielleicht bald am Grab des eigenen Kindes zu stehen, muss schier unerträglich sein. Vielleicht verschafft dieses Treffen meinen beiden Elternteilen ja irgendwie Erleichterung?

Und so unterhalte ich mich eines Sonntagnachmittags mit Theo. Der Mann heißt wirklich Theo. Der Name kommt aus dem Griechischen und bedeutet „Gott". Seltsame Zufälle begegnen mir. Gilt hier etwa der Satz: nomen est omen? Das Gespräch selbst, das ich allein in meinem alten Kinderzimmer mit ihm führe, ist recht kurz. Als ich irgendwann zu ihm sage: *„Mir kann es ja egal sein, für mich geht es ja irgendwie weiter. Das Problem haben doch die, die hier bleiben."* tritt ein Schweigen zwischen uns ein. Es ist ein gutes Schweigen und einer dieser

Momente des tiefen gegenseitigen Verständnisses. Einer dieser Momente, die keine Worte mehr brauchen.

Ich weiß nicht, wo in mir diese Gedanken und Sätze bis dahin steckten, aber mir wird in diesem Moment bewusst, dass meine eigenen Worte mich zutiefst überzeugen. Auch wenn ich sie ausgesprochen habe, ist es, als seien sie von irgendwo anders gekommen. Sie begleiten mich bis heute.

Ich habe keine Angst vor dem Tod. Warum auch? Irgendwann ereilt er doch ohnehin jeden von uns. Die einzige Angst, die ich wirklich habe, besteht darin, meine Zeit nicht genutzt zu haben und nichts zu hinterlassen, was in Erinnerung bleibt. Welchen Sinn hätte meine Existenz dann gehabt? Welchen Sinn hat das Leben überhaupt?

Die einfachste Antwort lautet: Leben. Wenn das aber so ist: gehört es dann nicht auch dazu, dieses Leben weiterzugeben?

Noch habe ich weder Frau noch Kind. Keine guten Voraussetzungen für die Weitergabe des Lebens also. Aber was, wenn ich die Transplantation doch überlebe? Werde ich dann noch in der Lage sein, das Leben weiterzugeben? Die Ärzte sagen: *„Eher nein.“* Klar. Schließlich ist eine Chemotherapie alles andere als eine Multivitaminkur zum Erhalt der Zeugungsfähigkeit. Also entscheide ich mich, Vorsorge zu treffen und beschäftige mich mit dem Thema Kryokonservierung (vom griechischen „kryos“, Kälte). Darunter versteht man das Tiefgefrieren von Körperzellen in flüssigem Stickstoff. Der Stickstoff kühlt die Zellen je nach Methode bis zu minus 196 °C herunter. Dabei sterben sie nicht ab, sondern stellen lediglich ihre Stoffwechselvorgänge ein. Mit dem Auftauen kehren ihre Vitalfunktionen zurück. Kryokonservierte Samenzellen sind selbst nach jahrelanger Lagerung in den meisten Fällen befruchtungsfähig.

Ich entscheide mich für diesen Weg. Warum sollte ich nicht Gebrauch machen von dieser Möglichkeit, die die moderne Medizin mir bietet? Praktischerweise finde ich ziemlich in der Nähe ein Kinderwunschzentrum, das die entsprechenden Leistungen anbietet. Nachdem die vertraglichen Grundlagen geklärt und die Vorschussrechnungen bezahlt sind, ist das eigentliche, rein manuelle Verfahren recht einfach und mir durchaus vertraut. Als ich zum vereinbarten Termin in die Praxis komme, darf ich zunächst als einziger Mann noch kurz im Wartezimmer Platz nehmen, bevor eine Mitarbeiterin erscheint, laut meinen Namen ruft, mir einen Plastikbecher in die Hand drückt und sagt, ich könne nun in Raum Nr. 6 (?) gehen. Ehrlicherweise weiß ich die Nummer des Zimmers nicht mehr, aber die Ziffer würde ja irgendwie passen. Dort angekommen finde ich nicht nur eine Reihe von Magazinen vor mir auf dem Tisch, sondern auch einen Fernseher, einen Videorekorder und eine beachtliche Auswahl von Filmen für Erwachsene. Ich brauche eine ganze Weile, bevor ich mich aufraffen kann, das zu tun, was nun einmal erforderlich ist. Als ich den Becher mit dem spärlichen Ergebnis meiner Bemühungen im Labor abgebe, bin ich überrascht, dass ich mich noch einmal ins Wartezimmer setzen soll. Die junge Frau sagt, sie wolle zuerst die Qualität prüfen. Manchmal lohne sich das Einfrieren nicht ... Bei dem Gedanken an all die einsamen Stunden auf irgendwelchen Rennradsätteln würde mich dieses Ergebnis leider nicht überraschen. Ein paar Minuten später erhalte ich dennoch die unerwartet frohe Botschaft. *„Allerbestes Material“*, ruft mir die Blondine in ihrer weißen Arbeitsuniform freudestrahlend von der Tür aus zu, quer durch den Raum. Die Blicke der dort wartenden

Damen wandern von ihr zu mir. Augenblicklich mischt sich meine bescheidene Freude über diesen Befund ungewollt auch mit der Erkenntnis, dass hier nicht nur solch positive Nachrichten überbracht werden. *„Das hätten Sie mir auch etwas leiser und ohne Publikum sagen können.“* denke ich trotzdem, als ich mich etwas verschämt aus dieser ungewohnten Runde verabschiede.

Der Gedanke fühlt sich seltsam an. Wahrscheinlich könnte ich nun auch in hundert Jahren noch Vater werden, wenn der Strom im Gefrierfach nicht ausfällt und ich die alljährlichen Rechnungen bezahle. Wie die Welt dann wohl aussehen mag? Welche Möglichkeiten die Medizin dann wohl bieten wird? Die Geschwindigkeit technologischer Entwicklungen nimmt immer mehr zu. Wo wird uns das hinführen? Sind wir dem gewachsen? Entspricht unser ethisch moralisches Vermögen dem rein technischen Können? Wird es in absehbarer Zeit möglich sein, nicht nur Samen- oder Eizellen, sondern ganze Menschen einzufrieren und später wieder aufzutauen?

Ich werde nachdenklich. Auch wenn ich mich für den Weg der Transplantation entschieden habe, bin ich nicht sicher, ob, wann und wie lange wir uns der Natur mit den Mitteln der Intensivmedizin in den Weg stellen dürfen oder sollen. In welchen Fällen lösen wir durch ihren Einsatz ein Problem wirklich und wann verschieben oder verlagern wir es nur? Meine Gedanken wandern zu meinem Opa. Vollkommen selbstverständlich hat er oft darüber gesprochen, wie er gerne sterben möchte. Wenn er es sich aussuchen könnte, würde er gerne eines Tages einfach *„umfallen und weg sein“*. Genau diesen Tod hätte er im eigenen Wohnzimmer gut 6 Jahre vorher gehabt – wenn der Notarzt nicht so schnell da gewesen und die Reanimationsbemühungen nicht im medizinischen Sinne erfolgreich gewesen wären. Der „schwere Hirninfarkt" hatte allerdings Folgen. Sein Sprachvermögen war unwiederbringlich verloren, seine motorischen Fähigkeiten trotz Intensivtherapie in vielen Bereichen nicht mehr zurückzugewinnen. Sein weiterer Weg führte ihn nicht zurück in ein selbstbestimmtes Leben oder gar in sein Zuhause, sondern vom Krankenhaus über einen kurzen, vergeblichen Rehabilitationsversuch direkt in ein Pflegeheim, bevor er dort schließlich seinen letzten Atemzug nahm. So hatte er sich seine letzten Monate sicher nicht vorgestellt. In eine solche Situation möchte ich nicht kommen. Und so lege ich schriftlich fest, welche Vorgehensweise ich wünsche für den Fall, dass ich nicht mehr in der Lage sein sollte, meinen Willen zu äußern. In der Sache handelt es sich um eine Patientenverfügung. Auch wenn es diesen Begriff und das entsprechende Rechtsinstitut in Deutschland erst ein paar Jahre später geben wird, will ich so weit wie möglich sicherstellen, dass alle wissen, was ich im Fall der Fälle möchte und was nicht. Ich lasse mich auf den Weg der Transplantation nur so lange ein, wie das Ziel eines selbstbestimmten, autonomen Weiterlebens außerhalb jeglicher medizinischer Einrichtungen erreichbar ist. Für mich ist klar, was ich will: nicht mehr Jahre in meinem Leben, sondern mehr Leben in meinen Jahren.

All in – alles auf Rot

Vor der Transplantation kann ich mich rund acht Monate gedanklich auf diesen Teil meines Lebens einstellen, mich und andere vorbereiten auf das, was nun kommt. Nun nicht zu wissen, ob ich mit dem Einzug in die Klinik möglicherweise tatsächlich die letzte Etappe meines Lebens antrete, ist gleichwohl mit gemischten Gefühlen verbunden.

Soweit es in meiner Macht lag, ist alles geregelt. Meinen Kanzleibetrieb, den ich in den vergangenen Jahren mit viel Einsatz mühsam aufgebaut habe, habe ich auch wieder abgebaut. Ich hatte früh alle Beteiligten über meine Situation informiert und – soweit möglich – noch alle laufenden Mandate abgeschlossen. Die übrigen Fälle habe ich an Kollegen abgegeben, bei denen ich die Mandanten in guten Händen weiß.

Die Krankheit selbst habe ich akzeptiert. Ich hatte ja auch keine Wahl. Nur die Entscheidung, sie auf diesem Weg wieder loswerden zu wollen, lag in meiner Hand. Vor vollendete Tatsachen gestellt zu werden, erscheint mir schwieriger, als Handlungsoptionen zu besitzen. Bis hierhin konnte ich in dem Bewusstsein handeln, diesen Prozess mitgestalten zu können. Von nun an ist das anders. Ich werde tun, was man mir sagt. Aber genau dafür habe ich mich ja entschieden. Das nun durchzuziehen erfordert volles Vertrauen. Gleichzeitig erlebe ich ein seltsames Gefühl der Befreiung.

Das zweite Leben

„Freiheit ist nur ein anderes Wort
für nichts mehr zu verlieren haben."
(Janis Joplin, 1943 – 1970, USA)

Der Rest dieses Kapitels ist nun schnell geschrieben. Ich
kann auf meine Original-Tagesberichte von damals zurückgreifen. Mit täglichen E-Mail-Nachrichten hatte ich
seinerzeit mein privates Umfeld auf dem Laufenden gehalten über das, was bei und mit mir in meinem Isolier-
zimmer so geschah. Dabei war mir zu Beginn dieser Zeit
nicht bewusst, wie wichtig der sich daraus entwickelnde
Austausch mit anderen für mich selbst werden sollte. In
gewisser Weise hat mich das Schreiben in dieser Phase bei
aller Abschirmung von der Außenwelt doch mit anderen
Menschen verbunden und so im Leben gehalten. Erst als
es um mein pures Überleben ging, habe ich auch andere
an meinem Innenleben teilhaben lassen. Noch heute bin
ich diesen Menschen unendlich dankbar, die mich auf diesem wilden Ritt nicht nur virtuell begleitet haben, ohne
zu wissen, ob sie an einem Sterbe- oder Heilungsprozess
teilnehmen werden. Trotz meiner körperlichen Isolation
war ich allen draußen in diesen Wochen emotional en-
ger verbunden denn je. Zu meiner Überraschung haben
sich mir viele in ihren Antworten in einer Weise geöffnet,
die ich nicht für möglich gehalten hätte. Die Tatsache,
dass ich „unerreichbar" war, hat nicht nur mir den Mut
zu wirklicher Offenheit gegeben. Aus der Entfernung und
im Schutz der Krankheit fiel es mir deutlich leichter, meine Verletzlichkeit zu offenbaren und menschliche Nähe
wenigstens in Worten zuzulassen.
Mir scheint, wir sind alle verbunden und stehen uns oft
näher, als wir zeigen. Im Alltag der Normalität und Ge-
wohnheit scheint nur leider der Blick zu verschwimmen

für das, was uns ausmacht und wichtig ist.
Dennoch will ich mich hier auf die eher nüchternen Teile meiner täglichen Berichte beschränken.

04.04. (Tag −9)

Hallo allerseits, So. Nun ist es also so weit: Ich bin drin … heute war mein Einzug in die Transplantationsstation … nun geht es also los … Ich glaube, für meine Eltern ist die Situation am schwierigsten. Was es heißt zu wissen, dass das eigene Kind krank ist und man selbst nicht wirklich was tun kann, kann man wohl nur nachvollziehen, wenn man solche Erfahrungen selbst gemacht hat. Insofern wünsche ich Euch allen, dass Euch das erspart bleibt … die Transplantation wird am 13.04. sein. In der Fachsprache ist das dann im Übrigen „Tag 0".
Der Countdown läuft …

13.04. (Tag der Transplantation, Tag 0)

„Ich möchte sterben, 100 Jahre alt, mit der amerikanischen Flagge auf dem Rücken und dem Stern von Texas auf dem Sturzhelm, wenn ich gerade mit dem Rennrad mit 100 Sachen einen Alpenpass hinunter gerauscht bin. Ich möchte über die allerletzte Ziellinie rollen, während meine zehn Kinder und meine tapfere Frau Beifall klatschen, und ich möchte mich in eines dieser berühmten französischen Sonnenblumenfelder legen und würdevoll mein Leben aushauchen … " (aus „Tour des Lebens", von Lance Armstrong, 2000).
Vieles von dem, was der weltberühmte (und umstrittene, ich weiß …) Radfahrer in seinem oben genannten Buch schreibt, kann ich eins zu eins übernehmen. Na gut, die amerikanische Flagge und der Stern von Texas muss es genauso wenig sein wie die Zahl zehn, aber der Rest wür-

de mir gefallen. Dabei ist mir klar, dass diejenigen unter Euch, die meine Abfahrtskünste kennen, denken werden, *„wenn der mit Tempo 100 einen Alpenpass runter rauschen will, fliegt er gleich ins Sonnenblumenfeld ...“* Viele von Euch wissen, dass mir die beiden Bücher von Armstrong insbesondere in der Anfangszeit, also in der Zeit unmittelbar nach Stellung der Diagnose im letzten August, sehr geholfen haben, mit dem Thema Krankheit umzugehen. Viele von Euch haben miterlebt, teilweise auch verständnislos miterleben müssen, dass mich die Auseinandersetzung mit der Krankheit auch häufig in eine Auseinandersetzung mit dem Thema Tod gebracht hat. *„Du musst das positiv angehen. Das geht schon alles gut.“* waren dann die Sätze, mit denen gegen die eigene Überforderung und Hilflosigkeit angekämpft wurde. Tatsache ist allerdings, dass ich inzwischen der festen Überzeugung bin, dass ich mit meiner Einstellung vielleicht auf die Frage des *„Wie“* Einfluss nehmen kann. Die Entscheidung über das *„Ob“* und das *„Wann“*, denke ich, liegt nicht in meiner Hand. Ich muss nicht alles verstehen, um es annehmen zu können.

„Etwas annehmen“ – ein gutes Stichwort für den heutigen Tag. Heute ist die Transplantation. Mir wird etwas gegeben. Ich werde es annehmen. Die Intensiv-Chemotherapie der letzten 10 Tage hatte nur die Funktion, meinen Körper vorzubereiten, ihn gewissermaßen auszuhöhlen, damit die Stammzellen meines Bruders sich ihren Weg in mir bahnen können. Was nun heute mit dem Kernstück der Transplantation passiert, ist rein äußerlich betrachtet recht unspektakulär. Vereinfacht ausgedrückt werden bei Jürgen unter Vollnarkose aus dem Beckenknochen mit einer Spritze Blutstammzellen entnommen. Die sehen aus wie normales Blut und kommen in einen Beutel. Dieser

Beutel wird dann zu mir gebracht und die Stammzellen gelangen wie eine ganz normale Bluttransfusion in meinen Körper. Aus dem normalen Blutkreislauf sollen sich diese Zellen in den nächsten Wochen ihren Weg in mein Knochenmark suchen und dort mit der Bildung neuer Blutzellen beginnen. Nur wenn das funktioniert, kann die Transplantation erfolgreich verlaufen.

Der Blutverlust wird bei Jürgen teilweise durch eine Infusion von Blut ausgeglichen, das man ihm vor ein paar Wochen über die Armvene entnommen hatte. Den restlichen Blutverlust wird sein Körper in den nächsten Wochen von selbst ausgleichen. Die Schmerzen im Becken werden hoffentlich erträglich sein und in ein paar Tagen abklingen. Was es heißt, das auf einer Seite zu spüren, weiß ich. Auf beiden Seiten des Beckenknochens muss das richtig übel sein. Sorry, Jürgen, aber es ging nicht anders . . .

Gestern war er übrigens noch bis kurz vor 21.00 Uhr in meinem Zimmer. Seine Anwesenheit hat mir gutgetan. Es ist eine Sache zu wissen, dass mein eigenes Immunsystem zerstört ist und ich in wenigen Wochen sterben würde, wenn es ihn nicht gäbe. Es war eine ganz andere Sache, ihn hier bei mir zu haben. Ich habe nicht versucht, ihm diese Gefühle mitzuteilen. Ich würde weder die Worte finden, noch könnte ich sie aussprechen. Dass heute seine Stammzellen in meinen Körper geflossen sind, war wohl der spektakulärste Moment dieser ganzen Zeit. Der größte für mich wird sein, wenn ich ihn zum ersten Mal wieder umarmen kann, ohne Angst haben zu müssen, dass die Umarmung eine Gesundheitsgefahr für mich darstellen kann.

Inzwischen ist die Transplantation erfolgt. Für mich hieß das, von 10:00 Uhr bis 15:30 Uhr relativ flach zu liegen, um die Stammzellen (insgesamt ca. 1100 ml Blut) in mich eintropfen zu lassen. Kontrolliert wurden meine Körperfunktionen über ein Dauer-EKG und ständige Blutdruck- und Blutgasmessungen. Probleme sind keine aufgetreten. Nun beginnt die Zeit des Nichtstuns. Die Zeit des Wartens auf das Anwachsen der Zellen. Alles Nähere hierzu gibt's morgen.

14.04. (Tag +1, = erster Tag nach der Transplantation)

Nun beginnt die Zeit des Nichtstuns, des Wartens. Ich hatte es gestern bereits gesagt. Zur Erläuterung muss ich wieder ein wenig den Mechanismus der Transplantation erklären. Ich hoffe, die Mediziner unter Euch verzeihen mir, dass ich an einigen Stellen recht grob über die Details wegbügele. Mir geht es aber darum, mich möglichst allgemein verständlich auszudrücken.

Das menschliche Immunsystem ist in seinem Bestand und seiner Güte davon abhängig, dass im Knochenmark dauernd neue Blutzellen gebildet werden. Blutzellen gibt es im Kern als weiße (Leukozyten) oder rote (Erythrozyten) Blutkörperchen und als Blutplättchen (Thrombozyten). Weiße Blutkörperchen sind für die Keimabwehr zuständig, rote für den Sauerstofftransport und Blutplättchen für die Blutgerinnung. Alle werden im Knochenmark gebildet. Nach Absolvierung eines Reifeprozesses werden sie, wenn sie fertig sind, in die Blutbahn, also unsere Blutgefäße, Adern, Venen oder wie auch immer, ausgeschwemmt. Die Zeit für die Bildung der Zellen im Knochenmark ist ebenso unterschiedlich lang wie die Zeit, in der die Zellen in der Blutbahn ihre Aufgaben erfüllen können.

Die Transplantation von Knochenmark erfolgt gewissermaßen in drei Stufen. Mein eigenes Knochenmark hat einfach ausgedrückt „schlechte Zellen" produziert. Viele von den Kameraden (insbesondere von den weißen Blutkörperchen) befanden sich schon in der Blutbahn, obwohl sie noch gar nicht ausgereift waren, also ihre Aufgabe nicht erfüllen konnten. Damit standen sie den tatsächlich schon ausgereiften Zellen nur im Weg herum, sodass diese ihre Aufgabe auch nicht gescheit erfüllen konnten. Das wäre auf Dauer auch nicht besser geworden. Daher fiel die Entscheidung, mein eigenes System durch das von meinem Bruder zu ersetzen (Transplantation).

In der ersten Stufe der Behandlung wurde durch die Chemotherapie der letzten Tage zunächst mein eigenes blutbildendes System zerstört, das Knochenmark gewissermaßen geleert. In der Blutbahn befinden sich allerdings nach wie vor noch welche von meinen eigenen Zellen. Diese werden in der nächsten Zeit absterben.

Gestern wurde mit der Übertragung der Knochenmarkzellen von meinem Bruder gewissermaßen die zweite Stufe der Behandlung genommen. Die Blutstammzellen wurden ihm aus dem Beckenknochen entnommen und bei mir in die Blutbahn eingeführt.

In der dritten Stufe müssen sich seine Knochenmarkzellen nun ihren Weg von der Blutbahn in mein leeres Knochenmark suchen und sich dort häuslich einrichten. Sobald dies geschehen ist, sollen sie dann auch anfangen, selbst neue Blutzellen, also weiße und rote Blutkörperchen und Blutplättchen zu bilden. Wenn diese neuen Zellen dann ausgereift sind, werden sie wieder in die Blutbahn ausgeschwemmt werden, um dort ihren Aufgaben – nunmehr in meinem Körper – nachzukommen.

In aller Regel dauert es etwa drei Wochen, bis auf der dritten Stufe die ersten neuen Zellen in der Blutbahn auftauchen. In der Phase, in der ich mich jetzt befinde, geht es darum, mit den noch in meiner Blutbahn verbliebenen Zellen möglichst lange und gut zurechtzukommen. Die Verweildauer der Blutzellen im Körper ist unterschiedlich. Man weiß jedoch, dass die für die Keimabwehr ausschlaggebenden weißen Blutkörperchen und Thrombozyten deutlich schneller zerfallen als die für den Sauerstofftransport zuständigen roten Blutkörperchen. Sorgfältige Hygienemaßnahmen in allen Bereichen sollen nun Vorsorge dafür tragen, dass mich nun kein Keim erwischt. Ob dies gelingt, bleibt abzuwarten.

Gleichzeitig werden sich in der nächsten Zeit aller Voraussicht nach auch die Nachwirkungen der Chemo-Therapie noch bemerkbar machen. Es ist davon auszugehen, dass ich in Kürze meine restlichen Haare verlieren werde und auch die Schleimhäute kaputtgehen werden. Da sie wiederum einen großen Teil des Infektionsschutzes übernehmen, bin ich um jeden Tag froh, an dem ich noch keine gravierenden Veränderungen in meinem Mund spüre. Dass ich ein dauerndes Gefühl der Übelkeit im Mund habe, interessiert mich vor diesem Hintergrund recht wenig. Genauso wenig Bedeutung hat es für mich, dass ich seit Sonntag nur noch morgens und abends jeweils einen Joghurt in mich hinein gelöffelt habe, in der Hoffnung, dass er drinbleibt. Ich bekomme genügend Infusionen, über die die Nahrungs-, Vitamin- und Mineralstoffzufuhr gesichert wird.

Ich habe dies alles in dieser Ausführlichkeit dargelegt, um klarzumachen, dass diese ganze Aktion noch keineswegs gelaufen ist. Im Gegenteil: das wirklich schwierige Stück und die wirklich gefährliche Zeit liegen noch vor mir. Ich will hoffen, dass wir im Nachhinein feststellen können: „War alles halb so wild". Zum jetzigen Zeitpunkt gibt es für verfrühte Euphorie oder ein Nachlässigwerden meinerseits aber noch keinerlei medizinischen Anlass.

In diesem Sinne nehme ich die Tage, wie sie kommen, und freue mich über jeden Moment, in dem es mir gut geht. Ich hoffe, dass ich hiervon auch in die Zeit nach der Transplantation noch einiges mitnehmen kann ...

23.04. (Tag + 10)

... Ich habe immer gesagt, dass ich nicht wirklich glaube, einen Einfluss auf das Ob zu haben. Die jetzige Situation verdeutlicht dies mehr und mehr. Ich muss es nehmen, wie es kommt. Ich kann nur hoffen, dass nach all meiner Schreiberei jetzt keiner mehr auf den tollen Gedanken kommt, ich müsse positiv an die Sache gehen und brauche Unterstützung in dieser Richtung.

Ich hoffe genauso wie Ihr, dass die Talsohle bald durchschritten habe. Dass ich hierauf aber keinen Einfluss habe, kann ich nicht mehr deutlicher spüren ...

01.05. (Tag +18), mal wieder Sonntag

... Gestern war der bislang schwierigste Tag. Mir ging es nicht gut. Dieser Durchfall hat mich mürbe gemacht. Ich hatte einfach genug von dieser ganzen Apparatemedizin. Ständig läuft irgendeine Infusion in mich hinein. Alle naselang piept dieser Scheiß-Infusomat, zeigt dadurch an, dass wieder eine Ladung drin ist, woraufhin eine Pflegerin kommt und die nächste Pulle dranhängt. Auf die Toilette gehen geht nur mit Handschuhen, alles wird vermessen, gewogen, bilanziert. In einem fort heißt es Desinfizieren. Dazu soll ich prophylaktisch irgendwelche Tabletten gegen Pilze lutschen und gegen irgendwelche Lebererkrankungen schlucken. Essen oder auch nur Trinken geht dabei gar nicht. Mir war alles zu viel. Ich musste mich sehr überwinden, überhaupt die E-Mail zu schreiben. Dazu dieses ständige Bauchgrimmen und Rumoren im Darm. Ich fühlte mich einfach am Ende meiner Kräfte.

Seit August letzten Jahres wusste ich um meine Erkrankung. Seit mehreren Monaten konnte ich mich auf das vorbereiten, was hier auf mich zukommen sollte. In der ganzen Zeit ging es mir psychisch recht gut.

Gestern war das anders. Die unsichtbare, innere Batterie, aus der ich bislang meine Energie gezogen hatte, schien auf einmal total leer. Mir war nur noch zum Weinen und die ein oder andere Träne hat sich ihren Weg gesucht. Meine Eltern waren gestern Morgen da. Das hat gutgetan. Als meine Mutter meinte, sie würde mir das alles so gerne abnehmen, hat es mich fast umgehauen. Aber das ging ja nicht, ich lag ja ohnehin schon im Bett. Solange man keine Kinder hat, wird man sich nicht vorstellen können, was Eltern in solchen Situationen durchmachen. Ein Kind bleibt wohl ein Kind, auch wenn es Mitte dreißig ist. Ich kann nur sagen, dass meine Eltern mir eine große Hilfe sind und ich froh und dankbar bin, dass sie einfach da sind.

…Und dann kam heute Morgen der große Hammer. Im Rahmen der täglichen Untersuchung meinte die Ärztin plötzlich, ich könne ja vielleicht heute schon einmal kurz mein Zimmer verlassen. *„Gestern waren Ihre Leukos ja schon bei 840, mit ein bisschen Glück sind wir heute über 1000, dann können wir das vielleicht verantworten. Ich sag' Ihnen Bescheid, sobald ich die aktuellen Werte habe."* Bumm. Das saß.

…Nach Rücksprache mit dem Oberarzt gab es schließlich tatsächlich grünes Licht für einen kleinen Ausflug. 15 Minuten hier auf der Etage seien ok. Da Sonntag sei, sei ja ohnehin kein Mensch da, deswegen könne das verantwortet werden.

... Bevor es dann rausging, habe ich mir ein Kopftuch aufgesetzt, Handschuhe angezogen und ebenfalls einen Mundschutz angelegt. Es war einfach nur seltsam, nun selbst so eine Tüte vor Mund und Nase ziehen zu müssen. Bislang habe ich das ja immer nur bei meinen Besuchern gesehen. Und dann ging es los. Möglichst zügig durch die Schleuse, raus auf den Flur. Auf der Etage war ein Fenster offen. Wir haben uns davorgestellt. Ich habe einen Moment gebraucht, um zu realisieren, dass das Fenster offen ist. Frische Luft. Wumm. Ich habe sie durch den Mundschutz nicht gerochen, trotzdem war es ein großes Gefühl. Und dann habe ich Vogelgezwitscher gehört. Buff. Vielleicht sollte ich dazu sagen, dass heute hier traumhaftes Sommerwetter ist, knapp über 25 Grad, strahlend blauer Himmel, Sonnenschein. Auf der Straße gegenüber waren zwei Jungs mit ihren Rädern unterwegs. Mir fiel ein, dass heute der 1. Mai ist. Radsportler wissen: am 1. Mai gibt's hier in Hessen jedes Jahr das Weltcup-Rennen „Rund um den Henninger Turm". Seit Jahren fahre ich immer mit dem Rad zur Rennstrecke, um zuzuschauen. Jedes Mal habe ich bei schlechtem Wetter gefroren. Dieses Jahr Traumwetter und ich häng' hier herum. Egal. Auf diesen Gedanken fiel nur ein kurzes Schlaglicht. Die ganze Situation war überwältigend. Ich war kurz davor, die Fassung zu verlieren. Ein paar Tränen waren dennoch fällig. Gerne hätte ich auch meinen Bruder und meine Eltern an diesem Moment teilhaben lassen, aber vielleicht wäre das dann doch alles zu viel für mich geworden. Ich war dankbar, dass Jutta bei mir war. Sie hat auch ohne Worte gewusst, wie tief diese Minuten gingen. Dennoch war ich auch irgendwie froh, als ich wieder in meinem Zimmer, gewissermaßen auf siche-

rem Terrain, war ... Für meine Psyche kam dieser heutige
Tag genau recht. Die 15 Minuten auf dem Flur haben mir
Kraft gegeben. ...

Die Hoffnung ist wieder da. Genießt dieses traumhafte
Wetter irgendwie draußen. Es ist nicht selbstverständlich, dass Ihr das könnt.

02.05. (Tag + 19)

... In den vergangenen Wochen musste ich mir mehrfach
deutlich bewusst machen, dass ich diesen Ritt angetreten bin, um wieder gesund zu werden. Nicht immer war
ich mir sicher, ob die Entscheidung für die Transplantation richtig war. Es hätte schließlich auch die Möglichkeit
gegeben, auf Medikamente und die Pharmaindustrie zu
hoffen und den Ärzten zu vertrauen, die gesagt haben, die
Weiterentwicklung der Medikamente wird schneller sein
als das Voranschreiten meiner Krankheit, wahrscheinlich.
Auch heute kann ich mir nicht sicher sein, ob meine Entscheidung richtig war. Diese Frage werde ich vielleicht
irgendwann in der Rückschau beantworten können. Nur
für den Fall, dass ich wieder ganz gesund werde und ein
voll funktionierendes Immunsystem habe, wird sich meine Entscheidung für die Transplantation als richtig her-
ausstellen. Andererseits glaube ich, dass die Erfahrungen
der letzten Monate durchaus auch bereichernd sein können. Ich habe keine konkrete Vorstellung davon, was sich
konkret ändern wird, bin mir aber sicher, dass dies alles
nicht ohne Auswirkungen bleiben kann. Vielleicht lerne
ich auch einfach nur, die kleinen Dinge des Lebens wieder
zu sehen und zu schätzen?

Mir will dieses Vogelgezwitscher von gestern nicht aus
dem Kopf. Vor einigen Monaten hätte ich wahrscheinlich
gedacht *„Blöde Piepmätze, macht nicht solch einen Ra-*

dau . . . “. Gestern war mir, als hätte ich nie etwas Schöneres gehört. Wahrscheinlich denkt Ihr allmählich, das Morphium wirkt immer noch. Vielleicht ist das so, vielleicht auch nicht . . .

18.05. (Tag + 35)
Das Wichtigste vorweg. Beim MRT des Kopfes hat sich ebenfalls kein relevanter Befund ergeben: *„alles altersentsprechend“*. Ich nehme an, das soll heißen, dass ein gewisser Grad an Verkalkung normal ist bei einem 36-Jährigen . . .

01.06. (Tag + 49)
Ihr habt einige Tage nichts mehr von mir gehört. Die Erklärung dafür ist, dass ich tatsächlich am letzten Freitag, also knapp 8 Wochen nach meiner stationären Aufnahme und 6 Wochen und 2 Tage nach der Transplantation, aus der Klinik entlassen wurde. Bis zum letzten Moment wollte ich nicht wirklich glauben, dass es jetzt wirklich nach Hause gehen sollte. Aber es war so. . . . Wie schon oft erwähnt, ist mit der Entlassung aus der Klinik das Rennen noch keineswegs gelaufen. Ich fühle mich gut. Dennoch weiß ich, dass mein Immunsystem bei Weitem noch nicht richtig funktioniert und ich mich vor Infektionen aller Art schützen muss. Nun könnte man ja denken, na gut, dann zieh halt eine Jacke und warme Socken an, aber so einfach ist die Geschichte leider nicht. Man macht sich normalerweise keine Gedanken darüber, aber im ganz normalen Alltagsleben muss unser Immunsystem permanent irgendwelche Abwehrarbeit leisten. Gefährliche Keime verstecken sich dabei nicht nur bei verschnupften Zeitgenossen, auf Geldscheinen oder Türklinken, in Blumenerde und Teppichböden. Nein, auch viele Lebens-

mittel und Gewürze sind Keim-belastet. Für mich bedeutet dies nicht nur, dass ich eben Menschenansammlungen aus dem Weg gehe und meine Grünpflanzen aus der Wohnung verbannt habe, sondern auch, dass ich bei allen Lebensmitteln zunächst einmal nachschaue, was drin ist. Nüsse? Geht nicht, wegen Pilzsporen. Curry, Paprika oder Pfeffer? Salmonellengefahr. Salat, frisches Obst? Dito ... Wie auch immer. Zurzeit schmeckt mir ohnehin noch nichts. Deswegen hält sich der Leidensdruck in Bezug auf die eingeschränkte Nahrungsmittelwahl in bescheidenen Grenzen. Genauso wenig stört es mich, dass ich mir eben nicht einfach beim Italiener um die Ecke eine Pizza holen kann, geschweige denn zum Chinesen oder Türken essen gehen kann. Ich genieße es zurzeit einfach, nicht mehr in diese Klinikatmosphäre eingebunden zu sein. Im eigenen Bett schläft es sich definitiv besser als im Krankenhaus und Spaziergänge müssen nicht unbedingt durchs Apothekergärtchen oder den Kurpark führen. Ich freue mich über die Möglichkeit, einfach raus an die frische Luft zu können.

Der Sommer scheint ja allmählich zu beginnen und mir die Möglichkeit zu geben, mich nicht superdick einpacken zu müssen, bevor ich rausgehe. Ein wenig wird die Freude über die Sonne dadurch getrübt, dass ich mich vor den Sonnenstrahlen schützen muss. Strahlenbelastung kann sogenannte GvHDs (Graft versus host disease, Spender gegen Empfänger Reaktion), also Abstoßungsreaktionen in Form von gravierenden Haut- oder Schleimhautschäden provozieren. Das will ich natürlich vermeiden. Deswegen werde ich die Sommermonate mit langer Kleidung und immer gut mit Sonnencreme (Lichtschutzfaktor 50) eingecremt verbringen. Im Vergleich zu dem, was sein könnte, ist das aber ein Luxusproblem.

Für die nächsten Wochen und Monate wird es nun gelten, allmählich in so etwas wie eine Normalität zurückzukehren. Ob mir die geplante Reha in Freiburg dabei helfen wird und wie schnell das gelingt, kann im Moment niemand vorhersagen. Rückschläge, die teilweise auch nach Monaten noch eine stationäre Wiederaufnahme erforderlich machen, sind nichts Ungewöhnliches.

Ich werde lernen müssen, mit dieser latenten Gefahr irgendwie umzugehen. Andererseits ist es natürlich auch so, dass sich ein Immunsystem nur entwickeln kann, wenn es gefordert wird. Es wird meine Aufgabe sein, herauszufinden, wo Forderung endet und Überforderung anfängt. Es bleibt zu hoffen, dass mir mein Körper auf milde Art zeigen wird, wenn ich die Grenze einmal überschreiten sollte.

Ich denke, dies ist eine gute Gelegenheit, mein KMT-Tagebuch gewissermaßen offiziell zu schließen. In den vergangenen Wochen waren diese E-Mails für mich auch Bestandteil meiner eigenen Verarbeitung der Krankheit und des Weges in der Klinik. Oft hatte ich den Eindruck, ich schreibe jeden Tag das Gleiche. Überprüft habe ich das noch nicht. Ich habe die Mails geschrieben und abgeschickt, keine einzige davon später wieder gelesen. Ich denke, ich werde mir in ein paar Wochen oder Monaten mal ansehen, was ich in der zurückliegenden Zeit so alles verzapft habe. Ich bin gespannt, ob ich mich dann in meinen eigenen Zeilen noch wiedererkenne oder ob es sich bewahrheitet, dass ein Körper kein Gedächtnis für Schmerzen und Leid hat und beides aus der Erinnerung verdrängt.

Euch allen möchte ich für Eure vielfältige Unterstützung danken. Es war eine bewegende Erfahrung für mich zu sehen, dass eine ganze Reihe von Menschen aufrichtig

Anteil an mir nehmen. Ich hatte in der ganzen Zeit nie den Eindruck, alleine zu sein. Es heißt, wenn es einem nicht gut geht, zeigen sich wahre Freunde. Ich kann nur sagen, dass ich dankbar dafür bin, in Euch wahre Freunde in meinem Leben zu wissen.

Ein ganz besonderer Dank gilt jedoch meiner Familie, vor allem meinen Eltern. Ich weiß, Ihr haltet das, was Ihr getan habt, für selbstverständlich. Ich weiß aber auch, dass es das leider nicht ist. Ich werde wahrscheinlich nie nachvollziehen können, was Ihr in den vergangenen Wochen und Monaten durchgemacht habt. Im Moment ist die Versuchung sicher noch groß, das Glas eher als halb leer statt halb voll zu betrachten, also mehr die noch bestehenden Gefahren als das bereits Erreichte zu sehen. Gerade deswegen wünsche ich mir, dass wir uns eines Tages schlicht und ergreifend gemeinsam darüber freuen können, dass diese schwierige Zeit hinter uns liegt.

Es mag Euch erstaunen, aber im Grunde bin ich dankbar für die Erfahrungen, die mir diese Krankheit gebracht hat. Wenn ich tatsächlich wieder ganz gesund werden sollte, werde ich diese Zeit in meinem Leben sicher als Bereicherung empfinden. Die letzten Monate haben mir gezeigt, dass Leben mehr ist, als das, was wir üblicherweise daraus machen. Wir sollten uns häufiger bewusst machen, dass die kleinen Dinge, die wir im Alltag oft für selbstverständlich halten, nicht selbstverständlich sind. Gläser sind nicht halb leer, sie sind halb voll ...

19.08. (Tag + 128)

Es ist an der Zeit, mich doch noch einmal zu melden. Willkommener Anlass hierfür ist die Tatsache, dass gestern der Hickman-Katheter gezogen wurde. Ihr erinnert Euch? Am 05.04. war mir unter Vollnarkose ein dreikanaliger Kunststoffschlauch über die Halsvene mit dem einen Ende in die rechte Herzkammer geschoben worden. Das andere Ende wurde vom Hals in einem Bogen unter der Haut etwa auf die Höhe des Brustbeines geführt, wo es dann aus einem kleinen Loch in der Haut wieder herauskam. So war es in den vergangenen Monaten möglich, mir Hunderte (ich habe sie nicht gezählt, aber in der Größenordnung wird es sich sicher abspielen) von Infusionen zu verpassen und was weiß ich wie viele Liter Blut abzuzapfen, ohne mich ein einziges Mal stechen zu müssen. Im Rahmen meiner Entlassung aus der Klinik vor zweieinhalb Monaten ist das Ding bewusst noch nicht gezogen worden. Zum einen habe ich zu der Zeit ja noch täglich Infusionen gegen den Magenvirus bekommen, zum anderen musste auch nach der Entlassung noch für geraume Zeit damit gerechnet werden, dass irgendwelche Komplikationen wieder eine stationäre Aufnahme erforderlich machen. Für diesen Fall ist es einfach praktisch, wenn der Katheter noch ein unproblematisches Arbeiten ermöglicht.

Es ist vielleicht schwer nachzuvollziehen, aber mit der Zeit war es für mich bis zu einem gewissen Grad normal geworden, dass eben dieser Schlauch aus meinem Oberkörper schaut, dass ich um ihn herum dusche, ihn mir nach dem Duschen mit einem frischen Schlauchverband um den Hals binde und mit einer Mullbinde einwickele, damit er nicht auf der Haut kratzt. Dennoch war auch irgendwo immer dieses Gefühl und Bewusstsein präsent: *„Dieses Ding gehört da nicht hin und muss wieder weg."* Gestern war es nun so weit. Unter örtlicher Betäubung wurde ein kleiner Schnitt auf Höhe des Brustbeines gesetzt und das Ding wieder herausgezogen. Der Schnitt wurde vernäht. In 8–10 Tagen sollen die Fäden gezogen werden. Adieu Hickman-Katheter . . .

Gutes Gefühl. Ein weiterer Schritt Richtung Normalität. Dennoch – von Normalität bin ich noch ein gutes Stück entfernt. Nach wie vor kämpfe ich mit dem Thema Ernährung. Auch wenn mein Geschmackssinn immer noch seltsame Kapriolen schlägt und Essen keinen Spaß macht, verliere ich aber in der Zwischenzeit wenigstens nicht mehr weiter an Gewicht. Ich bin froh, dass ich mir vor der Transplantation ganz bewusst noch ein paar Kilo angefuttert hatte. Ohne dieses Extra-Polster hätte ich die 19 Kilo Verlust sicher nicht so gut überstanden. So bin ich aber noch halbwegs mobil. Ich kann 2 Stunden spazieren gehen – was will ich mehr? Nur Hinsetzen ist doof und ohne Kissen ziemlich unangenehm. Da mein Hintern so eingefallen ist wie bei einem alten Mann, sitze ich gefühlt direkt auf dem Knochen. Da nutzt es mir auch nichts, dass mein Body-Mass-Index besser ist als je zuvor.

Alles in allem haben mir die letzten Wochen deutlich gemacht, dass es seinen Grund hat, warum alle Ärzte sagen, es dauert ein bis zwei Jahre, bis die ganze Aktion wirklich überstanden ist. Für die etwas mehr als 4 Monate, die ich nun seit der Transplantation hinter mir habe, geht es mir sicher recht gut. Ich hoffe, dass ich weiterhin von wirklich ernsten Rückschlägen verschont bleibe. Den Rest wird die Zeit zeigen.

Ich hoffe, dass es mir weiterhin gelingt, mir immer wieder bewusst zu machen, dass die Dinge, die wir tun können, nicht selbstverständlich sind.

. . .

Hunger auf Leben

Die Erfahrung der Krankheit und die Transplantation haben mich verändert. Was mich im Alltag am meisten plagt, ist ein stetes Taubheitsgefühl in den Fingerspitzen. Diese Form der „Polyneuropathie" sei manchmal eine Folge der Chemotherapie, sagen die Ärzte. Nun gut. Es sieht mitunter etwas seltsam aus, wenn ich versuche, eine Buchseite umzublättern, aber abgesehen davon scheint fehlendes Fingerspitzengefühl ja ein weitverbreitetes Phänomen unserer Zeit zu sein.

Der augenfälligste Unterschied zu der Zeit vorher ist meine neue Frisur. Während ich bislang noch eher der Typ „mitteleuropäische Kurzhaar-Halbglatze" war, laufe ich mittlerweile dauerhaft komplett „oben ohne" herum. Die Chemotherapie hat offensichtlich eine ganze Menge an Haarwurzeln endgültig gekillt, nicht nur auf dem Kopf. Ich bin ein Mann. Glück gehabt. Auch wenn ich im Sommer nun deutlich mehr Sonnencreme brauche als früher, ist mir meine „Frisur" wirklich vollkommen gleichgültig. Als Frau könnte ich das wahrscheinlich nicht ansatzweise so entspannt sehen. In der Damenwelt will sicher niemand so etwas hören wie *„Die Glatze steht Dir aber gut."* Ansonsten hat sich meine äußere Erscheinung leider eher dem Zustand unmittelbar vor dem Klinikaufenthalt angepasst, also gewissermaßen „mit Reserven". Irgendwann konnte ich mich schrittweise wieder mehr und mehr „normal" ernähren. Mein Körper hatte sich aber ganz offensichtlich auf das Programm „Mangelversorgung" der vergangenen Wochen und Monate eingestellt. Und so hatte er sich bis zum Erreichen des „Vor-Transplantation-Status" wohl entschieden, vorsichtshalber jede Kalorie direkt einzulagern, die über die zeitweise nur 400–600 Kalorien pro Tag hinausging. Eine ganze Weile konnte ich mir quasi zuschauen beim Zunehmen. An meinem Appetit hat das nichts geändert.

Während ich mein körperliches Verlangen durch schlichtes Essen stillen kann, stellt sich das mit meinem Hunger auf das Leben deutlich schwieriger dar. Mit jedem weiteren Schritt zurück in die Normalität wird mir mehr bewusst, dass ich möglicherweise nie wieder so entspannt werde leben können wie in dieser Zeit vor oder während der Transplantation. Der Gedanke, dass bald alles vorbei sein könnte, hatte auch etwas ungemein Befreiendes. Ich konnte mich über vollkommen Alltägliches freuen und akzeptieren, dass ich keine Kontrolle hatte über das, was geschah. Das war eine ganze Weile *„Pures Leben im Hier und Jetzt."*

Nun holt mich der Alltag Schritt für Schritt zurück in die üblichen Themen wie Arbeiten, Geldverdienen und Ähnliches. Dennoch kann ich die zentralen Erkenntnisse der zurückliegenden Zeit nicht einfach beiseitelegen. Daran, dass es jeden Moment, von *„jetzt auf gleich"* vorbei sein kann, hat sich ja mit der Normalisierung meiner Blutwerte nichts geändert. Ich könnte immer noch jederzeit einen tödlichen Verkehrsunfall, Schlaganfall oder Herzinfarkt erleiden. Von dem allgemeinen Lebensrisiko bin ich ja keinen Millimeter weiter entfernt als jeder andere um mich herum auch.

Ein paar Monate trage ich noch ein gelbes Silikon-Armband. „Livestrong" steht darauf und wird von einer gemeinnützigen Organisation verkauft, die sich der Unterstützung Krebskranker widmet. Obwohl so offensichtlich, sehe ich nicht, dass ich genau auf diese Weise das Thema „Krankheit" im wahrsten Sinne des Wortes noch mit mir herum und zur Schau trage. Dabei möchte ich nicht andere, sondern mich selbst erinnern, mir vor Augen führen, dass ich etwas aus der Zeit machen möchte, die mir doch noch geschenkt wird. Aber wie soll das aussehen??

Zum Glück hatte ich zu Beginn meiner Berufstätigkeit eine Versicherung für bestimmte Fälle der Betriebsunterbrechung abgeschlossen. Während meiner krankheits- und therapiebedingten Arbeitsunfähigkeit trägt diese auf der Grundlage meiner vorherigen Einkommensverhältnisse für maximal ein Jahr meine Büro- und Lebenshaltungskosten. Damit ist klar: Ich habe nur begrenzt Zeit, um mir zu überlegen, wie es mit mir weitergehen soll.

Will ich wirklich so weiterleben wie bisher?

In beruflicher Hinsicht ist die Antwort schnell gefunden. Nein, das will ich nicht.
Eine Zeit lang spiele ich mit dem Gedanken, mich nun doch dem Sportjournalismus zuzuwenden. Hochdeutsch zu sprechen beherrsche ich ja inzwischen recht gut. Ein Freund von mir ist Herausgeber des zu dieser Zeit führenden Triathlon-Magazins. In der Vergangenheit hatte ich in seinem Auftrag schon eine Europameisterschaft und mehrere Ironman-Wettkämpfe als „Pressefotograf" begleitet. Meine Amateurfotos werden auch tatsächlich gedruckt. Einer meiner Glücksschüsse ziert ein Titelblatt der Zeitschrift und findet sich später sogar auf dem Cover eines Buches. Ich bin mir sicher: Interviews führen und Wettkampfberichte schreiben könnte ich auch. Das Reiz-

volle und gleichzeitig das Problem dabei ist: Ich müsste
sehr viel reisen, wäre oft per Flugzeug unterwegs und
würde auf der ganzen Welt sehr vielen Menschen begegnen. Genau das sollte ich nach der Transplantation
jedoch eher vermeiden. Schließlich habe ich in gewisser
Weise einstweilen ja nur das Immunsystem eines Klein-
kindes. Mit ein bisschen Vernunft trifft sich die Entscheidung am Ende von selbst. Diese Neuorientierung werde
ich nicht wagen. Im Übrigen wächst auch mehr und mehr
der Gedanke in mir, dass mir das auf Dauer doch ein wenig zu eintönig werden könnte.

Ich überlege tatsächlich, noch einmal zu studieren. Medizin oder Psychologie. Nachdem ich mich etwas näher
mit den jeweiligen Studienordnungen befasst habe, ver-
werfe ich auch diese Idee wieder. Das eine dauert mir
zu lange und bei dem anderen stört mich die Dominanz
des Themas Statistik. Das gehört zu Mathematik. Und
damit stand ich doch zu Schulzeiten schon auf Kriegsfuß.
Mir fällt auch nichts ein, womit ich ansonsten meinen
Lebensunterhalt verdienen könnte. Ich habe doch nichts
Gescheites gelernt. Außer „Anwalt" kann ich nichts, wofür
mir jemand Geld geben würde. Das Berufsbild „Coach"
gibt es noch nicht. Jedenfalls begegnet mir nichts, das in
diese Richtung weisen könnte. Und ein klassischer Büro-
job kommt für mich ebenso wenig infrage wie ein Wechsel
in ein Angestelltenverhältnis. Ich brauche die Freiheiten,
die mir die Selbständigkeit bietet. Ich tausche mich gerne mit Menschen aus, nehme andere Gedanken gerne auf.
Aber es fällt mir schwer, mich in eine Hierarchie einzu-
fügen. Diese Lehre habe ich in aller Deutlichkeit gezogen
aus der Zeit meiner unfreiwilligen Mitgliedschaft in der
olivgrünen Masse „Bundeswehr" und später auch im Ap-
parat „Kreissparkasse".

Also bleibt nur, mein bisheriges Tätigkeitsmodell zu verändern. Ich erkenne, dass ich mich aus finanziellen Gründen entfernt habe von dem, was ich ursprünglich einmal machen wollte. Seit dem Referendariat wollte ich dem Vorbild meines alten Chefs nacheifern und Strafverteidiger werden. Deshalb hatte ich direkt nach meiner Zulassung zur Anwaltschaft ja schon den Lehrgang zum „Fachanwalt für Strafrecht" gemacht. Fachanwalt bin ich bislang jedoch noch nicht. Dazu hätte ich nach dreijähriger Zugehörigkeit zur Anwaltschaft noch den erforderlichen Nachweis meiner praktischen Erfahrungen erbringen müssen.

Wirtschaftlichen Zwängen folgend hatte sich vor der ungewollten Betriebsunterbrechung ungeplant ein Schwerpunkt im Familienrecht und im allgemeinen Zivilrecht herausgebildet. Damit habe ich zwar Geld verdient, aber es war nicht das, wofür ich angetreten war. Zudem muss ich mir eingestehen, dass ich in beiden Rechtsgebieten für meinen Geschmack entschieden zu viel am Schreibtisch sitze und irgendwelche Schriftsätze produziere. Das ödet mich im Grunde an. Ich will näher an die Menschen kommen, wirklich etwas bewirken und mich nicht in erster Linie um Geld streiten. Hinzu kommt, dass die letzten Fälle im Familienrecht mich immer noch beschäftigen. Ich will mich nicht mehr mit Kolleg/Innen herumärgern, die mit Blick auf ihre eigenen Honorare vielfach vollkommen unnötig auch noch Öl ins Feuer der emotionalen Auseinandersetzungen ihrer Mandanten gießen. Das Ende einer Beziehung ist für die Betroffenen doch schon Herausforderung genug. In aller Regel hatten doch beide Seiten zu Beginn große Gefühle, Hoffnungen und Träume mit ihr verbunden. Ich werde nie verstehen, weshalb Menschen, die sich einmal geliebt haben, einander nur eiskalt aus dem Leben werfen und mitunter zudem auch noch ihre Kinder als Geiseln in ihren Scheidungskriegen missbrauchen. Heiße Lieben mögen abkühlen, Gefühle abebben, Lebensentwürfe sich verändern. Das alles kann aber doch keine Rechtfertigung dafür sein, einen gemeinsam begonnenen Weg vollkommen lieblos und ohne jegliche gegenseitige Wertschätzung abzubrechen.

Schlussendlich ist meine Entscheidung klar. Ab jetzt mache ich nur noch Strafsachen. Da sind wenigstens die Fronten klar verteilt. Außerdem stehen persönliche Befindlichkeiten eher selten im Mittelpunkt eines Verfahrens. Ich nutze die Zeit bis zum Wiedereintritt in das aktive Berufsleben, erstelle endlich die Fallliste zum Nachweis meiner praktischen Erfahrungen als Strafverteidiger und gehe mein zweites Leben als Rechtsanwalt rund ein dreiviertel Jahr nach meinem zweiten Geburtstag an mit dem Titel „Fachanwalt für Strafrecht". Dabei komme ich um eine weitere Erkenntnis bereits jetzt nicht herum. Mein Beruf erfüllt mich oft nicht. Ich brenne nicht dafür. Ich lese jeden Monat einen ganzen Stapel Fachzeitschriften und besuche alle möglichen Fortbildungsveranstaltungen. Das mache ich aber nicht, weil sie mich so sehr interessieren, sondern weil es meinem Anspruch entspricht, gut zu sein, in dem, was ich tue. Die meisten Mandate übernehme ich nur, weil ich Geld dafür bekomme. Wenn ich das aber nur aus diesem Grund tue, stellt sich die Frage, warum ich mehr Geld verdienen sollte, als ich tatsächlich brauche? Statussymbole und Außendarstellung sind mir nicht wichtig. Mich interessiert immer das, was sich hinter der Fassade eines Menschen verbirgt. Noch heute stutze ich, wenn ich sehe, wie viele Freunde manche Menschen auf Social-Media-Plattformen haben, die sie immerzu beglücken, mit Fotos von sich am Steuer teurer Autos, in edlen Restaurants oder an exotischen Stränden. Wer von diesen „Freunden" ist wohl wirklich da, wenn es einmal nötig wäre?

„Zu viele Leute geben Geld aus, das sie nicht haben,
um Dinge zu kaufen, die sie nicht brauchen,
um Leute zu beeindrucken, die sie nicht mögen."
(Will Rogers, 1879 – 1935, USA)

Ich fühle tief in mir, dass es für mich Wichtigeres gibt, als anwaltlich auf „dicke Hose" zu machen, rund um die Uhr an Akten zu sitzen und einen Haufen Kohle anzuhäufen. Welche Bedeutung hat Geld schon, wenn ich es auf die letzte Reise ohnehin nicht mitnehmen kann und niemand da ist, dem ich es hinterlassen könnte?

Das ist das, was mich wirklich bewegt. Was beruflich nur eine Frage der Fokussierung und Entscheidung ist, gestaltet sich privat leider deutlich zäher. Am liebsten würde ich nun sofort die „Frau fürs Leben" finden und mit ihr eine Familie gründen. Aber „Verlieben auf Plan" funktioniert nun einmal nicht.

Außerdem bin ich inzwischen wohl ein eher komplizierter Fall und schwer vermittelbar auf dem großen Markt der Paarungs- und Familiengründungswilligen. Kein Wunder. Meine von der Chemotherapie noch blasse Hautfarbe und ein paar dunkle Ringe unter den Augen offenbaren schließlich noch auf den ersten Blick, dass meine Gene wohl kaum vor Kraft und Gesundheit strotzen. Außerdem war ich noch nie der Typ, der nur ein bisschen Spaß gesucht hat. Ich wollte immer schon MEHR. Daran hat sich nichts geändert. Ich will an mein Gegenüber herankommen. Ich will mich nicht über Urlaube, Partys und Essen unterhalten, sondern suche eine ernsthafte, echte, tiefe Verbindung. Ich will weder an irgendwelchen Masken abprallen noch selbst eine tragen, um das Bild vom jungdynamischen Anwalt zu bedienen, der auf der großen Erfolgswelle easy und entspannt durch das Leben surft. Und so bin ich zwar in Lebensjahren nun immer noch in einer Lebensphase, in der es „richtig vorwärtsgehen" sollte, gleichzeitig aber an Lebenserfahrung deutlich vorgealtert. Dem Stand zu halten, fällt schwer. Darauf lässt sich lange Zeit niemand ein. Es dauert ein paar Jahre, bis mir auf gänzlich unerwartetem Weg eine wunderbare Frau begegnet, auf die meine Erfahrungen und Denkweisen nicht abschreckend, sondern anziehend wirken. „Jackpot", denke ich. Sie ist ein paar Jahre jünger als ich, intelligent, gutaussehend, selbständig, beruflich erfolgreich. Vom Schicksal verwöhnt ist sie nicht. Mit unbändigem Lebenswillen und unglaublicher Disziplin hat sie gelernt, sich mit Menschen zu umgeben, die ihr guttun. Eine Zeit lang bin auch ich das. Ich liebe ihr Lachen. Ein Lachen, das im Laufe unserer gemeinsamen Jahre immer seltener zu hören ist.

Uns verbindet die Erfahrung schwieriger Zeiten und der Umgang damit. Hier können wir einander Halt und Sicherheit geben. Aber für ein Leben in Unbeschwertheit und Glück wird das auf Dauer leider nicht ausreichen. Ich trage noch zu schwer an meiner Last. Auch an der anderer. Trotz aller Bemühungen schaffen wir es nicht, einander den Wind unter die Flügel zu geben, den jeder im Leben braucht. Wir geben, was wir haben und können. Irgendwann stehen wir gleichwohl vor einer schmerzhaften Erkenntnis: Den Traum, den wir gemeinsam hatten und beide verfolgen, können wir uns gegenseitig nicht erfüllen. Aber noch lebt er in jedem von uns. Wenn auch nicht mehr als Paar, werden wir weiter versuchen, unseren Hunger auf Leben zu stillen.

Das Leben selbst hat bereits einen Weg gefunden, sich zu erhalten. Die Natur hat uns ein Kind geschenkt – auf ganz klassischem Weg, ohne jegliche Unterstützung der medizinischen Technik. Für dieses wunderbare Wesen werden wir alles in unserer Macht Stehende tun, um ihm nicht nur die Wurzeln zu geben, die jeder von uns braucht, sondern auch die Flügel, die ich schon so lange suche.

„Zwei Dinge sollten Kinder von ihren Eltern
bekommen: Wurzeln und Flügel.“
(unklar, ob das Zitat wirklich von Goethe stammt)

Ein Whisky
und eine Zigarre

„Na, was fährt der Herr Rechtsanwalt denn für ein Auto?" höre ich ihn in seiner unveränderten, sehr heimatlichen Sprachfärbung sagen, als er sich neben mich stellt. Schon die Frage nervt mich. Der Fragesteller noch mehr. Das war immer schon so. Über zwanzig Jahre ist es inzwischen her, dass wir Abitur gemacht haben. Damals dachte ich, wir seien befreundet. Heute ist Jahrgangstreffen. Erstaunlich, dass seine Art der Kontaktaufnahme meinen Blutdruck immer noch steigen lässt. Wahrscheinlich triggere ich in ihm genauso etwas wie er in mir. Und so verfalle ich in das alte, alberne Muster zwischen uns und antworte fast reflexhaft: *„Sicher ein Kleineres als der Herr Doktor. Oder sind wir inzwischen Professor?"* In diesem Kampfmodus geht es eine ganze Weile weiter, bevor sich eine Mitschülerin von damals mit *„Ihr habt Euch auch überhaupt nicht verändert."* zwischen uns stellt. Schon diesen Satz empfinde ich als verbale Ohrfeige. Sie legt nach. Dabei mag es auch an einer gewissen alkoholbedingten Enthemmung liegen, dass sie tatsächlich fragt: *„Warum ist es für Euch Männer eigentlich immer so wichtig, wer den Längsten hat?"* Mir wird schlagartig klar, wie wenig Freude ich an diesen ewig gleichen, dämlichen Wortgeplänkeln mit ihm schon immer hatte. Seit wir uns kennen, läuft es im Grunde

immer wieder auf dieselbe sinnlose Frage hinaus. Höflich
ausgedrückt lautet sie:

„Wer ist der Bessere?"

Ich bin genervt von der Situation und auch von mir
selbst. Es ist doch noch gar nicht so lange her, dass ich
mich mit ganz anderen Fragen beschäftigt habe und nun
versuche ich tatsächlich zu rechtfertigen, dass mir anderes wichtiger ist als ein teures Auto, edle Armbanduh-
ren und ein großes Haus? Wie flach ist meine Lernkurve
eigentlich? Warum sage ich ihm nicht, dass mich beeindruckt, wie hart er gearbeitet hat, für all das, was ihm so
wichtig ist? Warum sage ich ihm nicht einfach, dass ich
mich für ihn freue, dass er in so vielem erfolgreicher ist
und definitiv mehr Insignien des Wohlstands vorweisen
kann als ich? In diesem Moment kann ich es nicht und
entfliehe der Situation lieber mit dem Verweis auf ein
dringendes Bedürfnis. Im Gerichtssaal weiß jeder, wohin
jemand möchte, der um eine *„biologische Pause"* bittet.
Auf dem Rückweg komme ich an der Bar vorbei. Ich erkenne Thilo. Er sitzt alleine dort und winkt mir fröhlich
zu. Zigarrenrauch und Whiskygeruch liegen in der Luft.
Nichts davon mag meine Nase wirklich. Dennoch kehre
ich nicht zum Herrn Doktor zurück, sondern folge lieber
dieser überraschenden Einladung und setze mich zu ihm.
Von der verklemmten Schwere, die einst durch so manche schlechte Schulnote an ihm zog, ist nichts mehr zu
spüren. Er strahlt etwas seltsam Positives, Leichtes, An-
ziehendes aus und ich höre ihm gerne zu. Recht schnell
verstehe ich, woran es liegt. Unser Gespräch entwickelt
sich zum kompletten Gegenteil des Verbalduells, das ich
noch wenige Minuten zuvor im Raum daneben geführt

habe. Hier ist jemand komplett im Reinen mit sich.

Er hat sich ganz bewusst ein bisschen zurückgezogen aus dem großen Wiedersehenstrubel und erklärt mir die Zigarre und den Whisky: *„Wenn ich denen so zuhöre, wird mir klar, wie gut es mir geht. Die reden tatsächlich schon davon, bei welcher Frühverrentungswelle sie dabei sein werden."*

Er grinst: *„Tja, das ist schon doof, wenn man die Karriereleiter an die falsche Wand gestellt hat. Ich hatte diesen Traum von der großen Karriere nie. Abitur habe ich nur meinen Eltern zuliebe gemacht. Die dachten immer, ich solle es einmal besser haben als sie. Besser – das war aus ihrer Sicht irgendetwas in einem Büro. Dabei wollte ich nie etwas Anderes als draußen in der Natur sein. Heute habe ich einen Reiterhof und arbeite den ganzen Tag mit Pferden. Ich konnte mit Tieren immer schon besser als mit Menschen. Unglaublich, wie viel Geld die Leute ausgeben, nur damit sich jemand gut um ihre Pferde kümmert."*

Er sagt, er wohne immer noch in dem gleichen Ort, in dem er groß geworden ist. Er lehnt sich zurück, atmet tief durch und lächelt *„Und das Allerwichtigste: Ich habe die richtige Frau an meiner Seite und unsere Kinder sind gesund."* plaudert er einfach weiter. *„Eigentlich dachte ich ja, das wird nichts mehr mit den Frauen und mir. Ein Freund hat mir irgendwann gesagt: Frauen mögen Männer, die tanzen können. Da habe ich mich in einer Tanzschule angemeldet. Taktgefühl habe ich bis heute keins."* lacht er laut. *„Meine Frau fragt immer 'Welchen Takt nehmen wir denn? Deinen oder meinen?'"*

Er wird kurz nachdenklich. *„Das mit der Tanzschule war der beste Rat, den ich jemals bekommen habe. Nicht weil ich tanzen gelernt habe, sondern weil mir dort meine*

Frau begegnet ist. Gleich nach der Vorstellungsrunde im ersten Kurs standen wir uns auf einmal gegenüber. Als ich ihr in die Augen gesehen habe, wusste ich sofort: Sie ist es. Ich konnte keinen einzigen Tanzschritt, aber ich habe sie gepackt und an mich gezogen, als wüsste ich ganz genau, was ich da tue. Das war so selbstverständlich."

Er grinst wieder: *„In der Schule war ich ja nicht der Hellste und im Denken nie der Schnellste. Aber irgendwie wusste ich immer, wann ich zugreifen musste. Manchmal liegt das Glück näher, als Du denkst. Die meisten hier rennen aber so schnell durch ihr Leben, dass sie es gar nicht sehen."*

Es ist spät geworden, als er auf einmal nach draußen schaut. Dort ist gerade ein Auto vorgefahren. Er steht auf. *„Meine Frau. Sie holt mich ab. Wir müssen morgen früh raus."*

Als wir uns verabschieden, habe ich den Impuls, ihn zu umarmen. Vielleicht hoffe ich, dass sich so ein wenig von ihm auf mich übertragen lässt. *„Das nächste Mal reden wir über Dich. Mach's gut"*, sagt er, bevor er geht.

Ich schau' ihm kurz nach und geh dann ans Fenster. Ich will diese Frau sehen. Leider steht sie mit dem Rücken zu mir am Auto. Ich bin berührt von der Art, in der sie sich begrüßen. Als hätten sie sich erst letzte Woche ineinander verliebt. Ich setze mich alleine zurück an die Bar und bestelle nun doch einen Whisky. Das Zeug schmeckt mir nicht, aber ich brauche ein bisschen Zeit für mich, um diese so unterschiedlichen Eindrücke dieses Abends setzen zu lassen. Wie nichtssagend waren doch so viele Gespräche und überladene Erfolgsstorys, die ich in den vergangenen Stunden gehört habe, im Vergleich zu der Begegnung mit Thilo. Nun bin ich es, der grinsen muss.

Ein Whisky und eine Zigarre

„Lieber ein hochzufriedener Ackergaul,
als ein ewig hinterherlaufendes Rennpferd."

hat vor einiger Zeit einmal ein hoch bezahlter Coach in
einem regelmäßig ausgebuchten Seminar gesagt. Es ist so
absurd stimmig, dass Thilo einen Reiterhof hat.
Am Ende kommt es nicht darauf an, worin wir schlech-
ter oder besser sind als andere. Es wird ohne Bedeutung
sein, wie schlank, schön oder reich wir sind. Die einzigen
Fragen, die wirklich von Belang sind, lauten:

„Wer ist der/die Glücklichere?"
„Was kann ich von ihm/ihr lernen?"

Nur ein kleiner Anwalt vom Land

Ich habe Revision gegen ein Urteil des Landgerichts eingelegt. Die rechtliche Bewertung des Sachverhaltes durch das Gericht halte ich für falsch. Im Revisionsverfahren geht es nur um Rechtsfragen. Vereinfacht ausgedrückt muss der Revisionsführer (in diesem Fall also ich) schriftlich begründen, was er an dem Verfahren oder Urteil für falsch hält, bevor das Revisionsgericht nur anhand des schriftlichen Urteils und des Protokolls der Hauptverhandlung selbst prüft und entscheidet.

Zuständig für diese Revision ist ein Strafsenat des Bundesgerichtshofs in Karlsruhe. Strafsenate sind mit fünf „Richtern am Bundesgerichtshof" besetzt. Diese werden vom Richterwahlausschuss gewählt und auf Lebenszeit vom Bundespräsidenten ernannt. Dieser Ausschuss ist ein aus 32 Mitgliedern bestehendes Gremium, das vom Bundesjustizminister einberufen wird und sich aus den Justizministern der 16 Bundesländer sowie 16 weiteren, vom Deutschen Bundestag gewählten Mitgliedern zusammensetzt. Dieses Verfahren soll sicherstellen, dass nur Richter mit besonderen fachlichen und persönlichen Qualifikationen in diese Funktion kommen. Rein juristisch betrachtet sollen hier die fähigsten Köpfe des Landes sitzen.

Jura ist keine Mathematik. Juristen können bei gleichem Sachverhalt unterschiedlicher Meinung sein. Sie müssen

ihr Urteil nur im Rahmen der Gesetze begründen können.
Für den Fall, dass Mathematiker das auch sein können,
bitte ich um Nachsicht. Zu meinen mathematischen Fähigkeiten habe ich schon genug gesagt.

Jedenfalls sind sich die fünf Berufsrichter des für diese
Revision zuständigen Strafsenates in der rechtlichen Bewertung der Sache nicht einig. Daher können sie nicht –
wie in 95 % aller Fälle – durch Beschluss und im rein
schriftlichen Verfahren entscheiden. Es muss eine münd-
liche Verhandlung stattfinden.

Da es nur um Rechtsfragen geht, nehmen an dieser Verhandlung neben den Berufsrichtern nur ein Vertreter des
Generalbundesanwaltes und ich als Verteidiger teil. Auch
zur Generalbundesanwaltschaft kommen nur ausgewählte Juristen.

Und so sitze ich eines Morgens in einem riesigen Sitzungssaal des Bundesgerichtshofs. Nicht nur das Gebäude, sondern auch der Parkplatz war besonders gesichert.
Bei meiner Ankunft wurde meine Zutrittsberechtigung
anhand der Terminliste überprüft. Ein Mitarbeiter hatte
mich vom Eingang durch den ganzen Gebäudekomplex
bis zum Sitzungssaal begleitet und mir meinen Platz zugewiesen. Mir gegenüber, leicht erhöht, sind die Plätze
der Generalbundesanwaltschaft. Dort nimmt deren Vertreter Platz. Ich versuche ein kurzes Gespräch, spüre jedoch deutliche Ablehnung und eine gewisse elitäre Arro-
ganz der Macht. Es müssen allein seine juristischen, nicht
seine menschlichen Qualitäten gewesen sein, die ihm diese Position eingebracht haben. Aber vielleicht hatte er ja
auch nur einen schlechten Tag und zu Hause Ärger mit
seiner Frau, Sorgen um seine Kinder oder war überlastet
mit pflegebedürftigen Eltern?

Zu meiner Linken betreten die fünf Berufsrichter den

Saal. Ihrem besonderen Habitus kann ich mich schon allein aufgrund der karmesinroten Roben nicht entziehen. Mir wird klar: jetzt gilt es! Ich spüre, wie mein Blutdruck steigt. Ich werde unruhig. Meine Gedanken beginnen zu rasen. In mir macht sich mein altes Programm selbständig. *„Ich bin nicht gut genug. In Deutsch nur eine 2 -. Wie soll ich hier in dieser Welt der juristischen Koryphäen bestehen??"*

Irgendwann ist es an mir, meine Sichtweise auf den Fall mündlich darzulegen. Bevor ich das tue, sage ich instinktiv etwas, das mir das Agieren in der weiteren Verhandlung extrem erleichtern wird.

Welche Worte ich verwendet habe, weiß ich nicht mehr. Ich habe nur noch in Erinnerung, dass ich zum Ausdruck gebracht habe, wie unwohl und unsicher ich mich *„als kleiner Einzelanwalt vom Land"* in dieser imposanten Umgebung fühle und dass ich um Nachsicht bitte, wenn ich aufgrund meiner Nervosität möglicherweise nicht so souverän agieren kann, wie ich das gerne würde.

Ich spüre, dass schon meine Worte dazu führen, dass meine innere Anspannung sich auflöst. Sobald ich sie konkretisiere und offenlege, scheint sie sich schon zu verflüchtigen. Der Weg aus der Angst führt wohl mitten hindurch. Die Reaktion des Vorsitzenden beeindruckt mich zutiefst. Er sieht mich an, denkt einen Moment nach, bevor er sagt: *„Herr Kollege, wir sitzen hier alle im selben Boot. Wir versuchen, eine Rechtsfrage bestmöglich zu beantworten. Die Tatsache, dass wir überhaupt hier sitzen, ist Ihrem Einsatz für Ihren Mandanten zu verdanken. Es ist unsere Entscheidung, die konkrete Auswirkungen auf diesen Menschen hat. Wir müssen diese Entscheidung treffen und verantworten. Wir sind das hier zwar gewohnt, haben aber eigentlich genauso viel Anlass zur Aufregung* *wie Sie!"*

Schlussendlich bestätigt der Senat die Entscheidung des Landgerichts. Im Rahmen der mündlichen Urteilsbegründung wird der Vorsitzende überraschend deutlich. Er berichtet von intensiven Diskussionen im Rahmen der Urteilsberatung und sagt, dass die Entscheidung sehr knapp ausgefallen sei. Mit guten Gründen könne man auch anderer (also meiner) Auffassung sein. Insgesamt habe der Senat allerdings die bisherige Rechtsprechung nicht aufgeben wollen. Möglicherweise werde ein vergleichbarer Fall in ein paar Jahren in anderer Gerichtsbesetzung anders entschieden.

Der Tag beim BGH wirkt in mir nach. Den Prozess habe ich verloren. In letzter Instanz bei einem der obersten Gerichtshöfe unseres Landes. Dennoch habe ich auch irgendwie gewonnen. Ganz nebenbei bleibt mir die Erkenntnis, dass sich Charakter, Klasse und Wert von Menschen nicht in fachlicher Kompetenz, Macht oder Status zeigen, sondern vor allem in der Art, wie sie ihrer Rolle und Verantwortung gegenüber Anderen gerecht werden.

Das Urteil gefällt mir nicht. Aber ich kann es nachvollziehen. Sobald wir uns auf das konzentrieren, was uns verbindet, miteinander reden und unsere Sichtweisen erklären, können wir auch Ergebnisse mit gutem Gefühl begleiten, die uns im Kern überhaupt nicht gefallen.

Und für so manches ist die Zeit vielleicht einfach noch nicht reif ...

Schatzi,
jetzt komme ich zu Dir

Mit diesen Worten setzt sie die Stiche. Mit dem Küchen-
messer. In ihren eigenen Hals. 7 oder 8 sind es. Ich weiß
es nicht mehr genau. Der Rechtsmediziner wird später
sagen, dass jeder einzelne Stich tief genug war, um töd-
liche Verletzungen zu verursachen. Allerdings haben die
Stiche die richtigen Blutgefäße verfehlt. „Leider" wird die
Mandantin sagen. Es war mehr geplant als nur eine kurze
Phase der Bewusstlosigkeit. Als sie wieder zu sich kommt,
liegt sie in ihrem Ehebett, neben dem Mann ihres Lebens.
Mehr als 50 Jahre waren sie verheiratet. Nun ist er tot.
Verblutet, aufgrund einer ganzen Reihe von Messersti-
chen. In seinen Hals. Wie bei ihr selbst. Bei ihm haben
die Stiche die großen Blutgefäße getroffen. Die alte Frau
greift zum Telefon, ruft die 110. Der Anruf wird aufgezeichnet. Im Gerichtssaal hört man später ihre Stimme,
schwach und brüchig: *„Ich habe meinen Mann getötet."*
Als Rettungskräfte und Polizei an der Wohnung eintreffen bestätigt sich das auf den ersten Blick. Sein Körper
wird zur Autopsie in das Institut für Rechtsmedizin, sie
aufgrund *„akuter Eigengefährdung"* in ein psychiatrisches
Krankenhaus gebracht. Im Prozess wird sie sagen: *„Die
haben gute Arbeit geleistet dort. Es waren die vielen Gespräche, die mich zurück ins Leben geholt haben."*
Was sich in der kleinen Wohnung des alten Ehepaars in

den vielen Monaten bis zum Tod des Mannes abgespielt hat, lässt sich im Nachhinein anhand zahlreicher Notarztprotokolle und Krankenhausberichte recht gut rekonstruieren. Immer wieder werden die Rettungskräfte von ihr gerufen. Ihr Mann hat einen Hirntumor. Inoperabel. Immer wieder kommt er nach schweren Krampfanfällen ins Krankenhaus. Medikamentös sind die Anfälle nicht unter Kontrolle zu bringen. Aus welchem Grund auch immer. Immer wieder kehrt er nach Hause zurück. Sein Körper verfällt mehr und mehr. Er verlässt das Bett kaum noch. Die Rettungskräfte berichten, dass der Zustand der Wohnung sich verschlimmert habe im Laufe der Zeit. Offensichtlich sei das alte Ehepaar überfordert gewesen. Hilfsangebote hätten sie nicht angenommen. Sie kämen schon klar, hätten sie gesagt.

Dabei ist sie schon lange *„nicht mehr so gut zu Fuß"*. So nennt sie es. Eine Untertreibung. Vor einiger Zeit ist eine Operation misslungen. Ihr Körper hat den dabei eingesetzten, künstlichen Hüftgelenkkopf abgestoßen. Das Implantat musste wieder entfernt werden. Nun lebt sie ohne Hüftgelenk. Sie ist eigentlich auf einen Rollstuhl angewiesen. Aufgrund der Enge des kleinen Häuschens und des Treppenhauses behilft sie sich meistens doch irgendwie mit Krücken. Gegen die Schmerzen nimmt sie Morphium. „Ab und zu", sagt sie.

An seinem Todestag hatte ihr Mann einmal mehr einen Anfall. Bei Eintreffen des Notarztes hatte er sich allerdings bereits so weit stabilisiert, dass dieser seiner Bitte entsprach, ihn im häuslichen Umfeld zu belassen.

Als ich zum ersten Mal mit ihr spreche, berichtet sie mir, dass ihr Mann kurz nach Abfahrt des Notarztes einen weiteren Anfall gehabt habe. Nach dessen Abklingen hätten sie beide über die Ausweglosigkeit ihrer Situation gesprochen und beschlossen, gemeinsam aus dem Leben zu gehen. Sie seien sich einig gewesen. Als er erschöpft eingeschlafen sei, habe sie noch alles sauber gemacht, dann in der Küche zwei Gläser Wein getrunken. Nur so habe sie den Mut gefunden, das Brotmesser zu holen. Bei ihm sei es ganz leicht gewesen. Er habe auf keinen einzigen Stich reagiert. Das Blut sei ganz langsam aus ihm herausgelaufen. Sie habe sich neben ihn gelegt, in das Bett, das sie ihr ganzes Leben geteilt haben. Dann habe sie versucht, ihr Leben auf die gleiche Weise zu beenden. Sie bereue nichts. Sie sei nur unendlich traurig, dass sie ihr letztes Versprechen nicht eingehalten habe. Sie habe doch gemeinsam mit ihm sterben wollen. Deswegen habe sie noch gesagt: *„Schatzi, jetzt komme ich zu Dir.“* Auch im Tode dauerhaft vereint – das sei ihre Vorstellung gewesen.

Ihr einziger Sohn lebt seit vielen Jahren fernab der kleinen, engen Welt seiner Kindertage. Er hat international große Karriere gemacht. Zur Hauptverhandlung kommt er. Er wirkt erschüttert. Er könne es nicht fassen. Seine Eltern hätten sich so geliebt. Wenn er mit ihnen telefoniert habe, sei immer alles in Ordnung gewesen. Seine Mutter sei zu so einer Tat doch gar nicht fähig. Er sei aber lange nicht mehr da gewesen. Die viele Arbeit …

„Warum haben sie denn nie etwas gesagt?“

Das Bild, das sich ihm im Laufe des Strafprozesses von seinen Eltern zeichnet, zeigt zwei Menschen, die mit aller Kraft um ihr Zusammensein und ihre Eigenständigkeit gekämpft haben. Sie wollten es alleine schaffen, niemandem zur Last fallen. Hilfe anzunehmen haben sie nie gelernt. Darum zu bitten schon gar nicht. Und so werden falsch verstandener Stolz und Scham der Nährboden für eine Tragödie am Rande des vermeintlichen Kleinstadt-idylls.

Das Landgericht verurteilt die alte Frau zu einer Haft-strafe. Ich lege Revision gegen das Urteil ein. Wieder ein-mal soll der Bundesgerichtshof überprüfen, ob die recht-liche Bewertung des Landgerichts zutreffend ist. Außer-dem möchte ich die Rechtskraft des Urteils so lange wie möglich hinauszögern. So verschaffe ich ihr noch Zeit in Freiheit, bevor sie eine Ladung zum Strafantritt in die JVA erhält. Das Landgericht hat keinen Haftbefehl erlas-sen. Es gibt auch keinen Grund dafür. Diese Frau wird ganz sicher nicht flüchten. Sonstige Haftgründe, die ei-ne Inhaftierung schon vor einer abschließenden Entschei-dung des Bundesgerichtshofs rechtfertigen könnten, sind nicht ersichtlich.

Wenige Wochen nach der Verkündung des Urteils ruft mich der Sohn an. Aus den USA. Seine Mutter sei gestor-ben. Die Haushaltshilfe, die er eingestellt habe, habe sie im Ehebett gefunden. Neben dem Bett hätten mehrere leere Blister von Morphium-Tabletten gelegen. „Herzver-sagen" habe der Arzt in den Totenschein geschrieben. Die Nachricht überrascht mich nicht. Ich hatte schon länger so eine Ahnung. *„Sie hat ihr Versprechen gehalten. Jetzt ist sie wieder bei ihm. Manche Menschen sind einander so verbunden, dass sie für das Zusammensein auch die letzte Grenze überschreiten."*.

Und trotzdem erfüllt sie mich mit Trauer. Ich bin dank-bar, nicht in der Situation des Sohnes meiner Mandan-tin zu sein. Gleichzeitig fühle ich mich in gewisser Weise auch mit-schuldig. Hätte ich etwas sagen, etwas tun sol-len? Wie viele Gespräche hat sie wohl noch geführt in ih-ren letzten Tagen, wie oft wurde sie wohl noch angefasst,

berührt, gar umarmt? Wie einsam lassen wir Menschen
werden, wenn sie in der Mitte unserer Gesellschaft den
Entschluss fassen, lieber zu sterben als zu leben? Mir ist
klar: Jeder hat das Recht, zu schweigen und seine eigenen
Entscheidungen zu treffen. Und dennoch: Zu sagen, wie
wir uns fühlen und wonach wir uns sehnen, scheint mir
- gerade wenn es schwer wird - zwar die anstrengendere,
aber auch die gesündere Strategie zu sein. Für uns alle
...

Schweigen

Er schlägt auch in diesen Jahren immer wieder zu. Gleich zweimal jedoch plötzlich und unerwartet. Erbarmungslos. In meinem unmittelbaren persönlichen Umfeld. Der Tod. Leider zeigt er sein Gesicht beide Male in aller Härte und Brutalität. Er nimmt auch keinerlei Rücksicht auf lange, leidvolle Krankheitswege, die ihm ohnehin schon vorausgehen.

Ich muss mit anderen aushalten, wie er die Lebenslinien wunderbarer, zarter Seelen viel zu früh beendet, einmal sogar mit Gewalt. In ganz unterschiedlicher Weise stand ich beiden sehr nah. Bis heute wandern meine Gedanken noch oft zu ihnen. Ich fühle mich ihnen sehr verbunden. Ihre leisen, empfindsamen Wesen haben tiefen Eindruck hinterlassen. Nicht nur bei mir, sondern sicher bei allen, die das Glück hatten, sie kennenlernen und erleben zu dürfen.

So wichtig Worte sein können. Manches verschlägt einem die Sprache. Manchmal ist jede Silbe zu viel und der Respekt vor jenen, mit denen uns viel zu wenig Zeit geschenkt war, gebietet zu schweigen.

In stillem Gedenken
T. R., 1971 – 2010
M. S., 1976 – 2016

Heute Nacht
war er wieder hier

Meine Oma war eine bodenständige Frau. Sie hat drei Kinder zur Welt gebracht, eines davon zwei Wochen nach der Geburt an den Tod verloren. Nach den Gräueln des Krieges hat sie, mit ihren beiden Buben an der Hand, nur mit einem Koffer voller Habseligkeiten, ihre Heimat verlassen, um mit ihrem Mann in Deutschland neu anzufangen. Mit ihm hat sie recht schnell in die Landwirtschaft zurückgefunden. Sie hat viele Jahre ihres Lebens körperlich hart gearbeitet, viel Zeit auf Feldern und Äckern verbracht. Sie hat zahlreichen Kälbchen und Fohlen geholfen, auf diese Welt zu kommen und unzählige Hühner, Rinder und Schweine geschlachtet, um sie selbst zu Frikassee, Filets oder Blutwurst zu verarbeiten. Einmal fällt mir am Rande eines Salatbeets in ihrem Garten ein ca. 50 cm langer Stock ins Auge. Darauf sind sicher 20–25 Schnecken aufgespießt. Meine Frage: *„Oma, was ist das denn?"* Ihre Antwort: *„Die fressen mir ansonsten meinen Salat."*

Nach dem Tod ihres Mannes lebt sie noch etwas mehr als neun Jahre alleine in ihrer Wohnung. Erst in den letzten paar Monaten braucht sie Unterstützung. Eine Frau aus der alten Heimat lebt nun bei und mit ihr bis zu ihrem letzten Atemzug. Den erlebt sie in ihrem eigenen Bett, ein paar Wochen vor ihrem 88. Geburtstag.

Um sie nicht zu belasten, hatte ich ihr nie Details zu meiner Erkrankung erzählt. Sie hat auch nicht gefragt. Wahrscheinlich wusste sie auch so, dass die Lage ernst war. Wenn ich sie besuche, führt unser gemeinsamer Weg auf den Friedhof, an das Grab ihres Mannes, solange ihr das körperlich noch möglich ist. Dort reden wir nicht viel. Die Ruhe tut uns beiden gut. Wir verstehen einander auch ohne Worte. Ich fühle mich ihr in besonderer Weise verbunden. Wir sind die einzigen in der ganzen Familie, die keinen Partner an ihrer Seite haben.

Ich rufe sie gerne an, meist aus dem Auto, wenn ich mal wieder unterwegs bin, zu oder von einem Termin. Dann plaudern wir und erzählen uns, was in unserem Leben so passiert. Sie ist traurig, dass ich ihr immer noch nicht von „der einen Frau" in meinem Leben berichten kann. In einem dieser Telefonate fällt dann – von ihr eher unbeabsichtigt – dieser Satz:

„Heute Nacht war er wieder hier."

„Wen meinst Du?", frage ich zurück. Sie bemerkt wohl, dass sie sich gerade verplappert hat und zögert einen Moment, bevor sie sagt: *„Was soll's? Die anderen würden mich für verrückt halten, aber Dir kann ich das sagen. Ich weiß, dass Du das verstehst. Opa kommt nachts manchmal her. Er steht dann am Bett, sieht mich nur an, wir freuen uns, dass wir uns haben und dann geht er wieder."* Mich überrascht nicht, was sie sagt, sondern nur, dass sie es sagt. Sie kann ja nicht wissen, dass ich schon seit langer Zeit davon überzeugt bin, dass es Mehr gibt, als das, was wir sehen oder verstehen können. Eine erste, umso eindrücklichere Ahnung hatte ich ausgerechnet am Sterbebett ihres Mannes, meines Opas, bekommen. Nach

einigen Monaten im Pflegeheim liegt er nur noch flach im Bett, kann nicht mehr sprechen, hat die Augen dauernd geschlossen. Obwohl er seit einiger Zeit künstlich ernährt wird, hat sein Körper die Stoffwechselfunktionen inzwischen wohl vollständig eingestellt. Die entsprechenden Beutel an seinem Bett bleiben leer. Dennoch wird er immer wieder unruhig, zuckt heftig mit Händen und Beinen, sein Atem geht schwer. Es ist, als sei er im Kampf mit irgendetwas oder irgendjemand. Wenn ich versuche, ihn zu beruhigen, leise mit ihm zu sprechen, ihm die Hand auf den Arm zu legen, wird es eher schlimmer als besser. Und so sitze ich nur bei ihm, warte, beobachte und fühle. Irgendwann schleicht sich ein

„Hier sind gewaltige Kräfte am Werk.“

in mich. Meine Gedanken wandern zurück. Er hat nie über den Krieg gesprochen, nur über die Gefangenschaft in Wien und die Zeit danach. Möglicherweise hatte das seinen Grund und die Vergangenheit holt ihn nun ein? Ich bin überfordert davon und behalte lange Zeit für mich, was in diesen Stunden an seinem Bett in mir passiert ist. Mein Opa stirbt am Tag darauf. Seine beiden Söhne waren bis zuletzt bei ihm. Sie sagen, am Ende sei er friedlich eingeschlafen ...

Friedlich schlafen ist für ein paar Wochen nicht angesagt. Ein paar Jahre später, als ich selbst im Krankenhaus bin, in meinem Einzelzimmer auf der Isolierstation im Knochenmark-Transplantation-Zentrum. Auf der gesamten Station ist eine aufwändige Entlüftungs- und Filteranlage mit sogenannten HEPA-Filtern untergebracht. Frische Luft gibt es hier nicht. Keimfreie schon. Die Station ist ausschließlich über eine Schleuse zu erreichen. Im

Zutrittsbereich bekommt jeder, der die Station betreten will, eine Atemschutzmaske, spezielle Klinikkleidung und Schuhwerk. Erst nach einer gründlichen Desinfektion der Hände öffnet sich die Zutrittstür zur eigentlichen Station. Dort wird fortwährend alles gereinigt und desinfiziert. Ich habe ja schon berichtet. Über eine Situation habe ich damals gegenüber niemandem ein Wort verloren. Ich wollte den Lesern meiner täglichen E-Mails seinerzeit keine unnötigen Sorgen bereiten. Außerdem war es mir in einer gewissen Weise peinlich, zu persönlich und zu verrückt. In der Phase nach der eigentlichen Transplantation wurde mir insgesamt vier Mal ein Mittel verabreicht, das bestimmte Komplikationen verhindern soll. An diesen Tagen habe ich in besonderer Weise erlebt, welch großer Belastung ein Körper in so einem Prozess ausgesetzt wird. Es hat seinen Grund, weshalb die Infusionen im Liegen verabreicht und die EKG- und Blutgaswerte währenddessen in das Stationszimmer übertragen werden. Im Alarmfall muss schnell gehandelt werden. Auch wenn ich im Ergebnis gut durch diese Zeit gekommen bin, waren das doch ein paar ziemlich aufreibende Tage. Mir war andauernd übel. Spei-, kotz-, sonstwasvonübel. Mein Magen schoss ständig gleichzeitig irgendwelche Flüssigkeiten hoch in die Speiseröhre und runter in den Darm, jeweils bis kurz vor den Ausgang, manchmal darüber hinaus. In diesen Konzentrationen hatte das Zeug einfach nichts in mir verloren. So fühlt es sich eben an, wenn man faktisch vergiftet wird. Mein Körper hat sich dagegen gewehrt und auf allen Wegen versucht, die Chemie wieder loszuwerden. Einmal bin ich gerade im Bad, als ein solcher Versuch in einen heftigen Schwäche- und Zitteranfall mündet. Ich muss mich übergeben. Nein, ich muss kotzen. Eine Beschönigung in der Wortwahl ist fehl am

Platz, wenn der Körper immer weiter rebelliert, obwohl sämtliche Tanks bereits völlig entleert sind. Die Mundschleimhaut besteht nur noch aus rohem Fleisch und blutet andauernd ein wenig. Mein Magen schmerzt, krampft. Mein Oberkörper krümmt sich nach vorne. Ich sinke völlig entkräftet auf die Knie, unmittelbar vor der Toilette. Irgendetwas Gelblich-Grünes schießt aus meinem Mund quer durch und über das WC-Becken vor mir, klatscht von dort zurück in mein Gesicht und auf mein Oberteil. Keimtechnisch dürfte das so ziemlich das Letzte sein, was in meiner Situation passieren sollte. Aber es geht nicht anders. Ich umklammere den Keramikthron vor mir in dem verzweifelten Versuch Halt zu finden und Kontrolle zu gewinnen über diesen Vorgang, der sich völlig verselbständigt hat und mich in mehreren Wellen überwältigt. Mir wird schwarz vor Augen. Stoßgebetsartig fällt mir noch ein

„Herr, in Deine Hände lege ich meinen Geist."

ein, bevor ich mit der Kloschüssel vor dem Gesicht das Bewusstsein verliere. Der liebe Gott oder ich haben irgendwie schon ein eigenwilliges Verständnis von Humor. Als ich wieder richtig zu mir komme, liege ich in meinem Bett – äußerlich unversehrt und vollkommen sauber. Ich habe keinerlei Vorstellung davon, wie ich dort hingekommen bin. Es kann mir auch niemand sagen. Ich bin überzeugt davon, dass da irgendeine Kraft von außen kam ...

„Da war auf einmal ein strahlend helles Licht – das war nicht von dieser Welt."

Der Mann ist Mathematiker, habilitiert. Er hatte einen

Verkehrsunfall. Achsenbruch. Das Auto ist Schrott. Als er die Kontrolle über das Fahrzeug verliert, ist er ein bisschen zu schnell unterwegs für die winterlichen Fahrbahnverhältnisse an einem der Weihnachtstage. Der Wagen beschreibt einen Weg, der allen Gesetzen der Physik widerspricht. Die Limousine dreht sich nur immer wieder mitten auf der Fahrbahn, durchbricht nicht die Leitplanken auf der rechten Seite der unbeleuchteten Landstraße und landet auch nicht nach mehreren Überschlägen in einem Acker. Nachdem das Heck auf dem Glatteis ausgebrochen sei und er die Kontrolle über das Gefährt verloren habe, sei es – mitten in der Nacht – seltsam hell geworden im Innenraum des Wagens. Er sagt, da sei auf einmal so ein wunderschönes, warmes Licht gewesen, ganz anders und viel heller als es eine normale Fahrzeugbeleuchtung jemals sein könnte. Als das Auto zum Stillstand gekommen sei, sei es schlagartig stockdunkel gewesen. Er entsteigt dem Wagen unverletzt. Er ist überzeugt davon: Da war ein Schutzengel am Werk ...

„Sie ist weg, aber wir wissen nicht wie weit."

Die Worte kommen aus dem Mund eines Oberarztes im Deutschen Herzzentrum der Charité in Berlin. Am Tag vorher musste einer jungen Frau in einer Notoperation das Herz entnommen werden. Nun ist sie an eine Herz-Lungen-Maschine angeschlossen, die ihre Lebensfunktionen bis zum Eintreffen eines passenden Spenderherzens aufrechterhalten soll. Mit Hilfe der Technik können so inzwischen sogar mehrere Wochen und Monate überbrückt werden, wobei nach Aufwachen der Patienten aus der Narkose und eigenständiger Atmung nur noch die Pumpfunktion des Herzens durch eine künstliche Apparatur ersetzt wird. Viele Stunden nach dem medizinischen Eingriff müsste die Wirkung der Anästhesie längst nachgelassen haben. Aber die Patientin wacht nicht auf. Die Ärzte stehen vor einem Rätsel. Die Vitalfunktionen sind nur teilweise erhalten. Losgelöst von der Apparatemedizin belegen allerdings bestimmte Parameter, dass noch Leben in der jungen Frau ist. Die Mediziner haben dafür keine Erklärung. Sie sagen, man müsse abwarten, was passiert. Über mehrere Wochen ist ihr Mann bei ihr, sitzt an ihrem Bett, fast Tag und Nacht. Er spricht mit ihr, immer wieder, versucht sie mit allen Mitteln zurückzuholen. Irgendwann spricht er ganz leise auch einen Gedanken aus, gegen den er sich bis dahin innerlich mit ganzer Kraft gewehrt hat. In ihm liegt ein Ausdruck der schmerzlichen Akzeptanz. Er ist erschöpft, als er spätabends in die kleine Mietwohnung für Angehörige zurückkehrt, in der er wie jeden Abend in der zurückliegenden Zeit für ein paar wenige Stunden in einen unruhigen Schlaf fällt. Als er am nächsten Morgen an ihr Bett kommt, ist äußerlich alles wie immer. Aber er spürt, dass sich etwas verändert hat. Er ruft die Ärzte hinzu. Sie stellen ihren Tod fest ...

„Fahr mal zu Katharina!"

Ich sitze beim Mittagessen mit einem Kollegen zusammen. Er ist ein paar Jahre älter als ich, war lange Zeit auf Vorstandsebene in verschiedenen, international agierenden Unternehmen beschäftigt. Inzwischen arbeitet er selbständig. Ein guter Jurist. Ich schätze seine Erfahrung und seinen klaren Verstand. Wir kennen uns schon lange, auch privat. Er erkennt, dass es mir nicht gut geht. Eine Weile spielen wir gedanklich meine Handlungsoptionen durch. Als wir feststellen, dass wir uns dabei im Kreis drehen, sagt er: *„Fahr mal zu Katharina!"* Ich stutze: *„Wer bitte ist denn Katharina?"*. Er lächelt: *„Fahr einfach hin. Wenn ich dort war, bin ich immer große Schritte vorwärtsgekommen."* Ich lasse mir den vollständigen Namen geben und recherchiere im Internet. Was ich finde, irritiert mich. Die Frau soll *„hellseherische Fähigkeiten"* haben und mit *„Aufstellungen"* arbeiten. *„Was für ein Quatsch"*, denke ich. Vor vielen Jahren hatte mal ein Sportkamerad von einer *„Familienaufstellung"* berichtet. Was er erzählte, fand ich damals schon ausgesprochen befremdlich, auch wenn er meinte, auf diese Weise ein dunkles Familiengeheimnis gelüftet zu haben.

Ich rufe meinen Berufskollegen an: *„Ist das Dein Ernst? Was soll ich denn mit so einem Hokuspokus? Ich werde ganz sicher nicht meine Probleme vor irgendwelchen wildfremden Leuten ausbreiten."* Er antwortet nur: *„Das musst Du gar nicht. Die arbeitet ..."* – er macht eine Pause – *„na ja, anders halt ... Ich war früher genauso skeptisch wie Du. Probier's einfach aus. Die Rechnung kannst Du von der Steuer absetzen. Was hast Du zu verlieren?"*

Der Kampf in mir dauert trotzdem noch ein paar Tage. Schließlich entschließe ich mich, seinem Rat einfach mal zu vertrauen, werfe alle Zweifel über Bord, melde mich an und fahre zwei Wochen später zu einer der Gruppenveranstaltungen, die in unregelmäßigen Abständen stattfinden. Ich treffe auf eine interessante Reihe von Menschen. Um die zwanzig Frauen und Männer aller Altersstufen. Intelligente Köpfe, die meisten beruflich hocherfolgreich, vorwiegend Unternehmer und Selbständige.

Was sich an diesem Wochenende ereignet, kann ich mit Worten nicht beschreiben. Ohne dass ich etwas über mich oder meine Themen erzähle, treten auf mir unerklärliche Weise Informationen und „Dinge" zutage, auf die ich nie gekommen wäre. Verstandesmäßig kann ich das alles nicht einordnen. Rational habe ich keinerlei Zugang zu dem, was hier passiert. Aber ich weiß instinktiv und fühle, dass es richtig ist. Soweit ich es später überprüfen kann, bestätigt sich objektiv, was sich meinem Wissen bis dato verborgen hatte. Und das Wichtigste: Die seltsame Aktion zeigt unmittelbar Wirkung. Als ich nach zweieinhalb Tagen wieder heimwärts fahre, ist mein emotionaler Rucksack endlich komplett leer und mein Kopf wieder vollkommen klar. Ich weiß, was ich nun zu tun habe und bin einmal mehr um eine überraschende Erfahrung reicher.

Als Sohn meines Vaters war ich nie ein Freund davon, etwas einfach zu glauben und zu übernehmen.

„Glauben heißt nicht wissen."

Ich habe es immer vorgezogen, mich selbst mit etwas zu befassen, es mir anzuschauen, kritisch zu prüfen und mir dann mein eigenes Urteil zu bilden. Aber ich glaube inzwischen fest, dass es zwischen Himmel und Erde so Einiges gibt, das sich weit außerhalb unserer bisherigen naturwissenschaftlichen Erklärungsmodelle bewegt. Unabhängig von Berichten über Nahtoderfahrungen fußt doch letztlich auch jede Weltreligion auf solchen Elementen, wie etwa der Vorstellung von der Existenz einer Seele oder einem Leben nach dem Tod. Und in anderen Kulturkreisen ist es bis heute vollkommen selbstverständlich, sich Medizinmännern, Geistheilern oder Schamanen anzuvertrauen.

Gleichwohl verstehe ich in unserer, vorwiegend verstandesmäßig geprägten, Welt jeden, der dies für Unfug hält, keinerlei Zugang dazu hat und sich nicht dafür öffnen kann oder möchte. Wer eine Erfahrung nie gemacht hat, wird sein mangelndes Verständnis immer rechtfertigen können. Der Versuch, einem Blinden die Schönheit eines Sonnenuntergangs am Meer zu beschreiben, muss scheitern. Das ist niemandem vorzuwerfen. Jeder kann nur auf seine eigenen Erfahrungen zurückgreifen.

> *„Es gibt Menschen, die in Erfahrungswelten leben,*
> *die wir nicht betreten können."*
> *(Jim Steinbeck, 1902 – 1968, USA)*

Ganz sicher wird auch viel Schindluder getrieben mit dem Versprechen von Problemlösungen auf „übersinnlichen, transzendenten Wegen." Und dennoch: Heute muss viel zusammenkommen, bevor jemand bei mir in der gedanklichen Kategorie „esoterisch-verquaster, spiritueller Spinner" landet. Und meine Oma gehörte ganz sicher nicht dazu.

In der Medizin fällt gelegentlich der Satz *„Wer heilt, hat recht"*. Ich würde ihn ein bisschen weiter fassen wollen:

> *„Wer hilft, hat recht."*

Nachdem ich im wahrsten Sinne des Wortes am eigenen Leib erlebt habe, dass es Phänomene gibt, die sich unserer Erkenntnisfähigkeit (noch?) entziehen, bin ich vorsichtig geworden mit meinem Urteil über Andere. Damit entspreche ich aber doch nur einem schlichten Gebot der Vernunft. Schließlich gab es zu allen Zeiten in allen Kulturen Menschen, die „anders" waren. Unzählige wurden deswegen entweder verehrt oder verfolgt und getötet. Dabei sind die Krankheiten und Todesfälle, die früher dem

Werk von Scharlatanen und Hexen zugeschrieben wurden, heute im Wege der Mikrobiologie eindeutig erklärbar. Ebenso sind althergebrachte Überzeugungen längst widerlegt: Die Erde ist weder eine Scheibe noch der Mittelpunkt des Universums. Von Solo-Sex wird niemand krank und von Lesen bei schummrigem Licht werden Augen nicht schwächer.

Warum also sollten manche Menschen nicht auch sehen können, was sich vor den Augen anderer (noch) verbirgt? Zu welch unfassbaren Leistungen menschliche Gehirne in der Lage sind, zeigt sich doch eindrücklich am Beispiel von „Savants". Objektiv belegt, wissenschaftlich eingehend untersucht und unbestritten sind weltweit etwa einhundert Menschen „anders" als alle um sie herum. Entweder von Geburt an oder später erworben durch neurologische Erkrankungen, gelegentlich auch Kopfverletzungen, verfügen sie mitunter von einem auf den anderen Tag über ein Können oder Wissen, das die Grenzen der Normalität in jeglicher Hinsicht sprengt. Das mag nicht immer hilfreich sein. Wer hat schon etwas davon, wenn er plötzlich Telefonbücher auswendig aufsagen, Stadtpläne aus dem Gedächtnis zeichnen, Klavierkonzerte nachspielen oder die mathematische Formel hinter der Zahl Pi „sehen" kann? Aber geben uns Menschen wie Kim Peek, Stephen Wiltshire, Leslie Lemke, Daniel Tammet, Matt Savage oder Jason Padgett möglicherweise nur einen Hinweis darauf, wie begrenzt unsere Denkansätze und Denkvermögen in Wahrheit oft sind?

Vielleicht liefern uns die Epigenetik oder die Quantenphysik ja eines Tages überzeugende Erklärungen für all das, was in anderen Feldern heute noch – oder wieder – als unseriöses Getue von Schamanen, Geistheilern, Numerologen, Astrologen oder Wahrsagern abgetan wird?

Das zweite Leben

„Wenn die Menschen nur über das sprächen,
was sie begreifen,
dann würde es sehr still sein auf der Welt."
(Albert Einstein, 1879 – 1955, Schweiz, USA)

Wie geht es Ihnen, Herr Roos?

„Wie geht es Ihnen, Herr Roos?", höre ich jemand hinter mir fragen. Als einer von ca. 40.000 Zuschauern stehe ich beim Besuch eines Open-Air-Konzerts im weiten Rund eines auch für solche Zwecke genutzten Fußballstadions. Als ich mich umdrehe, erkenne ich ihn sofort, auch wenn unsere letzte Begegnung bald 20 Jahre zurückliegt: Johannes.

Er trägt inzwischen einen Vollbart, ist etwas breiter geworden; man sieht ihm an, dass er viel an der frischen Luft ist. Neben ihm steht eine junge Frau. Sie ist offensichtlich schwanger. Bis zur Geburt wird es aber noch etwas dauern. Ich schaue in zwei glückliche Gesichter.

Ich spreche nicht gerne über mich, schon gar nicht mit früheren Mandanten. Und erst recht nicht, wenn ich mir eingestehen muss, dass die Frage mich an einem ganz wunden Punkt erwischt hat. Mir geht es nicht gut. Ich habe mich selbst verloren, bin an einigen Stellen nicht mehr der Mensch, der ich sein möchte. Nicht für mich und nicht für andere. Ich mache mir und anderen etwas vor, funktioniere im Außen gleichwohl seltsamerweise noch gewohnt gut. Aber wem kann ich schon sagen, wie es wirklich in mir aussieht? Außerdem bin ich es nicht gewohnt, dass jemand mit wirklichem Interesse fragt. Es ist auch ohne Belang. Offen und ehrlich geantwortet hätte ich ohnehin nicht. Ich möchte mir immer noch nicht in die Karten schauen lassen. Auch wenn ich inzwischen an meine Belastungsgrenze komme, in dem Bemühen, die Fassade aufrecht zu halten.

Daher antworte ich routiniert floskelhaft mit dem alten Scherz *„Sie wissen doch: schlechten Menschen geht es immer gut"*, lenke die Aufmerksamkeit mal wieder um, stelle eine Gegenfrage und erfahre, wie es ihm ergangen ist. Es sei alles gut gelaufen damals. Ein paar Monate nach dem letzten Gerichtstermin sei er wie geplant entlassen worden. Mit Unterstützung seines Bewährungshelfers habe er rasch eine Arbeitsstelle und eine eigene Wohnung gefunden. Sein Ausbildungsleiter aus der JVA habe recht gehabt. Auf dem Arbeitsmarkt habe er freie Auswahl gehabt. Dennoch sei es sei in der ersten Zeit sehr ungewohnt gewesen, auf einmal so alleine draußen. Er sei bewusst nicht mehr in seine alte Heimat gezogen, sondern lieber in der Nähe der JVA geblieben. Auch um den Kontakt mit seinem Ex-Chef zu erhalten. Der sei wie der Vater zu ihm gewesen, den er nie gehabt habe. Johannes schluckt, als er fortfährt. Karl-Heinz sei vor ein paar Monaten recht schnell und überraschend gestorben. Krebs. Eigentlich hätte er nicht nur Trauzeuge, sondern auch Pate des ersten Kindes werden sollen.

Johannes berichtet stolz, dass er inzwischen seine eigene Firma habe: ein Metallbauunternehmen. Die Zeit in der JVA und die Begegnung mit seinem Ausbilder seien das Beste gewesen, was ihm habe passieren können. Sein Chef sei ein tolles Vorbild für ihn gewesen. Wenn er nun in seinem Betrieb Auszubildende einstelle, nehme er gerne junge Erwachsene, die bislang überall „durch den Rost gefallen" sind. Die könne er motivieren, für die sei nun er das Vorbild. Es fühle sich toll an. Er verstehe ja deren Welt und wisse, wie schwierig es sei, morgens aufzustehen, *„wenn Du nicht weißt, wofür"*. Sein Team sei super. Und er sei so unendlich dankbar, insbesondere für die Begegnung mit seinem Chef. Der habe immer an ihn geglaubt, unendlich viel mit ihm gesprochen und ihm immer wieder dieselben Fragen gestellt:

> *„Was willst Du mit Deinem Leben anfangen?"*
> *„Wofür willst Du Deine Zeit nutzen?"*
> *„Was für ein Mensch willst Du sein?"*

Mit seiner Begeisterung und seinen Worten bohrt Johannes in meinen Wunden. Die gleichen Fragen habe ich mir vor ein paar Jahren ja auch gestellt und für mich beantwortet. Ich bin mir nicht sicher, ob meine Antworten von damals auch heute noch Gültigkeit haben. Oder habe ich mit den Jahren nur schlicht die Kraft verloren, auch danach zu leben? Aber vielleicht wollte ich auch einfach zu viel?

Mir fällt mal wieder ein Satz ein. Er stammt von einem sehr erfahrenen, lebensklugen Mann, Kriegsveteran, Lehrer, Schuldirektor und Bürgermeister. Er war schon in seinen Achtzigern, als ich ihn näher kennenlernen und teilhaben durfte an seiner Art zu denken. Nie wieder ist mir jemand begegnet, der es verstand, seine Lebensweisheit so humorvoll zu verpacken. Den ein oder anderen Satz habe ich ihm geklaut. Nein. Ich habe ihn übernommen. Vielleicht hat er ihn mir auch vermacht? Wie auch immer.

> *„Wer immer mit dem Kopf durch die Wand will,*
> *erleidet Schäden am Kopf, nicht an der Wand."*

Vielleicht ist ja genau das auch mir passiert? Es erscheint

mir stimmig. Ich funktioniere im Außen gut, schlafe aber schlecht und lache selten. Hat mich die frühe Begegnung mit den ernsten Seiten des Lebens blind gemacht für seine Schönheit? Seit Jahren verbringe ich deutlich mehr Zeit mit Besuchen in Krankenhäusern und auf Beerdigungen als bei Konzerten und Partys. Das könnte durchaus ein paar Schäden am Kopf verursacht haben?!

Der Auftritt der Band wird angekündigt und Johannes verabschiedet sich. Die beiden wollen näher an die Bühne. Er sagt noch schnell, er wolle sich ein bisschen was von der Performance abschauen. Er zwinkert mir zu. Es habe sich herausgestellt, dass er einigermaßen gut singen könne. Er sei dabei, seine eigene Band zu gründen.

Die unerwartete Begegnung wirkt nach in mir. Es hat gutgetan, ihn zu sehen. Irgendwie hatte er eine ansteckende Energie und Lebensfreude. Er erinnert mich ein bisschen an Thilo und die Begegnung mit ihm beim Klassentreffen. Auch er hat gelernt, mit beiden Händen zuzugreifen, wenn sich Chancen eröffnen. Ich bin mir sicher: Johannes wird seine eigenen Melodien spielen und den richtigen Ton treffen.

In seiner Kindheit und Jugend hatte er keine guten Karten auf der Hand. Und trotzdem beherrscht er inzwischen das Spiel des Lebens und hat offensichtlich Freude daran.

Es tut mir leid

„Es muss ein Ende haben. Wenn ich diesen elenden Kreis-lauf durchbrechen will, muss ich sagen, was war", sagt er zu Beginn der Besprechung, um die er zu meiner Überra-schung doch noch gebeten hat. Ich hatte nicht erwartet, ihn wiederzusehen. Drei Tage vorher hatte er das Büro lautstark schimpfend verlassen.

Die Zornesröte in seinem Gesicht ist einem Grau gewi-chen, als ich ihn nun begrüße. Er ist ruhig geworden, lei-se. Von der Entschlossenheit und Kampfeslust in seinen Augen ist nichts mehr zu sehen. Sie sind müde, traurig, leer.

Was ich ihm bei unserer letzten Begegnung gesagt hatte, hat ihm nicht gefallen. Er sei ein angesehener, erfolg-reicher Mann und habe viel Geld in seine Verteidigung investiert. So einen unqualifizierten Mist müsse er sich von mir nicht anhören. Er frage sich, wie er an so einen Stümper als Verteidiger habe geraten können.

Es ist das alte Problem: als bloßer Überbringer der Bot-schaft werde ich für deren Inhalt verantwortlich gemacht. Dabei hätte ich ihm liebend gerne etwas Anderes gesagt. Es geht um einen hässlichen Tatvorwurf. Die angegebe-nen Taten liegen lange zurück. Objektive Beweismittel, also Sachbeweise wie DNA-Spuren oder Ähnliches gibt es naturgemäß nicht mehr. Dritte haben das angeklagte Geschehen – wie in solchen Fällen üblich – nicht beob-achtet. Abgesehen von den Angaben der Geschädigten gibt es also keine unmittelbaren Zeugen. Das Opfer ist seine Tochter, mittlerweile um die 20 Jahre alt.

Der Mandant selbst bestreitet heftig. Es ist der Klassiker. Das Ganze sei nur eine Racheaktion seiner Ex-Frau. Diese sei mit seiner Tochter eben sauer, dass er zu wenig Unterhalt zahle. Dabei laufe nur das Geschäft nun einmal leider nicht mehr so gut wie früher. Die beiden Frauen hätten ein Komplott gegen ihn geschmiedet. Er sei unschuldig. Er lasse sich nicht verurteilen für etwas, das er nicht getan habe. Ein Geständnis käme in gar keinem Fall in Betracht. Ihm sei in der Zwischenzeit alles egal. Notfalls gehe er eben ins Gefängnis.

Genau das ist nach meiner festen Überzeugung nicht zu verhindern. Dabei weiß ich aus Erfahrung nur zu gut: Es gibt leider auch die Fälle, in denen mit dem bloßen Vorwurf einer Sexualstraftat Rache geübt wird. Bei dieser Deliktskategorie werden Existenzen mitunter auch bei Freisprüchen vernichtet. Daher gilt es hier in besonderer Weise, akribisch und qualifiziert zu arbeiten.

Es ist die typische Situation: *„Aussage gegen Aussage"*. Als juristischer Laie wird man spontan vielleicht an den lateinischen Grundsatz *„in dubio pro reo"* („im Zweifel für den Angeklagten") denken und einen Freispruch erwarten. Dies setzt allerdings voraus, dass das Gericht nach Ausschöpfung der Beweismittel tatsächlich Zweifel an einer Täterschaft hat. Vorher ist es aber Aufgabe des Gerichts, nicht nur die Glaubwürdigkeit der einzelnen Beteiligten, sondern insbesondere die Glaubhaftigkeit der jeweiligen Aussagen zu bewerten. Zu den Kriterien für diesen Bewertungsprozess hat der Bundesgerichtshof eine Reihe von Entscheidungen getroffen, sodass die professionell Beteiligten wissen sollten, wie sie vorzugehen und an welchen Prüfungsparametern sie ihre Entscheidungen auszurichten haben. Für eine Verurteilung ist es notwendig, aber auch ausreichend, dass das Gericht keine vernünftigen Zweifel mehr an dem Geschehen hat, das eine Strafbarkeit begründet.

Was für das Gericht gilt, gilt selbstverständlich auch für den Strafverteidiger. Und so habe ich die Aktenlage in allen Richtungen kreuz und quer analysiert, in der Hoffnung, einen Ansatz für eine Freispruchsverteidigung zu finden. Mein Ergebnis ist eindeutig. Ich kann es drehen und wenden, wie ich will: Die ganze Sache strotzt vor Glaubhaftigkeitssignalen. Zum gleichen Ergebnis kommt auch ein Sachverständigengutachten, das die Staatsanwaltschaft im Ermittlungsverfahren eingeholt hat. Das Gutachten wurde von einer der bundesweit allseits geachteten und geschätzten Koryphäen in diesem Bereich erstellt. Die Wahrscheinlichkeit für einen Freispruch ist gleich null. Der Mandant wird im Gefängnis landen. Die Frage ist nur, wann und wie lange.

Das war die ungebetene, ungewünschte, hässliche Botschaft, die ich ihm in der letzten Besprechung übermittelt hatte. Seine Reaktion hatte ich erwartet. Nur von ihrer Heftigkeit war ich ein wenig überrascht. Gleichzeitig weiß ich: unter hoher emotionaler Anspannung treffen Menschen selten kluge Entscheidungen. Verliebtsein macht genauso blind für die Realität wie Wut oder Angst. Daher habe ich ihm die Ermittlungsakte mitgegeben und ihm vorgeschlagen, sich alles selbst in Ruhe anzusehen. Er solle insbesondere die Aussagen seiner Tochter selbst lesen. Meine Hoffnung, dass er ein Einsehen hat, ist nicht groß. Ich kann mir nicht vorstellen, dass er meinen Rat zu einem Geständnis und einer Strafzumessungsverteidigung annehmen kann. Wie soll jemand zu solchen Taten stehen? Noch dazu bei dieser Fallhöhe. Er ist ein in weit bekannter, in seinen Kreisen angesehener, lange Jahre sehr erfolgreicher Geschäftsmann. Sosehr er an schwierige Verhandlungen gewöhnt ist, so wenig Erfahrung hat er mit Niederlagen.

So denke ich jedenfalls bis zu diesem Gespräch. Ich bin erstaunt, als ich erfahre, welch ein Schicksal sich hinter dieser Fassade der großen Karriere und des imposanten Auftritts verbirgt. Gewohnt reflektiert und geordnet beginnt er mit seinem Bericht. Es wird sehr schnell deutlich, dass er ein großes Bedürfnis hat zu reden. Ich höre schweigend zu. Es wird seine gesamte Lebensgeschichte. Er ist noch klein, als sein Vater stirbt. Ein Arbeitsunfall. Wenige Jahre später stirbt die Mutter. Trauer, finanzielle Sorgen und Alkohol haben sie zerfressen. Geschwister und sonstige Familienangehörige gibt es nicht. Noch zur Grundschulzeit kommt er in ein Heim und erlebt dort viel. Zu viel. Prügel, früh aufstehen, hart arbeiten, alleine im Dunkeln auf der Toilette essen. Bis er keinen Widerstand mehr leistet. Keinen Widerstand mehr gegen den Missbrauch durch Geistliche und sonstige Männer. Wie selbstverständlich unterbrechen auch Nonnen seine Nächte im Schutz des Gemeinschaftsschlafsaals. Irgendwann wehrt er sich nicht mehr und erträgt. Schweigend. Immer wieder. Bis er alt genug ist, um abzuhauen.

Er findet eine Stelle auf dem Bau, zeigt sich schnell im Lernen, ist geschickt, ehrgeizig und fleißig. Er arbeitet rund um die Uhr, gründet seine eigene Firma, verdient irgendwann das große Geld. Er nimmt alles mit, was das Leben zu bieten hat. Eigene Wohnung, eigenes Haus, schnelle Autos, teure Urlaube, kurze Nächte. Glücksspiel. Alkohol. Kokain. Frauen. Es sind viele. Sehr viele. Nie etwas Ernstes. Das will er nicht. Irgendwann macht sein Körper nicht mehr mit. Es folgt der Zusammenbruch.

Der Aufenthalt in der Privatklinik. Mit Ende 30.
Dort lernt er die Frau seines Lebens kennen. Mit ihr
scheint alles anders. Jetzt kann er sich auf einmal sogar
eine Familie vorstellen. Er wird Vater, spät im Leben.
Seine Tochter ist sein Ein und Alles. Für seine Prinzes-
sin ist ihm nichts zu viel. Sein Geschick und seine Geduld
im Umgang mit ihr beeindrucken alle, die die beiden im
Umgang miteinander erleben.
Ein paar Jahre geht alles gut. Bis er feststellt, dass seine Frau sich verändert. Es ist ein schleichender Prozess.
Irgendwann nicht mehr zu übersehen. Sie trinkt wieder,
streitet es ab, zieht sich zurück. Er kümmert sich um alles, hält nach Außen das Bild der heilen Familie aufrecht.
Im Haus sieht es anders aus als früher. Seine Frau und
er schlafen nun in getrennten Zimmern, auf unterschiedlichen Etagen. Wenn sie trinkt, wird sie oft aggressiv, laut,
schreit herum. Für ein Kind ist das beängstigend. Mit
zehn Jahren kann seine Tochter nun nicht mehr alleine
einschlafen. Sie kommt nachts immer öfter zu ihm, findet
Nähe und Trost. Irgendwann geht sie den Umweg über
ihr eigenes Bett kaum noch und schläft meist gleich bei
ihm ein, bis sie eines Nachts in den Armen ihres Vaters
von seinen Küssen aufwacht und der Albtraum des Un-
vorstellbaren, Unaussprechlichen beginnt. Er endet erst,
als ihre Mutter aus einer weiteren stationären Therapie
entlassen wird, sich von ihm trennt und auszieht, mit
ihrer Tochter.
Von dem, was einst im elterlichen Schlafzimmer begonnen und der Tochter später auch in ihrem Jugendzimmer
immer wieder widerfahren ist, ist lange Zeit keine Rede.
Das ändert sich erst als ein junger Mann in das Leben der
Tochter tritt. Ihr Schweigen bricht sie, als sie einen Arzt
konsultiert. Danach schreibt sie einen Brief. Der fällt –

mit einem alten Tagebuch – in die falschen Hände und landet bei der Polizei. So kommt – von ihr unbeabsichtigt – das Strafverfahren in Gang. Sie fängt an zu sprechen und spürt, dass es ihr guttut.

Bei ihrer Mutter findet sie kein Gehör. Die schweigt. Auch als längst geschiedene Ehefrau beruft sie sich schon im Ermittlungsverfahren bei der Polizei auf ihr Zeugnisverweigerungsrecht, § 52 Abs. 1 Nr. 2 StPO. Genau das wird sie später auch in der Hauptverhandlung bei Gericht tun. Im Land des Holocaust ist Schweigen aus Schwäche leider immer noch ein weitverbreitetes Muster. Manchmal erschwert es nicht nur die Strafverfolgung, sondern ermöglicht auch weitere Taten.

Ich hatte dem Mandanten in der letzten Besprechung erklärt, wie wichtig ein Geständnis in solchen Fällen ist. Nicht nur mit Blick auf die eigene Straferwartung und den Strafvollzug, sondern insbesondere für den weiteren Lebensweg eines Opfers. Dass er diese Perspektive kennt, konnte ich zu diesem Zeitpunkt nicht ahnen.

So erklären sich nun aber zwanglos seine Sätze zu Beginn des Gesprächs in meiner Kanzlei. *„Es muss ein Ende haben. Ich will nicht, dass es ihr genauso geht wie ihrer Mutter und mir. Ich weiß, wie sehr ich mir mein ganzes Leben gewünscht habe, dass ich mit jemandem hätte reden können. Es wäre so wichtig gewesen, dass mir jemand geglaubt hätte und diese Schweine von damals verurteilt worden wären. Ich will, dass meine Tochter nicht irgendwann die gleichen Fehler macht wie ich. Auch wenn ich genauso eine Sau geworden bin wie die Kerle und Weiber damals im Heim, werde ich es ab jetzt besser machen als die. Ich werde zu dem stehen, was ich getan habe."*

Wir sprechen lange miteinander. Ich spüre, welche Last

ihm von den Schultern fällt. Es verschafft ihm Erleichterung, fast Befreiung, dass er seine ganze Geschichte loswerden kann, dass ihm jemand zuhört, jemand, der ihm glaubt und ihn nicht verurteilt.

Für den anstehenden Strafprozess ist die Verteidigungslinie damit klar. Er will reinen Tisch machen, aufräumen in seinem Leben und keinen weiteren Müll in den Leben anderer hinterlassen. Ich führe Gespräche, nicht nur mit dem Gericht, sondern zuerst auch mit der Rechtsanwältin der Tochter. Eine erfahrene Kollegin. Sie weiß, was sie tut und was ihre Mandantin braucht. Ich kündige ein Geständnis an, spreche mit ihr über einen „Täter-Opfer-Ausgleich" und biete eine Schmerzensgeldzahlung in erheblicher Höhe an. Das Gesetz sieht für solche Fälle ausdrücklich die Möglichkeit einer Strafmilderung vor, § 46 a StGB. Ich frage, was mein Mandant tun könne. *„Meine Mandantin will kein Geld. Sie will erzählen, was war und dass man ihr glaubt. Wenn er gesteht, reicht ihr das völlig aus. Er ist ihr Vater, sie liebt ihn immer noch."* Zum ersten Aufeinandertreffen kommt es schließlich bei Gericht. Als wir den großen, historischen Sitzungssaal des Landgerichts betreten, hat auf der anderen Seite bereits die Staatsanwaltschaft Platz genommen. Daneben sitzt schon die Kollegin und unterhält sich mit ihrer Mandantin. Als Verletzte hat sie sich dem Verfahren als Nebenklägerin angeschlossen, § 395 StPO. Das gibt ihr unter anderem das Recht, an der gesamten Verhandlung teilzunehmen.

Wir nehmen unsere Plätze ein. Rund zehn Meter liegen rein räumlich zwischen Tochter und Vater. Welten in der Erscheinung. Während auf der einen Seite das sehr gepflegte, angenehme Äußere einer jungen Frau zu sehen ist, ist ihr gegenüber nicht mehr viel übrig von dem

Mann, den ich noch zu Beginn des Mandates kennengelernt habe.

Die Terminierung der Hauptverhandlung hat sich immer
wieder verzögert. Strafkammern sind häufig überlastet.
Haftsachen haben Vorrang. Mein Mandant hat wieder
angefangen zu trinken. Er wusste, dass er seine Erinnerungen genauso wenig ertränken kann wie seine Schuld-
gefühle. Beide können schwimmen. Er gehört nun leider
zu denen, die gegen die Flut der Gedanken nicht mehr
ankämpfen können und immer wieder darin untergehen.
Für die Hauptverhandlung hat er seine letzten Kräfte
mobilisiert. Er ist tatsächlich nüchtern, soweit ich das
beurteilen kann.

Die Verhandlung beginnt mit den üblichen Förmlichkei-
ten, wobei ein Antrag auf Ausschluss der Öffentlichkeit
ebenso abgelehnt wird, wie der sodann folgende Antrag
auf Ablehnung des Gerichts wegen Besorgnis der Befan-
genheit. Nach Verlesung der Anklage wird der Mandant
über die Möglichkeit belehrt, sich zur Anklage zu äußern
und auf sein Recht zu schweigen hingewiesen.

Da alle professionell Beteiligten wissen, wie schwierig die
ersten Worte für einen Angeklagten sein können, habe ich
im Vorfeld bereits angekündigt, dass ich vorab eine kurze
Erklärung für ihn abgeben werde. Dementsprechend erkläre ich für ihn im ersten Satz, dass alles zutreffe, was in
der Anklage stehe. Kaum sind diese Worte gefallen, hallt
ein Schrei quer durch den Gerichtssaal: *„Wie konntest Du
mir das antun?"*, schmettert sie ihrem Vater entgegen.
Einen kurzen Moment herrscht Totenstille, bevor sie jäh
durchbrochen wird.

„Es tut mir leid!"

platzt es aus ihm heraus. In einer Explosion der Gefühle entladen sich in wenigen Sekunden unermessliches Leid und Elend. Auf beiden Seiten gehen alle weiteren Worte in verzweifelten Schreien, Tränen und tiefem Schluchzen unter, bevor es irgendwann wieder still wird im Saal. Eines wird in diesen Sekunden oder Minuten mehr als deutlich: Wer denkt „*Die Zeit heilt alle Wunden.*" liegt falsch. Wenn es um psychische Verletzungen geht, heilt Zeitablauf alleine gar nichts. Wunden, die nicht versorgt werden, verheilen nicht. Sie eitern und irgendwann platzt alles auf. Nicht immer wird das in einem Gerichtssaal passieren.

Der erfahrene Vorsitzende der Strafkammer unterbricht die Hauptverhandlung. Er will allen die Möglichkeit geben zu verarbeiten, was gerade passiert ist. „*Da ist mir doch jeder anständige Mord lieber als sowas*" höre ich ihn flüstern, als er mit seiner Beisitzerin und den beiden Schöffen den Saal verlässt.

Als die Verhandlung fortgesetzt wird, bleibt es nicht bei einem formelhaften Geständnis und dem in vier so wichtige Worte gefassten Ausdruck der Reue. Im weiteren Verlauf des Prozesses werden viele Fragen gestellt und beantwortet. Der Mandant schont mit seinen Aussagen weder sich noch andere. So schwer es auszuhalten ist, was hier zur Sprache kommt, so wichtig ist es, dass das Schweigen endlich gebrochen wird. Seine Taten sind durch nichts zu rechtfertigen. Aber das Wissen um die Vergangenheit erleichtert nicht nur für alle das Verständnis und den Umgang mit der Gegenwart. Für seine Tochter ist es ein wesentlicher Schritt in eine bessere Zukunft.

Nach der Urteilsverkündung weinen beide wieder. Vater und Tochter. Täter und Opfer. Was zwischen ihm und ihr klar verteilt ist, fällt bei ihm in einer Person zusammen.

Das zweite Leben

Hier schließen sich gerade zwei Kreise.

Das scheint wichtig, bei allem im Leben. Und so sind es bei allem Grauen, Drama und aller Tragik gute Tränen, wichtige Tränen. Tränen der Trauer, genauso wie Tränen der Erleichterung und auch der Vergebung. Er wirkt seltsam befreit als die Handschellen noch im Gerichtssaal klicken: *„Endlich ist alles vorbei. Das musste alles mal raus. Mehr konnte ich nicht für sie tun.“*

Es gibt zahlreiche Studien und Untersuchungen, die zeigen, wie wichtig Vergebung für Opfer und Täter ist. Ab jetzt kann vieles besser werden, für beide.

Das Argument, der Mandant habe sich entschuldigt und versucht, sein Handeln und dessen Folgen wiedergutzumachen, verwenden Strafverteidiger im Übrigen gerne im Bestreben, ein milderes Urteil zu erreichen. Ich habe mich immer schon gefragt, wie das gehen soll, dieses *„Ich entschuldige mich“*. Schuld ist doch nichts, das man einfach mit ein paar Worten ablegen kann. Schuld ist doch kein Rucksack, der einem zu schwer geworden ist. Wer Schuld auf sich geladen hat, kann allenfalls sein Gegenüber um Entschuldigung bitten. Es ist dessen Entscheidung, ob er vergibt, verzeiht, entschuldigt. Sie wird umso leichter fallen, je deutlicher wird, dass nicht nur leere Worte daher geplappert werden, sondern ernsthafte Reue die Grundlage von wahrer Verantwortungsübernahme und ernsthaften Wiedergutmachungsbemühungen ist.

> *„Entscheidend ist nicht,*
> *was man sagt,*
> *sondern was man tut.“*
> *(Unbekannt)*

Um Missverständnisse zu vermeiden: Schuld und Vergebung sind nicht nur dann von Bedeutung, wenn sie strafrechtlich relevant sind. Wer wird von sich selbst schon
sagen können, dass er noch niemanden verletzt habe?
Mich hat dieser Mandant beeindruckt. Der Gedanke mag
irritieren: Aber war dieses Geständnis nicht ein Ausdruck
großer Liebe zu seiner Tochter? Schließlich lag das Motiv, sein Schweigen zu brechen, in seiner Sorge um ihre
Zukunft. Hat sie ihm die Kraft dazu gegeben, vor sich
selbst und seiner Familie, noch dazu in der Öffentlichkeit
eines Gerichtssaals, zu solchen Taten zu stehen? Wie oft
schaffen wir es schon unter deutlich leichteren Umständen nicht, uns unserer Verantwortung zu stellen? Wie oft
flüchten wir in Lügen oder Schweigen und offenbaren damit in Wahrheit nur unsere Ängste und Schwächen? Ist
das am Ende nur immer wieder das traurige Ergebnis
von mangelnder Wertschätzung, ja Liebe zu uns selbst
und denen, die es betrifft?

„Schließe Frieden mit Deiner Vergangenheit,
damit sie Deine Gegenwart nicht zerstört."
(Paulo Coelho, *1947, Brasilien)

Na? Wie war ich?

Aus dem Mund des Vorsitzenden eines Jugendschöffengerichts im südlichen Teil Baden-Württembergs klingen die Worte in ihrer Sprachfärbung etwas seltsam. Er liest sie allerdings nur vor. Sie finden sich in den Auswertungen der Mobiltelefone der beiden Angeklagten.

Der Sachverhalt ist ebenso ungewöhnlich wie unstreitig. Vor gut zwei Jahren hat es angefangen. Die junge Frau, die nun gerade 17 Jahre alt ist, hat immer wieder Bargeld verschickt, per Post, in gut versicherten Paketen. Insgesamt im Laufe der Monate mehr als 100.000 €. Der Empfänger dieser exklusiven Sendungen ist ein junger Mann, inzwischen 24 Jahre alt. Er kommt aus Hannover und sitzt nun neben ihr auf der Anklagebank. Ein hübscher Bursche, auch wenn die dezente, muskulös gefällige Erscheinung und das charmante Lächeln nicht so recht passen wollen zu seinem verwaschenen, dunkelroten Baumwollpullover und der blauen Arbeitshose. Selbst ausgesucht hat er diese Kleidungsstücke nicht. Dort, wo er herkommt, tragen allerdings alle das Gleiche. Im Gegensatz zu ihr hat er den Sitzungssaal in Handschellen betreten. Sie ist von ihrer Mutter zum Gericht gebracht worden. Er wurde aus der Untersuchungshaft vorgeführt. Die Versendung der Pakete oder deren Empfang an sich wären noch kein Fall für die Strafjustiz – wenn das Bargeld nicht ohne Wissen der Eigentümerin aus deren Kommode verschwunden wäre. Die Kommode steht im Ne-

benraum einer alteingesessenen, im Umland wohlbekann-
ten und wegen guten Weins und freundlichen Personals
beliebten Straußwirtschaft. Erst als Material für geplante größere Umbau- und Renovierungsmaßnahmen einge-
kauft werden soll, fällt auf, dass sich in der Kommode
deutlich weniger Scheine befinden als gedacht.

Nach Angaben der gut situierten Dame handelte es sich
bei dem Bargeld um Rücklagen, die über die Jahre gebildet wurden. Für unvorhergesehene Ausgaben, natürlich.
Die Unbekümmertheit, mit der sie dies als Zeugin im
Rahmen der Hauptverhandlung berichtet, lässt vermuten, dass entweder die Buchführung des Betriebes steu-
erlichen Ansprüchen in jeglicher Hinsicht entsprach oder
seitens des Finanzamtes etwas übersehen wurde.

Als die Leere in der Schublade bemerkt und der Schock
über das verschwundene Geld verdaut ist, fällt der Verdacht sehr schnell auf die junge Mitarbeiterin, die zu allen immer so freundlich war. Darauf angesprochen versucht die gar nicht erst zu leugnen. Sie ist erleichtert und
gibt nach anfänglichem Zögern Auskunft, auch bei der
Polizei. Bereitwillig zeigt sie den ermittelnden Beamten
auf ihrem Mobiltelefon Fotos. Viele Fotos. Sehr viele Fotos. Auf diesen sind Geldscheine zu sehen. Fein säuber-
lich aufgeschichtet finden sich 100er, 50er und 20er, jeweils schon ordentlich in einem Post-Paket verstaut. Zu
jedem Paket gibt es auch einen Einlieferungsbeleg des
Postdienstleisters mit der Adresse des jungen Mannes
aus Hannover. Auch die Belege hat sie selbstverständlich ordnungsgemäß fotografiert und zusammen mit den
Fotos der Geldscheine und beschrifteten Pakte per Bild-
nachricht auf das Smartphone ihres Mitangeklagten verschickt.

Im Rahmen der Ermittlungen wird das Mobiltelefon der

jungen Frau ausgewertet. Dort finden sich neben den bereits beschriebenen Fotos auch die Protokolle der Textnachrichten beider Angeklagten. Im Hinblick auf deren Umfang werden sie nur auszugsweise in Papierform zur Ermittlungsakte gereicht. *„Hätten wir das ausgedruckt, wäre der Gerichtssaal hier voll mit Ordnern"*, sagt der mit den Auswertungen der Daten beauftragte Ermittlungsbeamte in der Hauptverhandlung. Digital geführte Akten sind noch nicht überall verbreitet und bei Amtsgerichten ohnehin die Ausnahme.

Das Bild, das die Chats zeichnen, ist gleichermaßen erschreckend wie eindeutig. Bei im Schnitt rund 400 Nachrichten pro Tag ergibt sich mehr als nur ein Mosaik der Beziehungsgeschichte. Kennengelernt hat sich das ungleiche Duo über eines der in ihrer Altersklasse gebräuchlichen Online-Portale. In der Öffentlichkeit des Gerichtssaals offenbart sich die klischeehaft schlichte Welt einer Generation, bei der Anspruch und Wirklichkeit, Schein und Sein mehr auseinanderfallen denn je. Zu sehen sind unzählige Fotos von ihm, in teuren Anzügen und schnellen Autos, angeblich auf der rasenden Fahrt zum nächsten Geschäftstermin im Hamburg, Berlin oder München. Vereinzelt sind auch kurze Videosequenzen aufgezeichnet. Sie ist dabei nackt auf dem Bett ihres Kinderzimmers, während er sich auf edlen Matratzen und in samtweichen Laken exquisiter Hotelzimmer räkelt.

In seinen Nachrichten ist er recht gut mit Worten. Die Geschichten, die er erzählt, sind gleichwohl nur erfunden. Sie glaubt sie. Die Story vom Leben im Luxus und der Erreichbarkeit aller Ziele, wenn sie nur bereit sei, groß zu denken, an sich zu glauben und zu investieren. Mehr als Chats, Fotos und Videotelefonate hat es noch nicht zwischen ihnen gegeben, als er schon von der großen Liebe und großen Träumen spricht. Und so sieht sie es schon vor ihrem inneren Auge. Das Bild von ihm und ihr, im Garten am Pool der Villa unter südlicher Sonne, natürlich mit ihren beiden gemeinsamen Kindern und dem Hund. Das Bild bekommt auch keine Risse, als sie erfährt, dass er sich um ein paar „Dinge" kümmern müsse. Fast nebenbei erzählt er von seiner jüngeren Schwester. Nach dem tragischen Tod der Eltern lebe sie bei ihm. Er kümmere sich um sie. Die Kleine sei schwer krank und brauche dringend eine neue Therapie, die die Krankenkasse aber nicht bezahle. Es entspricht ihrem Naturell, dass sie Mitleid empfindet und helfen will, ihm und dem Kind. Der Zugang zu der Kommode ermöglicht es ihr. Er nimmt die Hilfe dankend an und schickt herzerwärmende Fotos von einem kleinen Mädchen, zunächst tapfer lächelnd in einer Krankenhausatmosphäre, einige Wochen später strahlend auf einem Pony.

Einige Zeit danach erfährt sie, dass ein Geschäftspartner ihn übers Ohr gehauen habe. Der wolle nun viel Geld von ihm und setze ihn unter Druck. Er fürchte, er habe sich mit der Mafia angelegt. Er habe Angst. Um zu verhindern, dass ihm etwas passiert, wolle er zahlen. In ein paar Wochen sei das kein Problem, da er dann Zahlungseingänge von mehreren Großkunden erwarte, aber im Moment wisse er nicht, wo er das Geld hernehmen solle. Die Hilfe, die er sucht, findet sie in der Kommode. Es trifft sie tief, als sie im Rahmen der Ermittlungen erfährt, dass er weder eine Schwester hat noch selbst übers Ohr gehauen wurde. Wie konnte sie nur so naiv sein?

Den Chatprotokollen und Handyauswertungen lässt sich nicht nur der strafrechtlich relevante Part der Beziehung entnehmen. Sie gewähren auch Einblick in den zwischenmenschlichen, teilweise intimen Bereich. Es liest sich, als ob sie über sehr viel sexuelle Erfahrung verfüge. Der gespeicherte Suchverlauf zeigt: Das Gegenteil ist der Fall. Bevor sie auf seine speziellen Fragen antwortet, googelt sie meist, was das überhaupt bedeutet.

Bis zum ersten persönlichen Treffen dauert es überraschend lange. Er lädt sie ein. Er wolle mit ihr feiern. Ein Großkunde habe gezahlt, seine finanziellen Schwierigkeiten seien überwunden. In Frankfurt am Main treffen sie sich. Es zeigt sich, dass er lieber schreibt, als spricht. Und so sind auch die 16 Stunden, die sie nun für einander haben, erschreckend gut dokumentiert, bevor sie zurück zu Mama und er mal wieder zum angeblich nächsten Geschäftstermin muss. Zunächst amüsieren sich beide noch über das viele Besteck am Tisch des edlen Restaurants, in das er sie ausführt. Mit den ungewohnten Bezeichnungen der Gerichte auf der Speisekarte können sie nichts anfangen. Und so beschließen sie dann doch lieber in die Kategorie vertrauter Burger-Gastronomie zu wechseln, bevor es dann zur ersten gemeinsamen Nacht aufs Zimmer geht. Ein 5-Sterne-Hotel. Sie ist beeindruckt. Dass er den Champagner selbst mitgebracht hat, findet sie genauso lustig wie sein Prickeln in ihrem Bauchnabel. Danach setzt der Chat für rund 15 Minuten aus, bevor er ihn mit einem

„Na, wie war ich?"

fortsetzt. Über ihr *„Es war toll"* möchte sie im Rahmen der Hauptverhandlung und in seiner Anwesenheit nicht mehr sprechen. Im Protokoll ihrer Vernehmung aus dem Ermittlungsverfahren ergibt sich noch ein ganz anderes Bild. Sie hat eine Erfahrung gemacht, auf die sie lieber verzichtet hätte. Was sie bislang nur aus Pornofilmen kennt, hat sich in der Realität nicht nur nicht gut angefühlt, sondern weh getan. Sie hat ein schlechtes Gewissen deswegen. *„Das gehört doch dazu"*, sagt sie bei der Polizei.

Die erste gemeinsame Nacht war noch die beste. Die Mafia war angeblich hartnäckig. Die wollten immer wieder und immer mehr Geld von ihm. Die Vernehmung der ermittelnden Polizeibeamten ergibt ein düsteres Bild. Bezüge zur Mafia ließen sich in den Ermittlungen nicht ansatzweise aufzeigen. Vielmehr ergab sich recht schnell, dass der junge Mann zu einer Gruppierung von Gleichaltrigen gehörte, die ein einträgliches Geschäftsmodell entworfen hatte. Auch hier sprechen die Auswertungen der Mobiltelefone eine eindeutige Sprache. Während unter den umtriebigen Jungunternehmern völlig entspannt rumgediggert, gebrudert und gealdert wird, tauschen sie sich fortwährend darüber aus, was sie tun können, um Mädchen und junge Frauen zunächst emotional an sich zu binden, sie sodann schrittweise sozial zu isolieren und schließlich finanziell auf unterschiedlichste Weise auszunehmen.

Die junge Frau auf der Anklagebank hatte in gewisser Weise sogar Glück. Andere konnten nicht einfach in eine Kommode greifen, um finanziell zu unterstützen. Ihnen wurden unterschiedlichste Möglichkeiten angeboten. Während so manche Hilfsbereitschaft nur in die Rolle einer Strohfrau-Geschäftsführerin dubioser Bauunternehmungen führte, landeten andere recht schnell an unbezahlten Arbeitsplätzen in den Rotlichtvierteln der Republik, zunächst als Aushilfe an einer Bar oder auch direkt auf diversen Matratzen unterschiedlichster Qualität und Preislage.

Es steht zu vermuten, dass dies nach vollständiger Leerung der Kommode auch ihr Weg gewesen wäre. Sein Ton war ohnehin schon etwas rauer geworden in der letzten Zeit. Immer häufiger hatte sie ihm *„zur Verfügung stehen"* müssen, wobei es meist mehr um Liegen als um Stehen ging. Er stehe geschäftlich halt gewaltig unter Druck, das müsse sie doch verstehen … Außerdem sei es ja nur eine Phase, die sie gemeinsam überstehen müssten, bevor sie sich in ihrem gemeinsamen Glück einrichten könnten. Irgendetwas in ihr wollte genau das bis zu den Gesprächen mit der Polizei immer noch glauben. Im Laufe der Vernehmung wirkt sie zunehmend erleichtert. Hier kann sie erzählen. Man hört ihr zu, glaubt ihr und versteht. Mit dem, was sich im Rahmen der Ermittlungen nach dem Eingreifen der Polizei zeigt, sind auf dem Prüfstand der nackten Realität jedoch gleich zwei Träume geplatzt. Seiner vom leicht verdienten, vielen Geld. Ihrer von dem großen Glück und der großen Liebe.

Dabei wollte sie es doch besser machen als ihre Mutter, die sich immer irgendwie alleine durchschlagen musste. Sie wollte raus aus der Abhängigkeit von den sozialen Hilfesystemen, wollte finanziell frei werden, wollte einen Mann, eine richtige Familie und insbesondere wollte sie endlich dazugehören – zur Welt der Schönen und Reichen.

Bis dahin wird es nun ein weiter Weg. Im Gegensatz zu ihm kann sie jedoch wenigstens versuchen, ihn anzutreten. Er wird bereits in diesem Verfahren zu einer Haftstrafe ohne Bewährung verurteilt. Dabei warten bei anderen Gerichten noch weitere Anklagen auf ihn. Insgesamt wird er trotz seines noch recht jungen Alters mehrere Jahre hinter Gittern verbringen. Bei seiner Mitangeklagten sieht es anders aus. Bei ihr kommt noch zwingend Jugendstrafrecht zur Anwendung. Das Gericht belässt es bei der mildesten Sanktion, einer Verwarnung. Es steht nicht zu erwarten, dass sie noch einmal straffällig wird. Außerdem wird sie genug Lehrgeld zahlen müssen für ihre Naivität. Sie ist und bleibt zivilrechtlich nämlich zum Schadensersatz, mithin zur Rückzahlung des Geldes verpflichtet. Wie sie die Kommode der Ex-Chefin jemals wieder füllen soll, ist unklar. Ein Insolvenzverfahren würde ihr nicht helfen. Von „deliktischen Forderungen aus einer vorsätzlichen unerlaubten Handlung", mithin aus Straftaten, kann man sich in Deutschland auf diesem Wege nicht befreien. Möglicherweise wird sie den Schuldenberg nie abtragen können, der sich nun vor ihr auftürmt.

Der Preis ist also hoch, den sie für ihre Naivität und ihr blindes Vertrauen bezahlen muss. Bereits im Prozess wurde deutlich, dass sie sich Vorwürfe macht. Wie konnte sie nur so dumm sein? Im Nachhinein ist ihr klar, dass ihr Traum zu schön war, um wahr zu sein. In der Rückschau sieht sie die Zeichen, die sie nicht erkennen wollte, obwohl sie von Anfang an da waren. Er hatte es aber auch geschickt angestellt. Ihre Beziehung zu ihrer Mutter zu untergraben und sie emotional immer mehr an sich zu binden, war ein cleverer Schachzug von ihm. Ihm Vertrauen zu schenken war genauso falsch wie das Vertrauen in ihre Mutter zu verlieren. Die hatte sie doch immer angehalten, zur Schule zu gehen. Nur wer etwas lerne, könne es auch zu etwas bringen. Das wolle sie nun tun. Sie wolle Sozialarbeiterin werden, anderen helfen, nicht die gleichen Fehler zu machen wie sie selbst. Dass sie damit nicht reich werden wird, ist ihr bewusst. Sie hofft, dass sie mit Freundlichkeit, Fleiß und Anstand irgendwann doch ein bisschen Glück erleben werde. Ihr Traum sei klein geworden. Einen lieben Mann und irgendwann vielleicht gesunde Kinder. Mehr wolle sie gar nicht mehr vom Leben.

Im Rahmen der mündlichen Urteilsbegründung holt der Vorsitzende weit aus und geht in die Tiefe. Er beobachte schon seit längerer Zeit mit Sorge, dass sich nicht nur die Art und Weise der Tatbegehung in der nachrückenden Generation verändere. Heutzutage treffe vielfach ein unglaubliches Anspruchsdenken gepaart mit Dreistigkeit auf erschreckende Naivität und Dummheit. Die Lücke zwischen Schein und Sein klaffe immer weiter auf. Gerade junge Menschen seien immer wieder krampfhaft bemüht, schöne Fassaden aufzubauen, ohne diese auch nur ansatzweise auf ein stabiles Fundament von sozialer Einbindung, schulischer Bildung, Denkvermögen, Wissen oder gar Werten gründen zu können.

Wer heute eine vernünftige Kriminalpolitik wolle, brauche statt des Rufs nach mehr Härte in der Verbrechensbekämpfung vor allem einen glasklaren Blick auf die Ursachen der Kriminalitätsentstehung. Wer weder familiär noch sozial vernünftig integriert sei, keinen Platz im Leben habe, tue halt alles für das Gefühl dazuzugehören und um Wertschätzung zu erfahren, meist von Menschen, die das gleiche Problem hätten. Letztlich sei auch der junge Mann Opfer dieser gesamtgesellschaftlichen Problematik. Ohne gute Vorbilder groß geworden, habe er trotz seines niedrigen Bildungsniveaus schnell begriffen, dass er mit seinem gefälligen Aussehen junge Mädchen für sich gewinnen kann. Das habe er eiskalt berechnend ausgenutzt, um mit Geld und dicken Autos wiederum die Kumpels um ihn herum zu beeindrucken.

Er fängt an, sich in Rage zu reden. Das entspreche einem Muster, das sich quer durch alle Gesellschaftsschichten ziehe. Dieses Denken *„Hast Du was, dann bist Du was."* begegne ihm ja überall. Selbst in seinem beruflichen und privaten Umfeld beobachte er diese Tendenzen. Überall gehe es um

„Mehr Schein als Sein.“

Das gehe ihm gewaltig auf die Nerven. Bis vor ein paar Jahren habe er noch Wirtschaftsstrafsachen bearbeitet. Da habe er die gleichen Themen in anderen Delikten auf dem Tisch gehabt. In einem seiner letzten Verfahren sei es um einen Staatsanwalt gegangen. Den habe seine Ex-Frau beim Finanzamt angezeigt. Sogar der sei einmal als ganz normaler, biederer Jurist und kleiner Beamter gestartet und schließlich im Knast gelandet.

„Ich hatte sie doch alle bei mir im Gerichtssaal. Das waren nicht nur irgendwelche Blödmänner, sondern auch eigentlich intelligente, angesehene Leute. Anwälte, Ärzte, Geschäftsführer, Hedgefonds-Manager, Investment-Banker, egal was. Die kriegen den Hals nicht voll. Auf einmal machen die auf dicke Hose und bescheißen dabei Gott und die Welt und sich selbst. Nur um ein noch dickeres Auto fahren und andauernd Urlaubsfotos aus den Schweizer Bergen oder von den Malediven posten zu können. Dabei trägt jede Hebamme, jede Kindergärtnerin, jede Pflegekraft, jeder Trauerbegleiter mehr zum Gelingen unserer Gesellschaft bei, als all diese überbezahlten vermeintlichen Leistungsträger zusammen.“

„In was für einer verrückten Welt leben wir eigentlich?“

fragt er, bevor er in den Gerichtssaal zu uns zurückfindet. In diesem Fall hier sei es ja kein Luxusurlaub, sondern nur ein teures Hotel in einer deutschen Großstadt gewesen. Ihm sei aber bekannt, dass gegen den jungen Mann bei anderen Gerichten noch eine ganze Reihe weiterer Straftaten zu verhandeln seien. Wenn die zu Verurteilungen führten, werde der Preis für das Bisschen billige Anerkennung am Ende noch deutlich höher ausfallen.

Der Vorsitzende hängt noch eine letzte Gedankenschleife an. Mit Blick auf die immer schneller fortschreitenden technischen Entwicklungen werde ihm angst und bang. Ohne das Korrektiv einer umfassenden und tiefgreifenden Bildung sehe er die Gefahr, dass sich mit den Hebelwirkungen der Künstlichen Intelligenz ganze Heerscharen von intellektuellen Blindgängern an den Rand der Gesellschaft gedrückt fühlten. Von dort sei dann nichts Anderes als der übliche, radikal dümmliche Unsinn zu erwarten, der die Situation nur weiter verschärfe. Wer sich auf Dauer abgehängt, ausgegrenzt und zunehmend chancenlos fühle, folge irgendwann den Rattenfängern unserer Zeit. Ein Blick in die Geschichtsbücher zeige doch ganz unmissverständlich, wo das hinführe. Aber genau davon wisse die „Jugend von heute" ja leider nichts mehr. Damit schließe sich dann der Kreis und er mit diesen Worten auch die Verhandlung.

Let's talk about money

Ich mag sie nicht, die schnöselige Art, in der der arrogante Mittzwanziger vor mir das Thema anspricht, über das natürlich in jedem Mandat gesprochen werden sollte. Ich mag den ganzen Typen nicht. Ich habe kein Interesse daran, mich von diesem Kerl mit Scheinen bezahlen zu lassen, die ganz offensichtlich nur aus einer Art von Straftaten stammen können, die mir zutiefst zuwider sind. Ich will dieses Geld nicht, auch wenn die Rechtsprechung bei dem Honorar von Strafverteidigern nur unter sehr engen Voraussetzungen davon ausgeht, dass die Annahme von Barem den Straftatbestand der Geldwäsche erfüllt. Die Verteidigung übernehme ich trotzdem. Ich antworte ihm, dass ich das Finanzielle lieber mit seinem Vater besprechen werde. Der wird zahlen. Wie immer.

Gleichwohl komme ich einmal mehr nicht umhin festzustellen, dass ich das, was ich auch in diesem Fall in Erfüllung meines Berufes tun werde, nur mache, weil ich Geld dafür bekomme. Natürlich gibt es auch Mandanten, die unschuldig ins Visier der Strafverfolgungsbehörden geraten sind. Wenn es gelingt, solche Menschen vor Unrecht zu bewahren, schließe ich diese Akten am Ende eines Verfahrens mit einer großen inneren Befriedigung. Der statistische Normalfall ist das jedoch leider nicht. Meine Tätigkeit bringt es nun einmal mit sich, dass ich mich auch mit Menschen befasse, die mir genauso unsympathisch sind, wie einige der Deliktskategorien, mit

denen sie sich an mich wenden. Ich kann das professionell
und engagiert abarbeiten. Nur bemerke ich zu dieser Zeit
noch nicht, was das auf Dauer mit mir macht, welchen
Preis ich dafür zahle. Es wird Zeit, sich zu hinterfragen,
wenn Honorar oder Gehalt allzu sauer verdient wird und
im Ergebnis nur noch Schmerzensgeld gleichkommt. Das
gilt für jede Tätigkeit, nicht nur für die eines Rechtsan-
waltes.

*„Vielleicht wäre es besser, wenn ich nicht immer seine
Rechnungen bezahle."* bekomme ich von seinem Vater zu
hören, als ich mich mit ihm in Verbindung setze. Eigentlich sei er der Auffassung, dass sein Sohnemann inzwischen alt genug sei, um seine Sachen selber zu regeln.
„Der Papa wird's schon richten." könne doch nicht das
Lebensmodell seines Sprösslings werden. Als er erfährt,
welche Art von Geschäften sein Junior inzwischen macht
und wofür er sich Geld geben lässt, sagt er

> *„Es ist mir egal, was es kostet,
> aber das darf niemand erfahren."*

Den gleichen Satz höre ich von einem anderen Mandanten. Er ist unschuldig. Ein klarer Fall. Er hat ein Alibi.
Bombensicher. Leider kann er dieses Alibi nicht verwenden. Wenn jemand erfährt, wo er zur angeblichen Tatzeit
wirklich war, ist er erledigt. Gleichzeitig ist auch der Tatvorwurf heikel. Also darf auch niemand etwas von diesem
Strafverfahren erfahren. In beiden Fällen wäre nicht nur
seine Ehe dahin, sondern auch sein Ruf im Eimer. Und
auf diesem beruht nicht nur die wirtschaftliche Existenz
seines Unternehmens, sondern der gesellschaftliche Status der gesamten Familie.
Aus Sicht der Staatsanwaltschaft ist die Beweislage klar

und ein Straftatbestand erfüllt. Sie will Anklage erheben. Es liegt auf der Hand, dass sich die Presse bei diesem Mandanten auf jedes Verfahren stürzen würde. Ich erkläre dem Mandanten die Situation. Eine öffentliche Hauptverhandlung lässt sich nur vermeiden, wenn er im Stadium des Ermittlungsverfahrens ein Geschehen einräumt, das es nie gegeben hat. Außerdem wird es nicht gehen ohne die Zahlung eines „Schmerzensgeldes" für Schmerzen, die nie erlitten wurden. Der Mandant zögert keine Sekunde. Ihm ist klar, dass die Sache auch bei einem Freispruch Gegenstand öffentlicher Berichterstattung wäre und er immer wieder darauf angesprochen würde. Das will er auf keinen Fall. Also erhalte ich den Auftrag, die Sache so zu regeln, dass nichts davon in die Öffentlichkeit gelangt. Der Anzeigeerstatter und Zahlungsempfänger ist bereit, eine Verschwiegenheitsvereinbarung zu unterzeichnen. Er hat clever gepokert, kann seinerseits aber nicht wissen, aus welcher doppelten Zwickmühle heraus mein Mandant handelt. Am Ende erreichen wir das Ziel der Verteidigung. Niemand erfährt irgendetwas. Weder von dem Alibi noch von dem unberechtigten, etwas delikaten Tatvorwurf. Sein Ruf bleibt unbeschadet. Er atmet erleichtert auf.

„Das war es mir wert."

Einige Jahre zuvor verteidige ich zum ersten Mal in einer größeren Wirtschaftsstrafsache. Es gibt eine ganze Reihe von Beschuldigten mehrerer großer Unternehmen. Mein Mandant steht nicht im Fokus der Ermittlungen, ist eher zufällig ebenfalls in das Visier der Behörden geraten. Wir kennen uns von früher. Er sagt, er wolle einen Anwalt, der die Verhältnisse vor Ort kenne, die zuständigen Leute bei der Staatsanwaltschaft und auch die vom Gericht. Außerdem sei er sich bei „diesen Großkanzleien" nie sicher, wessen Interessen „die dort wirklich vertreten" und wer „von den Indianern im Hintergrund" die Arbeit in diesen Teams wirklich leiste. Mit Übernahme des Mandates bin ich der Exot in der Riege der Starverteidiger der Republik.

Das Ermittlungsverfahren ist tatsächlich sehr umfangreich, im Kern allerdings nicht wirklich komplex. Das ist im Grunde immer so. Egal um welche Größenordnungen es zahlenmäßig geht, gleich wie viele Beteiligte oder Zeugen es gibt: das Grundmuster, das auch diesen Delikten zugrunde liegt, ist in aller Regel recht schlicht, wenn auch bisweilen hinter sehr aufwändigen Konstruktionen und in edlen Kulissen versteckt.

Nachdem alle Verteidiger Akteneinsicht hatten, steht die Frage einer sogenannten Sockelverteidigung im Raum. Vereinfacht ausgedrückt geht es darum, ob sich alle Beschuldigten bis zu einem gewissen Grad in gleicher Weise zu den Sachverhalten und Tatvorwürfen positionieren. Es gilt also beispielsweise abzustimmen, ob alle schweigen oder alle im Kern die gleichen Angaben machen. Ich werde zu einer gemeinsamen Besprechung eingeladen, in den beeindruckenden Räumen einer der ersten Adressen des Landes. In der Tiefgarage des imposanten Gebäudes steht eine Edelkarosse neben der anderen. Teilweise lassen sich die Kollegen von einem Chauffeur von Termin zu Termin kutschieren. Dann kann unterwegs noch an Akten gearbeitet werden. Auch so erklären sich die mitunter astronomischen Stundensätze, die für das ach so hoch qualifizierte Tun mancher Männer in Maßanzügen aufgerufen werden. Die Besprechung läuft sachlich. Aus meiner Sicht wird eine Kernthematik jedoch allzu stiefmütterlich behandelt. Mein Mandant hatte mir die entsprechende Information gegeben. Aus den Akten ließ sich der Zusammenhang nicht ohne Weiteres erschließen. Auch in den umfangreichen Verteidigungsschriften, die von einigen bereits abgegeben wurden, findet sich dazu kein Wort. Ich möchte weder mich noch andere in eine unangenehme Situation bringen. Daher nutze ich die Gelegenheit und spreche das Thema in kleinerer Runde im Rahmen der Mittagspause an. Die Kollegen am Tisch wechseln kurz vielsagende Blicke, bevor sich einer herablässt, mich einzuweihen: *„Herr Kollege, Sie haben Recht – das ist der Kern des Falles. Aber sobald wir das aufgreifen, sind die Ermittlungen doch recht schnell abgeschlossen. Vorher wollen wir doch lieber noch ein bisschen Geld an der Sache verdienen.“*

Selten haben sich meine Vorbehalte gegen das Thema „Stundenhonorar“ so bestätigt wie in diesem Moment. Natürlich gibt es Konstellationen, in denen der Arbeitsaufwand nicht abschätzbar ist und auf dieses Modell zurückgegriffen werden muss. Andererseits gibt es für alles doch auch gewisse Erfahrungswerte. Und letztlich zählt für den Mandanten immer nur das erzielte Ergebnis. Nur dafür sollte er auch zahlen. Bei Anwälten sind Stundenhonorare sehr verbreitet. Unter Zahnärzten, Gynäkologen, Urologen oder Proktologen kommt aber meines Wissens kaum einer auf die Idee, sich nach der Dauer seiner Tätigkeit bezahlen zu lassen. Bei einer Abrechnung nach Zeitaufwand darf sich jeder fragen, wer ein wirkliches Interesse daran hat, dass die Arbeit möglichst lange dauert?

„Nicht jede Leistung ist ihren Preis auch wert.“

Schlussendlich wird das Ermittlungsverfahren gegen die meisten der Beschuldigten eingestellt. Nur gegen einige wenige erweist sich der Tatverdacht als begründet und ist ein Tatnachweis tatsächlich möglich. Für alle anderen bleibt das Verfahren im Außen folgenlos. Die Anwaltshonorare werden von den Spezial-Rechtsschutzversicherungen übernommen, die die Unternehmen für ihre leitenden Angestellten abgeschlossen hatten. Was gerne unbedacht bleibt, sind die Belastungen, die ein Beschuldigter trägt, der in der Zeit der Ermittlungen nicht weiß, was auf ihn zukommen wird. Auch wenn die Rechnung von anderer Seite beglichen wird, stellt sich die Frage

„Wer zahlt den wahren Preis?"

In anderer Sache wird die Akte ebenfalls geschlossen, nach Erhebung der Anklage, vor Beginn der Hauptverhandlung. Der Angeschuldigte ist nach Bekanntwerden der Tatvorwürfe in der Presse vom Dach eines Hochhauses gesprungen. In der Sprache der Juristen ist mit seinem Tod ein „Verfahrenshindernis" eingetreten. Das Ermittlungsverfahren wird durch Beschluss eingestellt, § 206 a StPO.

Mit seinem Sprung findet ein Absturz ein Ende, der schon lange vorher begonnen hat. In seinem Umfeld will gleichwohl niemand gewusst haben, wie es wirklich um ihn stand. Niemand will etwas mitbekommen haben, von den Folgen der Scheidung, von dem Ausmaß seines Verfalls. Dabei konnte doch jeder sehen, wie aufgedunsen und fahrig er zuletzt war, vom vielen Alkohol und Kokain. Er war ein Berufskollege. Unlängst war er auch noch aus der angesehenen Kanzlei ausgeschieden, die sein Vater einst gegründet hatte. Ihr Ruf hatte stark gelitten. Seine

fortwährenden Eskapaden mit zweifelhaften Geschäfts-
partnern und wechselnden Damen waren nicht ohne Folgen geblieben. Nicht nur seine Frau war auf Distanz zu
ihm gegangen. Auch seine früheren Sozien wollten nicht
mehr mit ihm in Verbindung gebracht werden. Nur im
Hintergrund waren seine fachlichen Fähigkeiten bis zuletzt gefragt.

Im Nachhinein war es wohl ein Fehler, nach dem Tod
des Kanzleigründers überhaupt in dessen Fußstapfen zu
treten und sich selbst an den gleichen Schreibtisch zu
setzen. Vielleicht hätte er auch dessen Porträt in Öl von
der Wand nehmen sollen? Dagegen hatten sich aber die
übrigen Teilhaber, die ihm an Jahren deutlich voraus waren, immer gewehrt. Schließlich stand er dem Alten in
seinen juristischen Fähigkeiten ja auch in keiner Weise
nach. Überdies hatte er nicht nur das attraktive Äußere, sondern insbesondere auch dessen rhetorisches Talent
ebenso geerbt wie die Schnelligkeit in der Analyse und
die Fähigkeit zu akribischem Arbeiten.

Dennoch wurde schon lange gemunkelt, dass er nie wirklich habe eintreten wollen in die Kanzlei. Aber um dieses
Büro und die Praxis der Mama sei es ja immer gegangen.
Irgendwie seien seine Eltern immer in einem unsichtbaren
Wettbewerb gewesen. Unausgesprochen sei es zu Hause
immer darum gegangen, wer von beiden mehr Geld verdiene. Und während Papa von früh bis spät, von einem
Mandanten- und Gerichtstermin zum anderen, permanent auf Achse gewesen sei quer durch die Republik, habe Mama sich eben bis in den späten Abend in ihrer Pri-
vatpraxis einem Patienten nach dem anderen gewidmet.
Wenn Papa abends mal zu Hause gewesen sei, habe er
ihn ins Bett gebracht und ihm vorgelesen vor dem Einschlafen. Natürlich nur ausgewählte Kinderbücher von

pädagogischem Wert. Danach sei er meistens nochmal zurück an den Schreibtisch gegangen. Mama habe in der Zeit ihre Yoga-Übungen gemacht. Sie habe sich wenigstens manchmal mit ihm am Wochenende auf dem Tennisplatz über seine sportlichen Erfolge gefreut. Papa sei dann in aller Regel zu irgendwelchen Tagungen und Kongressen unterwegs gewesen, um dort Kollegen zu treffen und Vorträge zu halten.

Für die Schulzeugnisse hätten sich beide Eltern immer interessiert. Für jede eins habe es zehn Mark gegeben. Aber erst mit Aufnahme des Studiums habe er engeren Kontakt zu seinem Vater gefunden. Auf dieser Ebene habe er ihm nah sein können. Der Senior habe sich gefreut, mit ihm juristische Fragen zu diskutieren und ihm früh die Möglichkeit gegeben, an spektakulären Fällen mitzuarbeiten. Es sei doch ganz logisch gewesen, dass sie sehr früh Tür an Tür in der alten Villa gearbeitet hätten. Er sei seinem Vater immer ähnlicher geworden. Genau wie der habe auch er eine intelligente, attraktive Frau geheiratet, allerdings keine Ärztin, sondern eine Literaturwissenschaftlerin. Mit der Geburt der beiden Söhne sei die nächste Generation der Bilderbuchfamilie vollständig gewesen.

Die ganzen Affären seines Vaters mit irgendwelchen Referendarinnen oder jungen Kolleginnen will niemand mitbekommen haben, genauso wenig wie die Herzprobleme seiner Mutter und deren gelegentlichen Nervenzusammenbrüche. Nach dem überraschend frühen Tod seines alten Herren habe die Mutter sich noch mehr ihrer Praxis und immer seltsamer werdenden fernöstlichen Ritualen gewidmet. Abgesehen von ihren beruflichen Aktivitäten sei sie kaum noch erreichbar gewesen. Wenn er sie mal besucht habe, habe sie manchmal gefragt, ob er noch

Tennis spiele. Das hatte er längst aufgegeben. Er hatte ja auch keine Zeit dafür, war inzwischen selbst unentwegt unterwegs für den nächsten zahlungskräftigen Mandanten. Irgendwann sei es seiner Frau zu viel geworden. Sie sei ausgezogen, mit den Kindern. Die hätten ihren Papa ohnehin öfter in irgendwelchen social-media-posts als zu Hause gesehen. Nachdem seine Frau weg gewesen sei, habe er erstmal weiter gemacht wie vorher. Irgendwann habe er sich verändert. Es sei still um ihn geworden. Er sei viel zu Hause gewesen. Allein.

Im Rahmen der Todesermittlungen wird auch ein Abschiedsbrief gefunden. Darin ist zu lesen, dass es ihm leidtue. Er ertrage die Vorstellung nicht, demnächst selbst auf der Anklagebank in einem Gerichtssaal Platz nehmen zu müssen. In diesem Prozess werde einiges an die Öffentlichkeit gelangen, worauf er nicht stolz sei. Er sei nicht der Mann gewesen, für den ihn alle gehalten hätten. Diese Schmach wolle er sich und insbesondere seinen Söhnen ersparen. Mit seinem Tod wolle er ihnen den Weg frei machen für eine unbelastete Zukunft. Das sei das Einzige, was er noch für sie tun könne. Sie sollten schauen, welche Menschen ihnen wirklich wichtig seien und so viel Zeit mit ihnen verbringen wie möglich. Er selbst habe das nie geschafft. Sie hätten einen besseren Vater verdient gehabt und ihre Mutter einen besseren Ehemann. Er liebe sie über alles und hoffe, dass sie ihm eines Tages vergeben könnten. Die Juristerei habe ihn nie wirklich glücklich gemacht. Trotz des vielen Geldes, das er damit verdient habe, und trotz der öffentlichen Anerkennung, die er genossen habe. Er habe immer um die Anerkennung und Liebe seines Vaters gekämpft. Nun wünsche er seinen Kindern, dass wenigstens sie die Kraft fänden, ihr eigenes Leben zu leben.

Das zweite Leben

Ein paar Jahre später vertrete ich den Älteren der beiden Söhne. Es ist keine große Sache. Auf dem Rückweg von einer Studentenparty war der hoffnungsvolle Jurastudent mit seinem Maserati in eine Verkehrskontrolle geraten. Es wurde eine Blutprobe entnommen. Ergebnis: Alkohol und Kokain.

Einstweilen kommt der Junior noch mit einer Geldstrafe davon. Sie trifft ihn nicht. Geld hat die Familie mehr als genug. Bei Abschluss des Mandates bleiben mir große Zweifel, ob der Wunsch seines Vaters noch in Erfüllung gehen kann.

> *„Kinder machen nicht das, was wir sagen,*
> *sondern das, was wir tun."*
> *(Jesper Juul, 1948 – 2019, Dänemark)*

DAS DRITTE LEBEN

Erkennen

Ausgebrannt – Erkenne Dich selbst

So unerwartet er in mein Leben getreten war, so überraschend erfahre ich von seinem Tod. Fast auf den Tag, 16 Jahre nach meinem zweiten Geburtstag. Die Todesnachricht erreicht mich in Form einer E-Mail. Objektiv ist sie geradezu bedeutungslos, im Vergleich zu all dem, was ich bereits hinter mir habe. Sie betrifft keinen von den Menschen, mit denen ich mich täglich umgebe, die mir am Herzen liegen, für die ich Verantwortung trage. Sie hat auch nichts zu tun mit dem Leben, das ich im Außen tatsächlich führe. Sie betrifft nur einen Traum. Und doch ist es diese unscheinbare, kleine, kurze digitale Nachricht, die nun zu viel ist für mich. Sie bringt das Fass zum Überlaufen, erlöscht jegliches Feuer in mir. Der Ofen ist aus. Ich finde keine besseren Worte für diese innere Verfassung, diesen elenden Zustand. Wer es nicht erlebt hat, kann es nicht nachfühlen. Ich wusste natürlich, dass es das gibt. Dennoch wäre ich nie und nimmer auf den Gedanken gekommen, dass es mich einmal erwischen könnte. Burnout, Depression, Posttraumatische Belastungsstörung sind die Begriffe, die im Laufe der Zeit fallen. Nichts geht mehr. Wochen-, monate-, jahrelang.

Meine Arbeit ist mir schlagartig vollkommen unwichtig, genauso wie alles was daran hängt. Buchhaltung. Finanzamt. Versicherungen. Jeglicher Papierkam. Mir ist alles egal. Ich weiß, dass das nicht so sein darf, aber ich kann es nicht ändern. Ich kann mich einfach nicht mehr konzentrieren. Das ist nicht gut für einen Selbständigen, der für solche Fälle nicht versichert ist. Nach meiner gesundheitlichen Vorgeschichte wollte mich keine Versicherung mehr haben.

Alle Wiederbelebungsversuche bleiben ohne Erfolg. Der Traum bleibt tot. Und in mir ist es dunkel geworden, finster, tiefschwarz. Sosehr ich mich darum bemühe: *„Starksein spielen"* funktioniert einfach nicht mehr. Ich schaffe es nicht mehr, die Fassade aufrecht zu halten. Der Ironman ist gebrochen. Jeglicher Hunger ist mir vergangen, auch der auf das Leben. Das Einzige, was seit der E-Mail noch geht, ist Gehen. Mir ist nicht bewusst, dass körperliche Bewegung auch als Element von Psycho-Therapien empfohlen wird. Während ich früher noch vor mir und meinen Problemen weggeschwommen, weggeradelt und weggerannt bin, gehe ich nun nur noch spazieren. Stundenlang. Zu allen Tages- und Nachtzeiten. Angenehmer Nebeneffekt: ich verliere Gewicht. Dieses Mal sind es 12 Kilo in 4 Wochen. Dabei ist mir schon seit der Transplantation klar: Gewicht verlieren ist etwas Anderes, als Leichtigkeit zu gewinnen. Und nichts ist von Dauer. Irgendwann bin ich wieder bei meinem Ausgangsgewicht. Die bleierne Schwere in mir bleibt. Sie ist leider unabhängig von dem, was die Körperwaage anzeigt.

In den ersten Monaten finde ich auch nicht mehr in den Schlaf. Mehr als 3 Stunden pro Nacht werden es für eine sehr lange Zeit nicht mehr. Ich komme nicht mehr zur Ruhe. Immer wieder drehe ich mich in den gleichen Gedankenschleifen, finde einfach nicht hinaus.

„Das kann doch nicht wahr sein."
„Wie konnte mir das nur passieren?"

Dabei dachte ich immer: Mich kann nichts mehr umwerfen – nach all dem, was ich hinter mir habe. Die Leukämie und all die Krankheiten und Todesfälle um mich herum hatten mich ja auch nicht aus der Bahn geworfen. Vor ein paar Wochen erst saß ich mit einer Lungenentzündung im Gerichtssaal. Ich habe doch oft genug bewiesen, dass ich durchhalten kann. Und trotzdem muss ich mir eingestehen, wie überheblich es war, zu denken: *„Ich schaffe alles"*. Falsch gedacht. Auch wenn es noch gar nicht so lange her ist, dass ich *„Du bist hier also der Fels in der Brandung."* zu hören bekam, im Rahmen einer Beileidsbekundung am Grab einer jungen Ehefrau, Mutter und Tochter, deren Herz viel zu früh aufgehört hat, zu schlagen. Ich empfand es irgendwie als Kompliment. *„Der Fels in der Brandung ..."* Das Bild hat mir gefallen. Ich bin also der, an dem sich andere festhalten können ... Leider habe ich damals noch keinen Blick für die schlichte Wahrheit, dass ein Fels aus Stein ist, mithin tot. An ihm kann man sich festhalten. Er kann anderen helfen, nicht unterzugehen. Aber der „Fels in der Brandung" liegt im Wasser nur herum. Er schwimmt nicht im Fluss des Lebens.
Nun ist schlagartig nichts mehr wie es war. An mir kann sich niemand mehr festhalten. Im Gegenteil: Es ist, als habe ein Blitzschlag den Felsen getroffen und ihn eine Klippe hinunter geschubst. Ich befinde mich im freien Fall, suche verzweifelt Halt, stürze aber mit rasender Geschwindigkeit immer weiter ab. Vor vielen Jahren bin ich nach dem Schwimmtraining einmal von einem 10-Meter-Turm gesprungen. Damals war ich erleichtert, nach rund

1,4 Sekunden endlich ins Wasser zu klatschen. Nun ist es, als sei mein Fall endlos. Ich kann nichts tun. Alles rauscht an mir vorbei.

Lange Zeit unterschätze ich die Ernsthaftigkeit meiner Situation und denke, ich fange mich irgendwie schnell und komme zügig wieder auf die Beine. Dass irgendwann Rechnungen unbezahlt bleiben und ich ohne die Unterstützung Dritter zeitweise ein klarer Fall für ein Insolvenzverfahren sein werde, kann ich mir noch nicht ansatzweise vorstellen.

Einige liebe Menschen um mich herum versuchen, mich zu halten, wollen mir helfen. Ohne Aussicht auf Erfolg. Die Erfahrungen der Jahre haben mich viel zu schwer werden lassen, als dass mich jemand auffangen könnte. Dabei ist mir von Anfang an klar, dass ich bei meiner Landung nicht sanft in warmes Wasser eintauchen werde, sondern ein harter Aufprall in der Realität auf mich wartet.

In meiner Verzweiflung wende ich mich an einen Facharzt für Psychiatrie und Psychotherapie. Ein renommierter Mann. An seiner Expertise hat niemand Zweifel. Gerichte greifen gern und oft als Sachverständigen auf ihn zurück. Zu Studienzeiten waren wir befreundet, haben uns jedoch aus den Augen verloren. Zu Beginn meiner Tätigkeit als Verteidiger hatte ich ihn noch häufiger kontaktiert, in erster Linie, wenn ich Fragen zu psychiatrischen Gutachten in einzelnen Fällen hatte. Inzwischen lebt und praktiziert er in einem anderen Teil der Republik. Er freut sich über meinen Anruf: *„Komm her und wir schauen, was ich für Dich tun kann."*

Nach einer durchzechten Nacht voller Erinnerungen, einem langen Spaziergang und zweieinhalb Stunden Gespräch am nächsten Morgen in seiner Praxis empfiehlt

er mir schließlich ein Medikament. Ein Antidepressivum
aus der Klasse der Serotonin-Wiederaufnahme-Hemmer
(SSRI). Es ist eines der modernsten auf dem Markt. Er
erkennt, dass ich zögere und überlässt mir Informations-
material. Ich solle mich in Ruhe damit befassen. Das tue
ich und fange an zu recherchieren. Ich lerne, wie verbreitet meine Symptomatik ist und dass etwa jeder 5. bis 6.
Erwachsene einmal im Laufe seines Lebens an einer Depression erkrankt. Gleichzeitig erfahre ich, dass kritische
Überprüfungen zu dem Ergebnis kommen, dass die Da-
tenlage hinsichtlich der Effektivität von Antidepressiva
ausgesprochen unklar ist. Es gibt eine ganze Reihe von
ernst zu nehmenden Studien, die – je nach Auftraggeber – zu unterschiedlichen, teilweise kontroversen Ergebnissen führen. Dabei liegt doch klar auf der Hand: Die
Pharmaindustrie verdient bestens an dieser Art von Arz-
neimitteln, auch wenn jedes davon sehr unschöne Neben-
wirkungen haben kann. Die meisten Beipackzettel sind
online verfügbar. Überall lese ich von Übelkeit, Gewichts-
zunahme, Verstopfung oder Durchfall, Müdigkeit, Abge-
schlagenheit, Appetitlosigkeit, Verlust der Libido, gerade
zu Beginn der Therapie.
Ich kann mir nicht vorstellen, dass es mir damit besser
gehen soll. Es trägt sicher auch zu meiner Skepsis bei,
dass ich oft miterlebt habe, wie sehr Psychopharmaka
Menschen verändern können. Der Strafverteidiger in mir
weiß: Auch unter der Wirkung von Medikamenten bege-
hen Menschen bisweilen grausame Taten, verletzen nicht
nur andere, sondern vielfach auch sich selbst. Im Extremfall führt das zu Tötungsdelikten, manchmal auch zum
Suizid. Während die Ärzte sagen, die Veränderung sei
trotz der Behandlung nicht zu verhindern gewesen, sind
Angehörige oft davon überzeugt, dass der Mensch sich

wegen der Pillen so verändert habe. Nicht immer geht es Menschen mit Chemie besser. Bisweilen verändert sich nur die Symptomatik. Manchmal wird aus Trauer Wut, manchmal aus Lethargie Aggression, auch Autoaggression. Was ist Ursache, was Wirkung? Wer will das im Einzelfall zweifelsfrei beantworten?

Natürlich kann die Pharmazie auch helfen. Ein Freund von mir hat unlängst gute Erfahrungen mit einem Medikament gemacht. Nach einer schweren Phase des Kampfes mit seinen Dämonen hat er mir vor Kurzem berichtet, dass sich alles in seinem Leben zum Positiven verändert habe. Er sei rundum glücklich, werde geliebt, könne nun auch selbst vorbehaltlos lieben, stehe vor dem nächsten Karriereschritt und sei unendlich dankbar für die Klarheit, die er nun in seinem Leben habe.

Das will ich auch. Und so frage ich den Facharzt, ob ich nicht auch diese Tabletten nehmen könne, mit denen mein Freund so glücklich geworden sei. *„Nein. Das ist ein völlig veraltetes Mittel"* bekomme ich zu hören. *„Das verschreibe ich Dir nicht. Damit ist zwar Deine Depression weg, aber es erschlägt auch Deine Persönlichkeit. Dann bist Du nicht mehr Du. Das Zeug macht dumpf und fett."* In gewisser Weise passen die Worte leider zu dem Eindruck, den ich von meinem ach so plötzlich auf Wolke 7 schwebenden Kollegen habe. Aber wer bin ich, dass ich darüber urteilen könnte? Schließlich wird dieses Mittel ja noch oft und gerne verschrieben. Und was wäre eigentlich so schlimm daran, dumpf, fett und glücklich zu sein?

Meine Angst vor jeglicher Art von Persönlichkeitsveränderung bleibt gleichwohl groß. Zu groß – auch wenn mir der vertrauensvoll und selbstsicher auftretende Experte versichert, dass bei dem von ihm so wärmstens empfohlenen und angepriesenen Präparat insoweit keinerlei Gefahr bestehe. Bevor ich mich dafür entscheide, bitte ich ihn noch um seine genaue Diagnose. *„Ach ja, Worte ohne Inhalt, Diagnosen ohne Leben. Schau Dir (er nennt mir die Adresse einer Website) an und dann suche Dir eine Diagnose aus … Wenn Du nicht überzeugt bist von meiner Behandlungsempfehlung, kann es so schlimm nicht sein …".*

Die Antwort trifft mich bis ins Mark. Und sie ist ein klares Signal für mich, dass ich auf diesem Weg nicht weiter Hilfe suchen werde. Was soll ich halten von einem Therapieansatz, der schlicht in Pillenschlucken besteht? „Gesund sein" ist doch etwas anderes, als „den Schmerz nicht mehr spüren". Frieden ist doch auch mehr als die Abwesenheit von Krieg.

Ich war schon immer ein Freund von Handeln aus Überzeugung – wenn sie denn auf einer kritischen, umfassenden Prüfung der Sachlage beruht. Auf diese Weise habe ich schließlich ja auch die Leukämie überstanden. Warum also sollte ich gerade in so einem hochsensiblen Feld wie mentalen Schwierigkeiten von diesem Prinzip abweichen? Pure Verzweiflung und Hoffnung auf Besserung können kein Argument für blindes Vertrauen sein. Vielleicht geht es mir mit dieser Art von Medikamenten ja tatsächlich eine Zeit lang besser? Aber löse ich damit mein Problem? Oder verschiebe ich es nur? Oder nehme ich mir auf diese Weise in Wahrheit nur die Angst vor dem verzweifelten letzten, selbstgewählten Schritt in die Endgültigkeit. Einem Schritt, der vermeintlich meine Probleme löst, von dem ich aber leider aus trauriger Erfahrung weiß, was er bei denen auslöst, die zurückbleiben. Das darf niemals eine Option sein!

Später werde ich manchmal denken, dass meine Verweigerungshaltung vielleicht ein Fehler war. Vielleicht wä-

re ich mit ein bisschen weniger Dickköpfigkeit und ein
paar Blistern jener Psychodroge schneller herausgekom-
men aus meinem tiefen Tal der Tränen, die trotz aller
Trauer nie fließen. Andererseits hilft es ja auch nicht weiter, eine Entscheidung im Nachhinein zu beklagen. Es ist
doch immer so: In dem Moment, in dem wir eine Entscheidung treffen, wissen wir nie, welche Auswirkungen
sie haben wird. Wer seinem Sohn zu Beginn des Jahres
1990 den zu dieser Zeit noch seltenen Namen Kevin gegeben hat, wird wissen, was ich meine. Wir können nur
schnellstmöglich neu entscheiden, falls unsere Entscheidungen ungewollte Folgen haben. Ob das auch für das
Thema Namensänderung im Fall Kevin gilt, habe ich allerdings nicht geprüft ...

Es mag ja sogar sein, dass der Psychiater recht hat. Möglicherweise hat meine Verfassung tatsächlich etwas mit
einer Stoffwechselstörung und fehlenden Botenstoffen in
meinem Gehirn zu tun. Aber warum sollte eine schlichte
E-Mail von jetzt auf gleich meine Serotonin-Werte verändert haben? Im Ergebnis überzeugt mich der Ansatz
des hochqualifizierten Mediziners nicht annähernd, diese
Störung ohne Klärung und Behandlung der Ursache nur
medikamentös beheben zu wollen.

Dabei sollte ich nach der Erfahrung mit meiner Leukämie doch eigentlich ein Anhänger der klassischen Schul-
medizin sein. Schließlich war sie es, die mir vor vielen
Jahren den Weg aus dieser lebensbedrohlichen Krankheit gebahnt hat. Andererseits lag die wirklich heilende
Kraft ja auch damals schon nicht nur in der Chemotherapie, die mein eigenes blutbildendes System in kürzester
Zeit zerstört hat, sondern in den Zellen meines Bruders,
die mir danach das Weiterleben ermöglicht haben. Und
wenig ist mir aus dieser Zeit an der Grenze zwischen Le-

ben und Tod so sehr präsent wie der Gedanke, dass ICH eben nicht nur dieser Körper bin. Wenn in meinem Körper also etwas aus der Balance geraten ist, sollte ich mir doch die Frage stellen, warum dies so ist.

Es ist mir zu wenig, nur auf pharmazeutischem Weg meine Biochemie zu verändern, in der Hoffnung, dass die Lebensenergie dadurch zurückkehrt und das Licht in mir wieder angeht. Ich will die wahren Gründe, Hintergründe und Zusammenhänge meiner Probleme erkennen und nie wieder einen Traum sterben lassen. Wenn ich möchte, dass mir das nicht noch einmal passiert, sollte ich mich nicht mit einfachen, oberflächlichen Antworten und billigen Lösungen in Tablettenform zufriedengeben, sondern mich mit den wahren Ursachen befassen.

Letztlich vertraue ich einer inneren Stimme, die mir sagt:

> *„Bleib Du selbst! Ohne Chemie!"*
> *„Finde und geh Deinen eigenen Weg!"*

Mit meinen ganzen Spaziergängen habe ich mich ja ohnehin schon auf den Weg gemacht. Einmal wandere ich durch einen Wald, in dem einst schon die Kelten eine Fliehburg eingerichtet hatten. Ich stoße auf einen *„Heilplatz und Energie-Tankstelle"*. Laut *„radiästhetischer und geomantischer Messungen"* strahlt dieser Ort angeblich *„heilende Frequenzen"* aus. Einzelne, besonders gekennzeichnete Stationen sollen sich hervorragend eignen, um wieder Energie aufzutanken. Das ist bei mir bitter nötig. Ich bin alleine. Die Sonne scheint, ich kann innehalten und auf mich wirken lassen. Um mich herum sind Bäume, viele Bäume, sehr unterschiedliche Bäume. Alle stark, manche schon saftig grün, andere noch kahl. Irgendwo habe ich einmal aufgeschnappt, dass Bäume unter der

Erde miteinander verbunden sind und miteinander kommunizieren. So verschieden sie sind – sie sind doch alle irgendwie eins. *„Die tun sich gut hier"* denke ich. Ein paar hundert Meter weiter haben offensichtlich weniger gute Energien gewirkt. Auf der Größe eines halben Fußballfeldes sind alle Bäume ausgerissen, umgefallen, entwurzelt, vertrocknet. Nur einer steht noch. Nicht ganz mittendrin. Ich schätze, er ist etwa 25 Meter hoch. Auf den unteren 20 Metern finden sich nur spärlich ein paar verdorrte Zweige. Erst ganz oben, auf den letzten 5 Metern, erkenne ich auf einmal starke Äste, voller tiefgrüner Blätter. *„Wenn ich ein Baum wäre . . . ?"*, frage ich mich: *„Welcher davon wäre ich?"* Verbunden fühle ich mich allen – sowohl den morschen und abgestorbenen als auch den kräftigen und saftig grünen. Der Frühling sollte allmählich vor der Tür stehen. Und so bleibt trotz aller Dunkelheit in mir doch auch die Hoffnung, dass der Baum meines Lebens endlich aufblüht. Gleichzeitig weiß ich: Gras wächst auch nicht schneller, wenn man daran zieht.

In einem WhatsApp-Status lese ich: *„Das Universum interessiert sich nicht für Deine Rollen oder Leistungen. Es interessiert sich für Dein Herz."* Was auch immer mit *„Universum"* gemeint sein mag: Es ist eine bittere Erkenntnis, dass ich schon mein ganzes Leben immer eher meinem Hirn als meinem Herzen folge. Das Ergebnis davon fühlt sich nicht gut an: In mir spüre ich nur noch Einsamkeit, Hilflosigkeit, Leere, Trauer und – was am schlimmsten ist – tiefe Schuld. Ich mache mir Vorwürfe. Wie konnte ich nur so naiv sein zu glauben, dass ich noch Zeit hätte, meine Träume in Realität zu verwandeln? Die Wahrheit ist doch: Wir wissen nie, wie viel Zeit uns noch bleibt. Wir mögen uns sicher fühlen, Pläne entwerfen, uns vorbereiten und auf den Weg machen. Ob oder wann wir aber ankommen, liegt nie alleine in unserer Hand.

Wie konnte ich nur diese Lehre aus der Transplantationszeit vergessen? Weshalb habe ich nicht mit aller Entschlossenheit zugegriffen, als ich die Gelegenheit, also die Chance dazu hatte? Das Wort stammt aus dem Französischen. Wir übersetzen Chance mit Glück. Glück wiederum soll sich etymologisch aus dem Mittelhochdeutschen *„Gelücke"*, also *„gelingen"* ableiten und mit *„leicht"* zu tun haben. Glück ist also das, was leicht gelingt, leicht erreicht wird.

> *„Leichtigkeit ohne Seichtigkeit."*

Das ist es, wonach ich schon so lange suche. Tatsächlich gelebt habe ich aber auch nach der Leukämie weitgehend Schwere, Ernsthaftigkeit, Disziplin, Anstrengung, Konsequenz und Durchhaltevermögen. *„Ohne Fleiß kein Preis"*, *„Wer A sagt, muss auch B sagen"*, *„Nur die Harten kommen in den Garten"* stand leider immer noch auf den Schildern, denen ich auf meinem Weg durch dieses Leben gefolgt bin.

Wenn ich das mit der Leichtigkeit ohne Seichtigkeit tatsächlich ernst meine, muss ich endlich anfangen, mich nach anderen Schildern umzuschauen und neue, mir unbekannte Pfade zu betreten.

> *„Die Definition von Wahnsinn ist,*
> *immer wieder das Gleiche zu tun*
> *und andere Ergebnisse zu erwarten."*
> *(unklar, ob das Zitat von Albert Einstein stammt)*

Ich weiß ohnehin bereits zu Beginn meines Absturzes, dass mein Leben in der bisherigen Form zu Ende ist.

Während mich die Leukämie damals nur zu einigen Korrekturen auf meinem Weg veranlasst hatte, zwingt mich die Situation jetzt zu einem radikalen Kurswechsel. Ich muss verändern. Wenn ich das hier überleben will, darf ich nicht weiter festhalten, auch nicht an noch so schönen Träumen. Ich darf nicht mehr einfach durchhalten und hoffen, dass sich irgendwann alles zum Guten wendet. Das wird nur passieren können, wenn ich viele der Verhaltensweisen ablege, die mir bislang vermeintlich Sicherheit und Halt gegeben haben.

Dabei brauche ich nun tatsächlich zum ersten Mal seit Kinder- und Jugendtagen selbst wieder Hilfe und Orientierung. Leider sind die wenigen in meinem Umfeld, bei denen ich sie wirklich finden könnte, entweder überfordert oder nicht mehr da.

Mir bleibt also nichts Anderes übrig, als selbst auf die Suche zu gehen. Endlich akzeptiere ich, dass ich nicht alles alleine schaffen kann. Ich lasse mir helfen, in unterschiedlichen Settings – ohne Medikamente. Dabei erlebe ich am eigenen Leib sowohl, was schlechtes Coaching anrichten, als auch, was gutes Coaching bewirken kann. Für das schlechte Coaching zahle ich doppelt: in Form von rausgeworfenem Geld und vertaner Zeit. Es ist das alte Lied: Wo *„teuer"* draufsteht, muss noch lange nicht *„gut"* drin sein. Nur die wirklich guten Coaches befassen sich in kürzester Zeit ganzheitlich mit mir und erfassen nicht nur die Ursachen, sondern auch das Zusammenspiel meiner Themen. Sie geben mir nicht dümmliche Ratschläge, sondern wertvolle Impulse und lassen mich so den für mich richtigen Weg finden. Hier ist jeder Cent bestens investiert.

Dabei ist auch klar: Es reicht nicht, meinen Weg zu finden. Ich muss ihn auch gehen. Unendlich lange Zeit bewege ich mich dabei am Rand meiner Kräfte. Immer wieder muss ich mich zwingen, in diesem Prozess zu bleiben und nicht doch vermeintlich leichte Lösungen zu wählen. Immer wieder muss ich gewaltig über meinen inneren Schatten springen, um nicht doch nur an meinen Symptomen herumzudoktern, sondern mich weiterhin den wahren Ursachen zu widmen.

Mir begegnen viele Menschen mit ähnlichen Erfahrungen. Ich bin bei Weitem nicht der Einzige, für den die Last des emotionalen Rucksacks auf den eigenen Schultern plötzlich und unerwartet zu schwer wird. Die Statistiken kommen nicht von ungefähr und sprechen eine klare Sprache. Die Anzahl von psychischen Erkrankungen steigt seit Jahren. Laut der Weltgesundheitsorganisation WHO leiden weltweit mehr als 264 Millionen Menschen unter Depressionen. Inzwischen wird die Symptomatik immer weiter aufgefächert. Immer häufiger werden nicht nur Winter- und Altersdepressionen diagnostiziert, sondern auch „High-Functioning-Depressionen" erkannt. Depressiv sein und trotzdem zuverlässig funktionieren. Dazu fallen mir spontan reihenweise Beispiele aus meinem Umfeld ein. Auch der Begriff des „Burnout" wird zunehmend nicht mehr nur bei beruflich Gestressten, sondern immer häufiger auch schon bei Schülern und Studenten verwendet. In zahlreichen Formen zeigt sich sehr deutlich: Nicht jeder von uns wird von Schicksalsschlägen weitgehend verschont und dauerhaft auf einer imaginären Sänfte durch das Leben getragen. Nicht jeder erfährt immer wieder die Unterstützung, ohne die wir auf Dauer alle verloren sind. So mancher kämpft unendlich lange, verzweifelt einen innerlich einsamen Kampf und geht dabei unbewusst über seine Kräfte. Der Zusammenbruch kann irgendwann jedem von uns passieren. Jederzeit. Egal, ob jung oder alt, Frau oder Mann, im Außen erfolgreich oder nicht.

In unzähligen Gesprächen erlebe ich, dass fehlende Leichtigkeit und mangelnde Lebensfreude weitverbreitete Phänomene unserer Zeit sind. Im Kern sind es immer dieselben Themen, die uns in Krisen stürzen lassen. Einige haben das Glück, aufgefangen zu werden und zügig wieder auf die eigenen Füße zu kommen. Mancher erlebt den Fall ins scheinbar Bodenlose, zerbricht bei der Landung und erholt sich nie wieder. Andere überleben mit unterschiedlichsten Verletzungen und schaffen es irgendwie wieder aufzustehen. Viele davon – Fachleute schätzen mehr als 50 Prozent – stürzen einige Zeit später erneut ab. Vielleicht sind das ja die, die nur Medikamente genommen oder sich mit oberflächlichen Lösungen zufriedengegeben haben?

Eines scheint mir recht schnell klar und überzeugend: In der Gefahr des Totalabsturzes aller Systeme schweben all diejenigen, die nicht gelernt haben, für sich selbst gut zu sorgen. Einigermaßen sicher vor einem Zusammenbruch ist nur, wer es schafft, dauerhaft ein Leben im Gleichgewicht seiner mentalen, emotionalen, physischen, spirituellen und sexuellen Bedürfnisse zu führen.

Die Realität zeigt aber, dass die meisten Menschen irgendwann unzufrieden sind mit dem Leben, das sie führen. Aus den unterschiedlichsten Gründen. Die Einen hadern mit ihrer beruflichen Situation, ihrer Arbeitsleistung, ihrer Arbeitsatmosphäre oder ihrem Einkommen. Bei den Anderen entsprechen ihre körperliche Verfassung, Partnerschaft, familiäre Situation oder das sonstige soziale Umfeld nicht ihren Vorstellungen und Wünschen. Wo auch immer die Ursache liegt: Alles greift ineinander. Wer dauerhaft unzufrieden, gestresst, genervt und erschöpft ist, wer sich immer wieder machtlos, hilflos, orientierungslos fühlt, der wird mit der Zeit gereizt, ruhelos, wütend oder traurig, bisweilen auch (zu) laut oder (zu) leise.

Urlaub, mehr Sport, Sex oder ein Yoga- bzw. Achtsamkeitskurs helfen dann nicht wirklich. Allzu gerne wird die Flucht angetreten in noch mehr Arbeit, einen anderen Job, die nächste Beziehung oder irgendwelche Affären. So mancher verfällt in emotionales Essverhalten oder will den Schmerz einfach nicht mehr spüren und greift zu Tabletten, Alkohol oder sonstigen Substanzen. Letzteres kennt der Strafverteidiger in mir zu gut. Nicht selten ist das der Anfang vom Ende.

Das alles ist mir ja schon oft begegnet. Diesen Weg will ich auf keinen Fall gehen. Ich weiß auch: Wenn ich den Kopf jetzt in den Sand stecke, ist es eine Frage der Zeit, bis mich meine Probleme in anderer Form wieder in den Allerwertesten beißen.

Für mich steht auch fest: Ich werde nicht hoffen, dass jemand kommt, mich auffängt und mich mit all meinen angst- und trauerbeladenen Koffern der Vergangenheit in ein Leben voller Glück trägt. Es ist so simpel: wenn ich mich tragen lasse, laufe ich immer auch Gefahr, fallen gelassen zu werden. Selbst wenn sich diese Gefahr nicht realisiert: Unweigerlich würde sich in mir eines Tages ein ungutes Gefühl einstellen. Mich tragen zu lassen, würde sich im Laufe der Zeit anfühlen, als würde ich einen Kredit in Anspruch nehmen, ohne die Rückzahlungsmodalitäten geklärt zu haben oder überhaupt zu wissen, ob ich ihn jemals zurückzahlen kann. Ich bin über 50. Darauf darf ich mich nicht einlassen.

Und so recherchiere ich schier endlos. Ich lese zahllose Bücher zu den Themen Burnout, Depressionen, Coaching und Persönlichkeitsentwicklung, verfolge diverse Online-Formate, besuche Seminare, mache Kurse und schließlich noch eine weitere Ausbildung als Coach. Mit dem Gedanken an dieses Thema hatte ich mich schon vor einiger Zeit befasst. Die Beschreibungen der angebotenen Lehrgänge und insbesondere die jeweiligen AusbilderInnen hatten mich jedoch nie überzeugt. Schlussendlich finde ich bei einem kleinen Institut in Bayern in einem erfahrenen Therapeuten, Trainer und Coach den für mich richtigen Mann. Mit seinem *„Als Coach musst Du verstehen, wie Menschen funktionieren. Je mehr Prozesse Du selbst oder mit anderen durchlaufen hast, desto sicherer kannst Du Deine Klienten hindurchführen."* erreicht er mich voll und ganz.

Dieser Gedanke baut nahtlos auf dem auf, was schon mein alter Chef mir vor vielen Jahren während des Referendariats dazu vermittelt hat, was ich als Strafverteidiger im Blick zu behalten habe. Meine Erwartung bestätigt sich: Ein qualifizierter Coach muss über mehr als nur bloß theoretisches Wissen und Methodenvielfalt verfügen. Er braucht vor allem Erfahrung im Umgang mit Menschen. Ein guter Strafverteidiger bin ich schließlich auch nicht an der Universität, sondern in der Arbeit mit meinen Mandanten und im Gerichtssaal geworden. Ich erkenne, dass ich schon mein ganzes berufliches Leben nichts Anderes mache, als das, was ein guter Coach tut: mit Menschen arbeiten, Sachverhalte aus unterschiedlichen Perspektiven kritisch hinterfragen, Probleme klar identifizieren und Lösungsmöglichkeiten aufzeigen. Meine berufliche Neuorientierung ergibt sich wie von selbst und ist nur der folgerichtige nächste Schritt. Und endlich, nach all der Zeit der Kämpfe als Verteidiger, liebe ich wirklich, was ich tue.

Zuvor geht es mehr denn je jedoch noch an meine eigenen Wurzeln. In deutlich zarterer Verpackung hatte ich das Thema ja vor vielen Jahren schon einmal. Vor der Transplantation war es vergleichsweise einfach. Mit der konkreten Aussicht auf das eigene Ableben ließ es sich leicht in Ruhe nachdenken, Entscheidungen treffen und Verantwortung in die Hände der Ärzte abgeben. Nun geht es um eine viel hässlichere Frage:

> *„Wo in mir stecken eigentlich noch*
> *Leichtigkeit und Lebensfreude?"*

Die Antwort ist einfach, wenn auch perfekt versteckt. Ich finde sie erst, als ich anfange, das Gleiche zu tun, was ich von meinen Mandanten immer verlangt habe. Ich habe es schon gesagt. Ich habe mir immer einen Lebenslauf geben lassen: *„Nicht den einfachen, den Sie schreiben, wenn Sie sich auf irgendeine Stelle bewerben, sondern einen, der mir sagt, wer Sie wirklich sind."* Die alten Griechen haben sich was gedacht bei ihrer Inschrift im Apollontempel von Delphi vor rund 2500 Jahren:

> *„Erkenne Dich selbst!"*

Und so fange ich mal wieder an, zu schreiben. Das war auch schon damals in der Klinik Bestandteil meines Verarbeitungsprozesses. Es fällt mir technisch leicht, nur inhaltlich diesmal unendlich schwer. Im Gegensatz zur Zeit der Transplantation ist das, was ich nun zu Papier bringe, einstweilen sehr ungeordnet und nicht für die Augen Dritter bestimmt. Irgendwann ergeben die Puzzleteile, die ich niederlege, dennoch ein klares Bild. Es trifft mich hart zu realisieren, dass ich mein ganzes Leben nicht den

Lehren meines Opas oder Anderer, sondern im Kern immer dem Vorbild meines Vaters gefolgt bin. Ich bin

„Dasselbe wie mein Papa."

geworden. In vielerlei Hinsicht, ohne es zu bemerken und obwohl ich das nie wollte. Es ist bitter, mir das eingestehen zu müssen. Genau wie er liebe ich nicht, was ich beruflich Tag für Tag mache. Ich kann es nur gut und verdiene meinen Lebensunterhalt damit. Hinzu kommt, dass ich mich mit den meisten Menschen, die mir in diesem Rahmen alltäglich begegnen, im Grunde überhaupt nicht umgeben will. Das gilt leider nicht nur für meine Mandanten, sondern auch für einige andere. Der Stil, mit dem gewisse Positionen in diesem Feld ausgefüllt werden, gefällt mir oft genauso wenig wie die Art, in der mit- und übereinander gesprochen wird. Sie tut mir nicht gut. Von einem Strafverteidiger mag dieses Geständnis überraschen und es fällt mir schwer, es abzulegen: aber dafür bin ich einfach zu sensibel und harmoniebedürftig.
Und privat? Auch da habe ich leider nicht nur Dienliches von Papa übernommen. Dass ich den Sport irgendwann genauso aufgegeben habe wie er, war zu einem gewissen Grad noch die Folge der Transplantation. Danach konnte mein Körper einfach nicht mehr so, wie ich es von ihm wollte. Abgesehen davon ist mir Anderes nun auch wichtiger. Inzwischen hat das Leben mir zwei Menschen geschenkt. Der Verantwortung, die damit einhergeht, möchte ich gerecht werden. In Bezug auf meine Tochter erfülle ich den Anspruch an mich selbst einigermaßen. Als Partner nicht. Leider. Es ist keine Entschuldigung, lediglich eine Erklärung, dass ich nie gelernt habe, in eigener Sache das Wort zu ergreifen. Plädoyers

für andere zu halten, fällt mir leicht. Mich um andere zu kümmern, liegt gefühlt in meiner DNA. Es dauert noch, bis ich einen Blick dafür entwickele, dass jeder Erwachsene sein Schicksal selbst tragen und die Verantwortung für sich, seine Entscheidungen, sein Tun und Sein selbst übernehmen muss. Ich entspreche immer noch dem Vorbild meines Vaters, wenn ich versuche, anderen im Außen zu geben, was mir selbst im Innen fehlt. Mein Zugang zu meiner eigenen Gefühlswelt ist ziemlich blockiert. Statt sie zu leben, versuche auch ich andauernd meine Emotionen zu beherrschen. Empfindungen zuzulassen, gar über das zu sprechen, was mich bewegt, ist mir fremd. Ich mache alles mit mir selbst aus, lasse niemanden teilhaben und lasse keine wirkliche Nähe zu. Mein Schweigen ist ganz sicher nicht hilfreich und tut niemandem gut, weder mir noch denen um mich herum. Die Erkenntnis kommt überraschend: Es muss schwer sein an meiner Seite.

Mein Verständnis von Nächstenliebe ist genauso verquer wie das meines Vaters. Genau wie er habe auch ich eine Neigung entwickelt, mich auf das zu konzentrieren, was ich geben kann, ohne zu realisieren, was wirklich gebraucht wird oder mir selbst alles fehlt. Nicht ohne Grund beinhaltet das biblische Gebot

„Du sollst Deinen Nächsten lieben wie Dich selbst."
(3 Mose 19,18)

ja in gleicher Weise ein altruistisches und ein egoistisches Element. Für andere da sein, kann schließlich nur, wer auch gut für sich selbst sorgt. In diesem Sinne gilt es, einen klugen Egoismus zu entwickeln und zu leben. Selbst-Bewusstsein, sich also seiner selbst bewusst zu sein, ist mehr als das, was wir üblicherweise darunter verstehen.

Was in der Theorie leicht klingt, ist in der Praxis gleichwohl schwer. Woher soll ich wissen, was mir fehlt, wenn ich doch nur kenne, was ich schon habe oder hatte? *„People don't know what they like ... they like what they know. – Menschen wissen nicht, was sie mögen ... sie mögen, was sie kennen."* (Clariece Paulk)

Im Zuge der Entwicklung dieser Form des Egoismus muss ich mich in einem ersten Schritt von vielem trennen. Jetzt erst realisiere ich, wie viele Programme auf meiner inneren Festplatte dem Menschen und Mann überhaupt nicht dienlich sind, der ich in Wahrheit sein möchte. Solange ich mich nach gedanklichen Bremsen wie *„Ich bin nur eine Zwei Minus"*, *„Das tut man nicht"*, *„Das geht doch nicht"*, *„Was sollen die Leute denken"*, *„Ich muss alles alleine schaffen"*, *„Ich bin nicht gut genug"*, *„Ohne Fleiß, kein Preis"*, *„Geld verdirbt den Charakter"* oder *„Wer A sagt, muss auch B sagen."* oder ähnlichem gedanklichem Mist ausrichte, werde ich meine angeborene, aber längst verlorene Heiterkeit nie wiederfinden.

Und so breche ich auf. Auf einem neuen Weg. Mein Ziel ist – einmal mehr – uralt und schon ganz treffend formuliert:

> *„Werde der, der Du bist."*
> *(F. Nietzsche, 1844 – 1900, Deutschland,*
> *nach Pindar, 518 – 446 v. Chr., Griechenland)*

Wer weiß? Vielleicht erreiche ich es ja noch zu Lebzeiten? Dass ich wie mein Vater geworden bin, bedeutet ja nicht, dass ich auch so bleiben muss. Ich will meinen Lebensweg nicht genauso unvollendet lassen wie er. Leben sollte mehr sein als Funktionieren.

„I want to know how far my wings will carry ... "
„Ich will wissen, wie weit mich meine Flügel tragen."

Alles ist relativ

Wie durch ein Wunder hat er überlebt. Leider, sagt er selbst. Und ich verstehe ihn. Wer könnte diesen Gedanken nicht nachvollziehen? Die Staatsanwaltschaft ermittelt. Das muss sie. Schließlich sind drei Menschen gestorben. Nach Abschluss der Ermittlungen wird das Verfahren eingestellt. Es war eine Verkettung unglücklicher Umstände. Der Tatbestand der fahrlässigen Tötung ist nicht erfüllt. Er ist unschuldig.

Er war mit seiner Familie auf der Rückreise vom Urlaub an der Nordsee. Die Woche bei den Großeltern hatten sie alle genossen. Mit Wattwanderungen, Fischbrötchen essen und Drachensteigen lassen am Meer. Die Rückreise läuft überraschend entspannt. Keine Staus. Kaum Verkehr. Die Kinder sind gut gelaunt. Sie singen mit ihrer Mama. Er singt nicht mit. Das hat er vor Jahren aufgegeben. *„Papa, lass die Mama singen."* waren einmal die Worte seines Jüngsten, als er noch versucht hat, ihn mit *„La Le Lu, nur der Mann im Mond schaut zu"* in den Schlaf zu begleiten.

Er lässt den alten Kombi gemütlich über die Autobahn rollen. Er ist ein guter Autofahrer, fährt beruflich rund 40.000 km im Jahr. Er hat keinen Punkt in Flensburg, hatte noch nie einen Unfall. Er kann nicht ahnen, dass auf der Strecke vor ihm bis vor ein paar Minuten noch Starkregen herrschte. Er kann nicht damit rechnen, dass die sintflutartigen Wassermassen vor ein paar Minuten zu viel Laub von den Sträuchern am Fahrbahnrand in die Gitter der Ablaufschächte geschwemmt und diese verstopft haben. Und so sieht er ihn zu spät. Den See, der sich nun vor ihm auf einer Länge von rund einhundertfünfzig Metern über die Breite von eineinhalb Fahrspuren zieht.

Aquaplaning kann auch bei relativ geringen Geschwindigkeiten auftreten. Der hinzugezogene unfallanalytische Sachverständige wird seine Angaben bestätigen. Sie passen zu dem Ergebnis seiner Auswertungen und Berechnungen. Auch bei für Autobahnverhältnisse eher mäßigen 120 km/h kann ein Fahrzeug unter ungünstigen Bedingungen aufschwimmen und der Fahrzeugführer die Kontrolle über das Fahrzeug verlieren. Genau das ist passiert. Und so schlägt der Wagen mit dieser Geschwindigkeit ungebremst seitlich ein. In den Brückenpfeiler am Fahrbahnrand. Seine Frau saß bei den Kindern auf der Rückbank. Dort wirken die Kräfte am verheerendsten. Alle drei haben keine Chance, sind auf der Stelle tot. Wer die Fotos von dem Wrack an der Unfallstelle sieht, fragt sich, wie überhaupt jemand diesen Unfall überleben konnte.

In der Einstellung des Ermittlungsverfahrens liegt für ihn keinerlei Trost. Er weiß, dass es ein tragisches Unglück war. Von dem, was unmittelbar danach war, weiß er nichts mehr. Die Erinnerung setzt erst Tage später ein, nach seiner Entlassung aus dem Krankenhaus. Aber ein Bild bekommt er nicht aus dem Kopf, trotz aller Gesprächsversuche mit diversen Psychologen. Das Bild von den drei leblosen Körpern auf der Rückbank.

„Warum die Kinder?"
„Warum meine Frau?"
„Warum nicht auch ich?"
„Warum? Warum? Warum"?

Es gibt keine Antworten auf die Fragen, die ihn lange Zeit immer wieder neu aus der Bahn werfen. Als ich ihn das letzte Mal sehe, ist er ein Schatten seiner selbst. Ich habe Sorge, dass er den Verlust nicht verkraftet, die Trauer vielleicht nie überwinden kann. Monate später muss ich telefonisch noch etwas mit ihm abstimmen. Ich bin unendlich erleichtert, als ich erfahre, dass ihm inzwischen ein neuer Ansatz der Trauma-Therapie tatsächlich hilft. „Im Gegensatz zu dem ganzen Gequatsche" werde dort unmittelbar im Unterbewusstsein gearbeitet.

Mir fällt ein Buch ein, das ich vor vielen Jahren gelesen habe. „Der Schrei nach Leben", erzählt die auf Tatsachen basierende Lebensgeschichte eines polnischen Juden, der als Jugendlicher im Warschauer Ghetto aufwächst und den Holocaust als einziges Mitglied seiner Familie überlebt. Nach Kriegsende wandert er in die USA aus und wird als Geschäftsmann sehr erfolgreich. Später übersiedelt er nach Frankreich. Dort sterben seine Frau und die vier gemeinsamen Kinder unter tragischen Umständen bei einem Waldbrand.

Überall auf der Welt erleiden Menschen zu allen Zeiten unter unterschiedlichsten Umständen in unterschiedlichsten Formen grausame Schicksalsschläge. Manche werden vom Schicksal immer wieder regelrecht verprügelt.

Ich bekomme ein schlechtes Gewissen. Es ist alles nur in meinem Kopf. Mir wird bewusst, dass es pure Luxusprobleme sind, mit denen ich kämpfe. Das, was mir tatsächlich passiert ist, ist nichts, ist überhaupt nichts.

Das dritte Leben

„*Des Glückes Tod ist der Vergleich.*"
(nach Søren Kierkegaard, 1814 – 1855, Dänemark)

Endlich krieg' ich wieder einen hoch

„Was macht der denn da?", müssen sich die Polizeibeamten gefragt haben, als sie die Unfallstelle erreichen. Ein unbekannt gebliebener Anrufer hat einen Verkehrsunfall gemeldet. In einem Wohngebiet sei vor ihm gerade ein Auto zuerst wilde Schlangenlinien gefahren, dann nach rechts über den Bürgersteig gerumpelt und dort auf ein anderes Fahrzeug geknallt.

Die Uniformträger haben schon viel gesehen, aber das Bild, das sich ihnen nun präsentiert, ist doch eher ungewöhnlich. Mit vollgepinkelter Hose kniet ein Mittdreißiger am Fahrbahnrand und fummelt mit bloßen Händen am rechten Vorderrad seines alten Mercedes herum. Das Gefährt hat einen nicht unerheblichen Frontschaden, der perfekt mit dem Heckschaden des davorstehenden BMWs korrespondiert. Der Reifen, an dem er rumhantiert, steht in einem unnatürlichen Winkel ab und ist ganz offensichtlich platt. So ist der Wagen definitiv nicht mehr fahrbereit. Als sie ihn ansprechen, bleibt der Mann am Boden erstaunlich ruhig. Er scheint weder die Nässe im Schritt zu bemerken noch die simple Tatsache zu realisieren, dass seine Versuche scheitern werden, ohne Werkzeug die Schrauben an der Felge zu lösen. Er erfasst auch erst mit Verzögerung, dass die beiden Staatsbediensteten nicht gekommen sind, um ihm beim Reifenwechsel zu helfen.

Das weitere Programm der Nacht entspricht dann wieder dem üblichen Standard. Nach Aufnahme aller erforderlichen Daten, Entnahme einer Blutprobe und Beschlagnahme des Führerscheins verlässt mein angehender Mandant das 5. Polizeirevier wenige Stunden später zu Fuß. Ein paar Tage später sitzt er bei mir im Büro. Er möchte seinen Führerschein so schnell es geht wiederhaben und „möglichst billig" aus der Sache rauskommen. Ihm leuchtet ein, dass alles Weitere im Kern davon abhängen wird, welchen Promillewert die Analyse ausweist. Als dieser vorliegt bitte ich ihn zu einer Besprechung. Ich muss ihm einiges erklären. Der festgestellte Wert liegt (deutlich) über 1,6 Promille. Damit haben wir einen sogenannten Regelfall des § 69 StGB. Rein strafrechtlich wird das zu einer Entziehung der Fahrerlaubnis führen. Sein bisheriger Führerschein wird endgültig „weg" sein. Das Gericht wird eine sogenannte Sperrfrist bestimmen, also festlegen, wann die Verwaltungsbehörde ihm frühestens wieder eine neue Fahrerlaubnis erteilen darf. Nach Ablauf dieser Frist wird dann wiederum die Verwaltungsbehörde eigenständig prüfen, ob die Voraussetzungen für eine Neuerteilung der Fahrerlaubnis überhaupt vorliegen. Bei mehr als 1,6 Promille wird die Führerscheinstelle von ihm vorher allerdings eine MPU verlangen (Medizinisch-Psychologische-Untersuchung, auch bekannt als „Idiotentest", § 13 Fahrerlaubnisverordnung (FeV).)

Oft wird vergessen, dass ein Proband dort bereits im medizinischen Teil durchfallen kann. Solange er nicht trocken ist, wird beispielsweise ein Alkoholiker bereits aufgrund seiner Blutwerte gar nicht erst bis zum psychologischen Teil der Untersuchungen kommen. Vielfach muss die Zeit bis zur MPU genutzt werden, um überhaupt die Voraussetzungen dafür zu schaffen, dass diese positiv ausfallen kann. Also schicke ich ihn erstmal zum Arzt. Wir brauchen aussagekräftige Blutwerte. Die sprechen leider eine deutliche Sprache. Dass die Langzeitmarker einen mehr als regelmäßigen, ganz erheblichen Alkoholkonsum belegen, überrascht mich nicht. Seine Gesichtsfarbe und die etwas glasigen Augen hatten es vermuten lassen. Dass ihn seine Blutzuckerwerte allerdings auch als Diabetiker ausweisen würden, konnte weder er noch ich ahnen.

Sein Arzt hat wohl die richtigen Worte gefunden. Jedenfalls ist mein Mandant hoch motiviert, als er zu mir kommt, um das weitere Vorgehen zu besprechen. Er will sein Leben ändern, aufhören zu trinken. Er sagt, er habe sich selbst immer weniger gemocht, in den vergangenen Jahren. Es sei vieles „bergab" gegangen bei ihm. Er habe sich gehen lassen mit seiner Trinkerei, habe zu viel Zeit in irgendwelchen Lokalen verbracht. Nun wolle er wieder der Mann werden, der er eigentlich sein könne. Er wolle versuchen, seine Frau zurückzugewinnen und er wolle endlich der Vater werden, den seine Tochter verdient habe. Er wisse doch selbst noch, wie es war, wenn der Papa immer aus irgendwelchen Kneipen abgeholt werden musste und fast nie zu Hause war.

So erfahre ich deutlich mehr über seine privaten Themen, als ich zur Bearbeitung des Mandates wissen müsste. Ich konzentriere mich auf meinen beruflichen Auftrag und erkläre ihm die Voraussetzungen für die Wiedererteilung der Fahrerlaubnis. Dazu gehört, dass er die Finger vom Bier lassen und schnellstmöglich anfangen sollte, seine Abstinenz durch regelmäßige Blutwerte zu dokumentieren. Er lässt sich auf alles ein, was ich ihm vorschlage. Ich bin gespannt, ob er durchhält.

Das Strafverfahren ist schnell erledigt. Der Sachverhalt ist klar, die Rechtslage auch. Dafür braucht niemand eine Hauptverhandlung bei Gericht. Die Sache wird im schriftlichen Weg durch einen Strafbefehl erledigt. Er erhält eine moderate Geldstrafe, die Fahrerlaubnis wird entzogen, der Führerschein eingezogen. Vor Ablauf eines Jahres darf ihm keine neue Fahrerlaubnis erteilt werden. Als sich die Sperrfrist dem Ende nähert, kommt er wieder zu mir. Ich bin überrascht, wie sehr er sich in den vergangenen Monaten verändert hat. Er hat abgenommen, wirkt sehr gepflegt, sieht insgesamt deutlich besser aus. Er erzählt, was passiert ist, seit wir uns das letzte Mal gesehen haben. Seinen Job hat er behalten, beruflich läuft es besser denn je. Er unternimmt viel mit seiner Tochter. Die Kleine spielt Fußball. Er trainiert die Kindermannschaft. Beide haben viel Freude daran. Und seine Frau habe ihm eine zweite Chance gegeben. Die wolle er unbedingt nutzen. Ihre Beziehung laufe besser als je zuvor. Er lächelt etwas versonnen, als er leise anfügt, dass sich mit der medikamentösen Einstellung des Diabetes auch körperlich bei ihm etwas verändert habe:

„Endlich krieg ich wieder einen hoch."

„Das sollten Sie bei der MPU am besten genau so erzählen", ist meine klare Antwort. Nach den „Begutachtungsleitlinien für Kraftfahreignung" wird nämlich bei Alkoholmissbrauch vor Erteilung einer neuen Fahrerlaubnis eine Änderung im Trinkverhalten gefordert. In Fällen wie seinem muss die Abstinenz hierzu nicht nur über einen längeren Zeitraum durch Blutuntersuchungen belegt, sondern auch *„stabil und motivational gefestigt"* sein. Das kann unter anderem festgestellt werden, wenn *„die*

mit der Verhaltensänderung erzielten Wirkungen positiv erlebt werden". Der Gesichtsausdruck bei seinen eigenen, nur sechs Worten lässt keinerlei Zweifel daran, wie positiv er seine Verhaltensänderung erlebt. Seine Frau wahrscheinlich auch ...

Als er die Kanzlei verlässt, bleibe ich ein wenig nachdenklich zurück. Diesen Unfall zu bauen und erwischt zu werden, war für ihn wahrscheinlich das Beste, was ihm in dieser Phase seines Lebens passieren konnte. Er hat Glück gehabt. In der Verfassung, in der er damals war, hätte das nämlich auch deutlich schlimmer ausgehen können als nur mit einem Blechschaden. Sicher wäre auch seine Erkrankung erst viel später erkannt worden. Wer weiß, was bis dahin noch alles kaputtgegangen wäre, nicht nur an Nerven im Intimbereich? Vielleicht wäre die Ehe tatsächlich gescheitert und seine Tochter hätte ihren Papa immer nur an der Theke, statt auf dem Fußballplatz erleben können?

„Glück im Unglück",

geht mir kurz durch den Kopf. Dabei weiß ich, dass es deutlich mehr war. Nur mit Glück ist das nicht zu erklären. Ohne seine Erkenntnisfähigkeit, ohne seine Willensstärke und sein Durchhaltevermögen wäre die Episode mit nasser Hose am Fahrbahnrand wahrscheinlich nur eine von vielen weiteren Peinlichkeiten in seinem Leben gewesen. Es lag an ihm, dass sie der zentrale Wendepunkt war. Er hat nicht einfach weiter gemacht wie vorher. Er hat aufgeräumt in seinem Leben, sich vielem gestellt, sich Hilfe geholt, sich mit den Ursachen und Gründen seiner Sauferei auseinandergesetzt, Therapien gemacht, viele Gespräche geführt. Die Veränderung hat sich gut für ihn angefühlt. Erst danach wurde so vieles besser. Wenn es doch nur immer so wäre. Wenn das Schicksal doch nur immer so vergleichsweise sanft zuschlagen würde. Und wenn doch nur jeder die Kraft hätte, etwas Gutes zu machen aus dem, was ihm widerfährt ...

Hättest Du mal was gesagt, Du Idiot

Sie hat sie richten lassen, diese beiden leicht schief stehenden Schneidezähne, die ich immer so sexy fand. Ein „scharfer Zahn" ist sie immer noch, auch wenn diese Formulierung der 80er Jahre inzwischen aus der Zeit gefallen ist.

Rund 30 Jahre später treffe ich sie wieder. Zufällig, am Rande einer Fußgängerzone, umgeben von Menschen, die am Samstagvormittag noch hektisch alle Einkäufe und Besorgungen für das Wochenende erledigen wollen. Sie war der Schwarm der späten Jugendtage, nicht nur meiner. Sie kam erst in der Oberstufe an unsere Schule. Nun ist es ein bisschen wie damals. Das Blau in ihren Augen strahlt wie früher, das Blitzen darin ist unverändert. Manche Erinnerungen brennen sich ein in ein Gedächtnis. Es heißt, die Augen seien der Spiegel der Seele. Wie am ersten Tag sehe ich diese geheimnisvolle Tiefe darin. Den Kampf mit ihrer fast schwarzen Lockenpracht führt sie offensichtlich noch immer, auch wenn die Mähne nicht mehr ganz so wild um ihren Kopf tobt. Es ist nicht zu übersehen: Die Zeit ist gnädig mit ihrem Körper umgegangen. Kaum zu glauben, dass sie drei Kinder geboren hat.

Als ich sie nach ihren Zähnen frage, erzählt sie mir aus ihrem Leben. Nach dem Abitur habe sie Sinologie studiert, war viele Jahre beruflich sehr erfolgreich im Ausland. Dort habe sie ihren ersten Mann kennengelernt. Er sei ein paar Jahre älter gewesen, intellektuell hochbegabt, wie geschaffen für die große internationale Karriere. Die habe er auch gemacht. Im Gegensatz zu ihr sei er bereit gewesen, alles andere zurückzustellen. Das Leben mit ihm sei aufregend gewesen. Sie hätten überall auf der Welt in wunderschönen Häusern gelebt, tolle Autos gehabt, aufregende Urlaube gemacht, interessante Menschen kennengelernt, hochintellektuelle Gespräche geführt. In dieser Zeit habe sie aber auch das mit den Zähnen machen lassen. Heute bereue sie es.

Die Erfahrung, spät und vollkommen unerwartet doch noch Mutter zu werden, habe ihren Blick auf sich und die Welt verändert. Ihre beruflichen Ambitionen hätten sich relativiert. Es sei ihr aber erst nach dem dritten Kind klar geworden, dass sie hinter der schicken Fassade ihres hochtourigen Lebens emotional viele Jahre völlig verarmt gelebt habe. Ihr Mann sei viel unterwegs gewesen, von einem Meeting zum anderen andauernd durch die Welt gereist. Das sei eben der Preis der großen Karriere. Solange die Kinder noch nicht zur Schule gegangen seien, sei sie selbst mit ihnen oft dabei gewesen, aber insgesamt einfach zu kurz gekommen. Im Laufe der Zeit sei ihr bewusst geworden, dass ihr Mann zwar hochintelligent und im Außen ungemein erfolgreich, aber im Kern als Mensch sehr limitiert gewesen sei. Sie verwendet tatsächlich das Wort dumm. Von dem, was sie wirklich beschäftige, was ihr wirklich wichtig sei im Leben, habe er nichts verstanden. Einmal habe er gefragt, warum sie sich so klein mache. Sie könne doch noch viel mehr erreichen, als sich nur noch um Kinder zu kümmern und Gedichte zu schreiben, die sie ohnehin nicht veröffentliche. Letztlich sei die

Trennung unvermeidlich gewesen.

Das Geplauder fällt leicht – wie damals. Im Reden waren wir immer gut. Früher hat uns die Theater-AG die Bühne dafür geboten. Hier fand sich ein, wer ein bisschen anders war als andere, schon irgendwie anders nachdachte, nicht nur über die Schule, sondern über das Leben. Im Schutz unserer Rollen konnten wir uns hier auf Augenhöhe begegnen. Hier war ohne Bedeutung, dass sie in einer für mich unerreichbaren Welt lebte, zu gut aussah, zu klug war, die Eltern zu vermögend. Wie sollte ich denn mithalten mit jemandem, für den Tennis-Einzelunterricht und ein eigenes Pferd genauso selbstverständlich waren wie Literaturabende im Freundeskreis der Eltern am heimischen Kamin, Theaterbesuche, Ballett, Skiurlaub in der Schweiz und 6 Wochen Sommerferien beim Onkel in Australien. Nur auf der Bühne konnten wir uns im Schutz der Kostüme fallen lassen und Gefühle zeigen, wobei die Grenzen zwischen Schein und Sein verschwammen. Romeo und Julia zu spielen fällt leicht, wenn die Hauptdarsteller intellektuell-emotionales Tiefseetauchen dem Beckenrandschwimmen ohnehin vorziehen.

Heute haben wir beide kein Bedürfnis mehr, noch Theater zu spielen, uns etwas vorzumachen. Die Jahre haben uns selbstbewusster werden lassen. Da verliert an Bedeutung, dass unser beider Weg an so vielen Stellen so ganz anders verlaufen ist, als wir zu Schulzeiten in all unserer Naivität noch dachten. Und so legen wir mit jedem Satz mehr die Masken ab, die wir so lange voreinander getragen haben und an anderen Stellen unseres Seins noch immer tragen.

Wir spüren beide, wie unbedeutend vieles von damals für uns geworden ist. Und so kommen wir ohne Peinlichkeit wie selbstverständlich sehr zügig auch auf das, was

unausgesprochen irgendwie immer in der Luft lag zwischen uns. Sie sagt, dass sie das Glück in der Liebe erst spät gefunden habe. Dafür dann auf völlig unerwartetem Weg und umso intensiver. Es sei ein Wunder, dass sie ihrem jetzigen Mann überhaupt begegnet sei. Er komme aus recht einfachen Verhältnissen und arbeite als Lehrer an einer Berufsschule. Erst durch ihn habe sie gelernt, worum es ihr im Leben wirklich gehe. Inzwischen sei sie mit Leidenschaft Lehrerin und Mutter. Sie sagt, sie freue sich schon darauf, Oma zu werden; Babys schaukeln verlerne man ja nicht. Ihren drei Mädchen habe sie einen klaren Auftrag erteilt: *„Ich möchte Enkelkinder. Sucht Euch schöne Männer. Aber passt auf: hinter so manchem hübschen Hintern steckt nur ein armseliger Arsch."*
Sie selbst habe gefunden, was sie immer gesucht habe. Nicht nur den richtigen Mann an ihrer Seite, sondern durch ihn auch sich selbst. Ihr Elternhaus, die guten Noten, ihr intellektueller Anspruch an sich selbst, ihre eigene und die Karriere ihres ersten Mannes hätten ihr viele Jahre den Blick für das verstellt, was ihr wirklich wichtig sei. Es sei ganz einfach. Sie liebe halt Kinder. Nicht nur ihre eigenen. Deshalb arbeite sie in einem sozialen Projekt mit, gebe dort unbezahlt Deutschunterricht für Migranten. Während sie junge Erwachsene aus aller Herren Ländern unterrichte, lerne sie selbst fortwährend Neues. Es sei ihr wichtig, nicht nur die Sprache, sondern auch die Kultur und Denkweise anderer Länder kennenzulernen. Ein Miteinander könne auf Dauer doch nur gelingen, wenn wir nicht nur die Sprache der Worte, sondern vor allem die Sprache der Herzen verstünden. Je besser sich die Erwachsenen zurechtfänden, desto besser sei das auch für die Kinder. Sie habe hier zum ersten Mal das Gefühl, wirklich etwas zu bewirken in ihrem Leben, etwas zu hin-

terlassen, das weit über das hinausgehe, was sie beruflich bislang immer gemacht habe. Das mache sie glücklich. Sie habe endlich einen Sinn in ihrem Leben gefunden. Während die Worte aus ihrem Mund sprudeln, leuchtet sie förmlich. Sie schwärmt von ihrem Mann und ihrem Leben wie eine Fünfzehnjährige, die gerade zum ersten Mal total verknallt ist. Wie schön, denke ich mir.

Mich beschleicht ein altbekanntes Gefühl: Sie ist einfach weiter als ich, unerreichbar, lebt immer noch oder schon wieder in einer anderen Welt. Während es früher nur um die Äußerlichkeiten und das Umfeld ging, beneide ich sie nun nicht nur um diese Begeisterung, ja Liebe für das, was sie tut, sondern vor allem um dieses Gefühl des Angekommen-Seins, offensichtlich in allen Bereichen ihres Lebens.

Das hätte ich auch gerne. Im Gegensatz zu ihr, kann ich die Puzzlesteine meiner Begabungen und Erfahrungen jedoch noch nicht so ganz zu einem stimmigen Bild zusammensetzen. Hatte sie nur ein wenig mehr Glück im Leben? Oder war sie schlicht schneller im Erkennen und Ergreifen von Chancen?

In einem Punkt kann ich ihr aber bereits jetzt uneingeschränkt zustimmen. Auch für mich ist es die Arbeit mit Menschen, die mir ein Gefühl von Sinn gibt, in dem, was ich mache. Es galt im Grunde für alle Mandate, aber gerade in Jugendstrafsachen war mir immer bewusst, wie nachhaltig diese Verfahren auf Lebenswege Einfluss nehmen können. Oft genug habe ich die Erfahrung gemacht, dass nicht nur meine jungen Mandanten, sondern deren gesamtes Umfeld auf die Anklagebank gehört hätten. Was Kinder, Jugendliche und Heranwachsende im Alltag nicht sehen, können sie auch nicht leben. Sie tun ja in aller Regel nicht das, was andere ihnen sagen, sondern das, was andere ihnen zeigen. Es ist also für unsere gesamte Gesellschaft existenziell wichtig, uns um die Kinder und Jugend zu kümmern, ihnen Beachtung zu schenken und ihren menschlichen Grundbedürfnissen gerecht zu werden.

Und so ergibt sich wie von selbst auch nach all den Jahren ein munteres Gedanken-Pingpong zwischen uns. Sie erzählt davon, dass sie sich damit beschäftigt habe, wie Lernen am besten funktioniere. Erst durch ihren Mann sei ihr bewusst geworden, dass Menschen auf ganz unterschiedliche Weise lernen und sie selbst ein visuell-kommunikativer Lerntyp sei. In seiner Freizeit fotografiere und male er. Es sei eine wunderbare Art, sich auszudrücken. Dieses schlichte *„Ein Bild sagt mehr als tausend Worte"* sei schon richtig. Und es sei so wichtig, ein Bild von dem zu haben, was man vom Leben nicht nur wolle, sondern ihm auch geben könne. Das, was sie den Kindern vermitteln könne, bleibe und wirke fort, auch wenn sie selbst irgendwann nicht mehr da sei. Ihre Gedanken beginnen mal wieder zu fliegen, als sie Kennedy zitiert. Der habe ja auch schon 1961 in seiner Amtsantrittsrede gesagt:

„Ask not what your country can do for you —
ask what you can do for your country."

„Fragt nicht, was Euer Land für Euch tun kann —
fragt, was Ihr für Euer Land tun könnt."

„Hast Du das Buch eigentlich geschrieben?" fragt sie mich unvermittelt. Die Transplantation liegt lange zurück. Ich weiß dennoch sofort, wovon sie spricht. Auch sie war damals schon der Auffassung, dass ich aus meinen täglichen E-Mails während der Zeit in der Klinik ein Buch machen solle. Das hat mir geschmeichelt. Aber ernst genommen

habe ich diesen Gedanken nie. Warum sollte sich jemand, der mich nicht kennt, dafür interessieren?

Ich antworte ihr, dass es mir in letzter Zeit nicht so gut gegangen sei und ich wieder angefangen habe zu schreiben. Es sei eine ziemlich assoziative Schreiberei, mit der ich intellektueller Leichtmatrose mich mal wieder in einem Verarbeitungsprozess befinde. Das sei sicher nichts für die Öffentlichkeit. Sie schüttelt energisch den Kopf: *„Du bist alles andere als ein Leichtmatrose. Schreib dieses Buch, bring es endlich zu Ende! Du weißt es doch am besten: Wir wissen nie, wie viel Zeit uns noch bleibt."*

Als wir uns verabschieden, kommt ohne Nachdenken ein *„Es war schön, Dich zu sehen, Du Traumfrau."* aus meinem Mund. Sie schaut mich fragend an: *„Traumfrau? Guter Scherz."* Ich sehe ihr in die Augen: *„Nein. Kein Scherz. Das warst Du schon immer."* Sie schüttelt ganz langsam den Kopf, umarmt mich einen Hauch fester und länger als erwartet. Mit einem sanften Kuss auf die Wange flüstert sie mir ins Ohr:

„Hättest Du mal was gesagt, Du Idiot."

Sie schwingt sich auf ein Hollandrad, winkt kurz und entschwindet meinen Blicken. *„Was für eine wunderbare Frau"*, denke ich. Auch wenn sie sich die Zähne hat richten lassen – irgendwie ist sie noch schöner geworden. Und ich frage mich, welche Gedichte sie wohl schreibt. Ich würde sie gerne lesen, auf diese Weise wenigstens aus der Ferne teilhaben können an dem, was sie bewegt. Ihre Gedanken haben mich immer schon interessiert. Ich habe es geliebt, ihr zuzuhören. Nur gesagt habe ich es ihr nie. Alles hat zwei Seiten ...

Vielleicht sollte nicht nur ich, sondern so viele von uns ihr

Das dritte Leben

Schweigen brechen und ihre Geschichten, ihre Gedanken
in die Welt tragen?
Wer weiß schon, wie viel Zeit uns noch bleibt?

> *„Das Leben besteht aus verpassten*
> *und wahrgenommenen Gelegenheiten."*
> *(Unbekannt)*

Alles hat zwei Seiten

„Alle wollen die Welt verändern,
aber niemand sich selbst."
(Lew Tolstoi, 1828 – 1910, Russland)

Als ich mit über 50 anfange, mich ernsthaft mit der Frage auseinanderzusetzen, wofür ich das bisschen verbleibende Lebenszeit noch nutzen möchte, treffe ich auf einen schier unübersehbaren, riesigen Markt an Angeboten. Teilweise erweisen diese sich bei genauerer Betrachtung trotz ansprechender Verpackung als so inhaltsleer, dass ich sie als Beleidigung meiner Intelligenz empfinde. Aber es gibt für alles eine Zielgruppe. Und der in vielen Köpfen verhaftete Gedanke *„Was teuer ist, muss auch gut sein."* wird mitunter schamlos ausgenutzt.

Gleich zu Beginn rebelliert der Strafverteidiger in mir gegen das äußerst medienwirksame Agieren von zahlreichen Autoren und sogenannten *„Erfolgscoaches"*, die etwas von einem *„Gesetz der Anziehung"* faseln. Aus meiner Sicht liegt es nahe am Betrugstatbestand, wenn in zahllosen Formaten der internationalen Coaching-, Selbsthilfe- und Lebensberatungsszene mitunter verzweifelten Menschen weisgemacht wird, dass es *„uraltes Geheimwissen"* sei, dass die *„äußere Welt immer nur der Spiegel der inneren Welt"* sei. Durch *„Manifestieren"* und *„Bestellungen beim Universum"* könne alles im Leben erreicht werden. Mit der unbelegten Berufung auf namhafte Personen der Geschichte, mit vermeintlich wissenschaftlich bewiesenen, kernigen Aussagen über ein angebliches „*Resonanzgesetz*" und dem Versprechen auf beruflichen Erfolg, Reichtum und privates Glück machen die zahlreichen Vertreter dieser Zunft eine Haufen Kohle, ohne auch nur einen Cent davon für ihr aus meiner Sicht oft dummes Geschwätz wirklich zu verdienen. Die Mechanismen des Verkaufs funktionieren trotzdem bestens. Mit konsequent angewandter Verkaufspsychologie lassen sich mitunter auch im Übrigen vernunftbegabte Menschen viel Geld aus der Tasche ziehen, bevor sie realisieren, dass dieses vermeintliche Gesetz in der Wirklichkeit dieser Welt keinerlei Anwendung findet. Dabei ist es an Zynismus fast nicht zu überbieten, wenn so manchem Opfer auf diese Weise im Ergebnis auch noch das Gefühl vermittelt wird, selbst verantwortlich zu sein für die Grausamkeiten, die ihm widerfahren sind. Hier wird bisweilen auf perfide Weise mit klassischen Formen der Schuldumkehr große Kasse gemacht. Ganz nach dem Motto „*Wenn Du noch nicht die Ergebnisse erzielst, die Du haben möchtest, musst Du eben noch mehr geben, am besten noch einen Kurs kaufen.*" Dass die Strategie „*Mehr desselben*" in aller Regel nicht funktioniert, hat der österreichische Psychologe Watzlawick in seiner „Anleitung zum Unglücklichsein" bereits 1983 dargelegt. Vielleicht sollte ich einschränken? Mir scheint, die Strategie funktioniert in diesem Geschäftsmodell oft ganz wunderbar für die Anbieter (Verkäufer), selten für die Anwender (Käufer). Aber vielleicht liegt der Fehler ja bei mir? Sie überzeugen mich einfach nicht. Diese Lautsprecher der inzwischen boomenden Coaching-Szene, die ihre vielfach letztlich substanzlosen Glücksrezepte, im besten Fall nur

Grundelemente eines jeden halbwegs seriösen Coaching-
prozesses mit musikunterlegtem Getöse in große Hallen
hüpfen und schreien, bevor sie sodann ihre überteuerten
Programme, die teilweise an Gehirnwäsche grenzen, an
den Mann und die Frau bringen. Sie gehen mir mit ihren
unseriösen „Tu, was ich Dir sage und Du wirst reich und
glücklich" Versprechen gewaltig gegen den Strich. Aus
meiner Sicht leisten all diese Figuren einem an sich ausgesprochen sinnvollen Konzept einen Bärendienst, indem
sie Selbstoptimierungstools und Money-making-skills unter der Überschrift „Coaching" als Wege der Persönlichkeitsentwicklung verkaufen.

Demgegenüber leuchtet mir ein ganz anderes Gesetz unmittelbar ein und überzeugt den Rechtsanwalt in mir zutiefst. Es ist bezeichnend, dass es mir ziemlich versteckt
begegnet und von den eher leisen Vertretern der Szene
thematisiert wird. Zudem entspricht es den Erfahrungen,
die ich selbst gemacht und der Art zu denken, die ich berufsbedingt verinnerlicht habe.

> *„Jede Wahrheit hat zwei Seiten.*
> *Wir sollten uns beide Seiten anschauen,*
> *bevor wir uns für eine entscheiden."*
> *(Äsop, 6. Jh. v. Chr.)*

„Alles hat zwei Seiten". Das ist die griffige Formulierung
für das, was mir unter der Bezeichnung *„Polaritätsge-
setz"* oder *„Prinzip der Dualität"* begegnet. Wie könnte
ich mich als Jurist schon dem banalen Gedanken entziehen, dass es nun einmal keinen Täter ohne Opfer, keinen Kläger ohne Beklagten gibt. Es entspricht schließlich auch einem Urprinzip der Natur. Es gibt nun einmal
keine Nacht ohne Tag, kein Ende ohne Anfang, keinen

Tod ohne Geburt. Überall begegnen uns duale Kategorisierungen. Manchmal erleben wir sie mit Bewertungen wie groß-klein, dick-dünn, leicht-schwer, laut-leise, warm-kalt, gut-schlecht, Himmel-Hölle. Meistens und klarer zeigen sie sich in Form von Ja-Nein, außen-innen, oben-unten, an-aus.

Es ist eine erschreckend simple Erkenntnis. Der ZWEI scheint eine besondere Bedeutung zuzukommen. Wenn wir gesund sind, haben wir zwei Augen, zwei Ohren, zwei Hände, zwei Beine. Sogar unser Hirn hat zwei Hälften und unser Herz zwei Kammern. Gleichzeitig haben wir in aller Regel nur ein Geschlecht. Purer Physik und reinster Biologie entspringt ein weiterer, schon fast trivialer Gedanke: Wenn sich elektrische Spannung zwischen Plus- und Minuspol aufbaut, wenn Magnetismus Abstoßungs- und Anziehungskräfte beschreibt, wenn menschliches Leben aus der Verbindung, der Verschmelzung von Mann und Frau entsteht – liegt die Wurzel jeglicher Entwicklung dann nicht in dem Erkennen dieser Polarität und der fast magischen Kraft, die in dem kleinen Wörtchen UND liegt?

Gleichzeitig tauchen neue Fragen auf: wenn alles zwei Seiten hat - erschaffen wir dann einen Großteil unserer Probleme selbst, wenn wir so häufig in Kategorien von „Schwarz/Weiß" und „Entweder/Oder" denken? Hat *„Weder/Noch"* nicht die gleiche Berechtigung? Und liegt das wahre Potential der Möglichkeiten nicht vielmehr in einer gesunden Anwendung des „Sowohl als Auch"?

Nur im Zusammenwirken gegensätzlicher Pole des Männlichen und Weiblichen erschafft die Natur ein neues Individuum. Niemand bestimmt, in welchen Körper, an welchen Ort, zu welcher Zeit, in welches Umfeld, in welche religiöse Orientierung das Leben ihn wirft. Das alles liegt nicht in unserer Hand. Wenn wir das erkennen und verinnerlichen, werden wir in jedem Gegenüber zunächst einmal den Menschen und nicht die Frau, den Mann, den Weißen oder den Schwarzen, den Christen oder den Muslim sehen. Wenn wir endlich begreifen, dass wir alle gleich-wertig sind, ergeben sich Gleich-Berechtigung und gegenseitige Achtung und Anerkennung als Grundlage eines friedlich-konstruktiven Miteinanders ganz von selbst.

Auch wenn ich mich nie näher damit beschäftigt habe, kenne ich aus der chinesischen Philosophie das uralte Bild des Yin und Yang. Die beiden Begriffe stehen für zwei entgegengesetzte und dennoch aufeinander bezogene Kräfte. Es geht um universell gültige Prinzipien oder Energien, die miteinander verbunden sind, sich aber nicht bekämpfen, sondern ergänzen. Das kreisförmige Symbol verdeutlicht den ewigen Kreislauf positiver und negativer Kräfte.

Unglücklicherweise schaffen wir es häufig noch nicht einmal, die Kräfte in ein Gleichgewicht zu bringen, die in uns selbst wirken. Wir wollen alles gleichzeitig und am besten auch noch sofort und auf die leichte Art. Wir wollen Karriere machen und für unsere Kinder da sein. Wir wollen Zeit für uns selbst und für unsere Familien haben. Wir wollen gutes Essen genießen und schlank und fit sein. Wir wollen zu einer Gruppe gehören und gleichzeitig „unser Ding" machen können. Wir wollen sicher gebunden und gleichzeitig frei sein.

Es wird leider nicht leichter, wenn wir den Ausweg aus diesem fortwährenden inneren Dilemma auch noch im Außen und bei Anderen suchen. Wer denkt, dass sich nur mit einem Umzug, einem anderen Job, einer neuen Beziehung oder einem Regierungswechsel alles in Wohlgefallen auflöst, wird sich in aller Regel über kurz oder lang vor den gleichen Fragen wiederfinden.

Nach einer alten Geschichte haben die Götter einst lange beratschlagt, wo sie das Wertvollste im Leben der Menschen verstecken können. Schlussendlich sagte der älteste und weiseste von ihnen: *„Lasst uns den Schlüssel zum Glück tief in den Menschen verstecken, denn sie werden nie auf die Idee kommen, ihn dort zu suchen."*

Das überzeugt mich. Wer mit sich selbst komplett im Reinen ist, hat keine Probleme mehr. Auch wenn alles ineinandergreift, dürfte es dabei aber ein kluger Ansatz sein, bei dem anzufangen, was wir selbst beeinflussen können.

> *„Die Veränderung wird nicht kommen,*
> *wenn wir auf eine andere Person*
> *oder eine andere Zeit warten.*
> *Wir sind diejenigen,*
> *auf die wir gewartet haben.*
> *Wir sind der Wandel, den wir suchen."*
> *(Barack Obama, *1961, USA)*

Das Beste kommt zum Schluss: Die 8 Schlüssel

Die Geschichte von den Göttern, die den Schlüssel zum Glück tief in den Menschen selbst versteckt haben, hat mich lange beschäftigt. Bei meiner Suche bin ich am Ende tatsächlich fündig geworden. In mir lagen aber nicht nur einer, sondern gleich acht Schlüssel. So wie alles zwei Seiten hat, kann jeder davon Türen schließen oder öffnen. Es hat nicht gereicht, sie zu finden. Ich musste auch lernen, mit ihnen umzugehen. Kennen ist nie gleich Können. Erst mit ein bisschen konsequenter Übung weiß ich inzwischen, wann ich welchen zu nehmen und in welche Richtung ich ihn zu drehen habe.

Im Alltag achte ich darauf, mich möglichst viel mit Menschen zu umgeben, die meine Werte und mein Interesse an einem aufrichtigen, mitfühlenden und vertrauensvollen Umgang teilen. In einer solchen Gemeinschaft fühle ich mich wohl. Wir sind soziale Wesen. Wir müssen nicht alles alleine schaffen, sondern sollten einander zuhören, voneinander lernen und einander unterstützen.

Nur ein Idiot muss jede Erfahrung selbst machen. Es reicht, wenn ich lange Zeit einer war ... 😌

Meine acht Schlüssel tragen alle einen Namen. Sie sind – wie sollte es anders sein? – in mir mit einem kurzen Satz gespeichert, auch wenn ich nicht immer eine eindeutige Quelle identifizieren konnte. Ob privat oder beruflich: Richtig angewendet trägt jeder einzelne davon zum Gelingen von Beziehungen bei.

1. Selbst-Wahrnehmung
„Wir sehen die Dinge nicht, wie sie sind,
wir sehen sie so, wie wir sind."

2. Selbst-Bewusstsein
„Die meisten Menschen wären weniger selbstbewusst,
wären sie sich mehr ihrer selbst bewusst."

3. Selbst-Akzeptanz
„Glücklich ist, wer vergisst,
was doch nicht zu ändern ist."
(Johann Strauß, Die Fledermaus,
1825 – 1899, Österreich)

4. Selbst-Verantwortung
„Du kannst nicht bestimmen, was Dir im Leben passiert,
aber Du kannst bestimmen, wie Du darauf antwortest."

5. Selbst-Vertrauen
„Der beste Weg, herauszufinden,
ob man jemandem vertrauen kann,
ist ihm zu vertrauen."
(Ernest Hemingway, 1899 – 1961, USA)

6. Selbst-Gespräche
„Interessante Selbstgespräche
setzen einen klugen Gesprächspartner voraus."
(H. G. Wells, 1866 – 1946, England)

7. Selbst-Fürsorge
„Wenn jeder (klug) für sich selbst sorgt,
ist für jeden gut gesorgt."

8. Selbst-Wert(e)
„Bemühen Sie sich nicht um Erfolg, sondern um Wert."
(Albert Einstein, 1879 – 1955, Schweiz, USA)

Die acht Schlüssel im Einzelnen zu erläutern, würde den Rahmen dieses Buches sprengen. Mehr dazu findest Du einstweilen nur auf meiner Webseite unter www.harald-roos.de.

Dabei werden schon erste Stimmen aus meinem Umfeld laut:

„Schreib doch einfach ein zweites Buch."

Mal sehen. Vor meinem inneren Auge sehe ich - wenn auch deutlich kleiner - leider immer noch: Zwei Minus . . .

Epilog

Das war sie. Meine Geschichte. Bis hierhin.

„Welchen Fehler hat der Fisch gemacht, wenn er an der Angel hängt?" Diese Frage habe ich Mandanten oder Referendaren in dem ein oder anderen Fall gerne gestellt. Die Antwort bestand in aller Regel zunächst in ratlosen Blicken und verlegenem Schweigen. Bei *„Er hat das Maul aufgemacht."* wurde den meisten klar, dass jemand sich *„um Kopf und Kragen geredet"* hatte. Nicht ohne Grund gibt es schließlich das alte Sprichwort *„Reden ist Silber – Schweigen ist Gold"* und die noch ältere Weisheit *„Si tacuisses, philosophus mansisses"* (*„Wenn du geschwiegen hättest, wärst du ein Philosoph/Weiser geblieben"*).

Es mag sein, dass auch ich besser geschwiegen und meinen „Denk-Prozess" für mich behalten hätte. Mir ist bewusst, dass ich an vielen Stellen Fragen gestellt, aber nicht überall Antworten gegeben habe. Das liegt jedoch in der Natur dieses Prozesses. Er wird nie abgeschlossen sein. Möglicherweise werden sich auch bei mir die Antworten noch verändern, die ich auf meine Fragen gebe.

Und so muss es bei einem Versuch bleiben. Es ist mein Versuch, meinen Teil beizutragen zu einer Welt, in der ich leben möchte. Er hat sich gelohnt, wenn meine Worte nur einen einzigen Leser dazu inspirieren, den Mut zu haben, zu seinen Gefühlen zu stehen und sie auszudrücken, zu vergeben, um Entschuldigung zu bitten, seine Beziehungen zu verbessern und mehr Liebe zu (er-)leben.

Kurzum: sich zu erlauben, sein eigenes Leben zu leben und glücklicher zu sein.

Danksagung

Im Laufe der Jahre sind mir viele Menschen begegnet, die mich durch ihre Art, das Spiel des Lebens zu spielen, beeinflusst, inspiriert und motiviert haben. Den meisten davon wird das möglicherweise nicht bewusst sein. Ihnen allen, insbesondere aber denen, die mir in dunklen Zeiten Unterstützung und Halt gegeben haben, möchte ich an dieser Stelle aus vollem Herzen

DANKE

sagen. Ich nenne bewusst nur Vornamen, in alphabetischer Reihenfolge, ohne Wertung.

Alfred	Dagmar	Guido
Andrea	Dunja	Hans
Angelo	Edgar	Harald
Armin	Ela	Hedwig
Arthur	Elke	Herbert
Astrid	Esther	Hermann
Bärbel	Eva	Henrik
Brigitte	Felicitas	Holger
Carolin	Fidel	Houssan
Christel	Frederik	Jacqueline
Christina	Gabi	Joline
Christoph	Gerhard	Josef
Dieter	Günter	Jürgen

Justin	Martin	Roswitha
Julia	Martina	Sabine
Jutta	Mathilde	Silke
Katharina	Mathias	Solomon
Kathrin	Matthias	Stefan
Katja	Maximilia	Stephan
Klara	Melanie	Susanne
Konstantin	Michael	Suzana
Kerstin	Monika	Tanja
Lisa	Nicole	Thilo
Madeleine	Oliver	Thomas
Manfred	Oswald	Thorsten
Mansoor	Peter	Ulla
Marcel	Petra	Ulli
Marco	Rainer	Ursula
Marcus	Ralf	Volker
Margarethe	Rena	Werner
Maria	Roger	Wolfgang
Marlene	Ronald	u. v. m.